TOMÁŠ HALÍK

Theater für Engel

TOMÁŠ HALÍK

Theater für Engel

Das Leben als religiöses Experiment

Aus dem Tschechischen von Markéta Barth
unter Mitarbeit von Benedikt Barth

FREIBURG · BASEL · WIEN

Das Buch entstand mit Unterstützung des Projektes »Kreativität und Anpassungsfähigkeit als Voraussetzung für den Erfolg Europas in der vernetzten Welt«, Reg.-Nr. CZ.02.1.01/0.0/0.0/16_019/0000734, finanziert aus Mitteln des Europäischen Fonds für regionale Entwicklung.

MIX
Papier aus verantwortungsvollen Quellen
FSC® C083411

Titel der Originalausgabe:
Divadlo pro anděly. Život jako náboženský experiment
Nakladatelství Lidové noviny, Praha 2010

Für die deutschsprachige Ausgabe:
© Verlag Herder GmbH, Freiburg im Breisgau 2019
Alle Rechte vorbehalten
www.herder.de

Die Bibeltexte sind entnommen aus:

Die Bibel. Die Heilige Schrift
des Alten und Neuen Bundes.
Vollständige deutsche Ausgabe DIE BIBEL
© Verlag Herder, Freiburg im Breisgau 2005

Satz: Daniel Förster, Belgern
Herstellung: CPI books GmbH, Leck

Printed in Germany

ISBN Print 978-3-451-38469-1
ISBN E-Book 978-3-451-81564-5

*»Wir sind ja ein Schauspiel für die Welt geworden,
für Engel und Menschen.«*

1 Kor 4,9

*Dem Andenken an die teuren Freunde, die unbequemen Christen
Jiří Němec, Ivan Medek und Bonaventura Bouše in Erinnerung
an das letzte Gespräch mit Bonaventura, dem Franziskanerpriester
und Kierkegaard-Propheten, kurz vor seinem Tod.*

*Auf meine Bemerkung über einen Bischof, dass er ein netter
Mensch sei, antwortete er sehr scharf:
»Das reicht heute nicht. Der Herr Jesus war nicht* nett *…«*

Inhalt

Anmerkungen des Autors zur deutschen Ausgabe 9
Am Anfang war die Anrede 12
Gott wohnt in der Möglichkeit 36
Gott wohnt in der Geschichte 53
Die Welt ist ein Theater 65
Kann man Glauben ohne Glauben leben? 78
Die Pflicht des Christen, manchmal ein Atheist zu sein 97
Gott und die Sternschnuppe 113
Gott auf dem Vorhof der Heiden 132
Mehr als die Wächter auf den Morgen 145
Gott wohnt in der Freiheit 159
Über den Glauben, die Untreue und die Macht,
zu vergeben 172
Der Große Bruder ist der Vampir der Freiheit,
Gott ist das Blut der Freiheit 186
Freundschaft mit dem Unbekannten 192
In vielerlei Dunkelheit 210
Ich trete in das Spiel ein 220
Anmerkungen 231

Anmerkungen des Autors zur deutschen Ausgabe

Dieses Buch entstand in der Stille und Einsamkeit einer Einsiedelei im Rheinland, in der ich seit zwanzig Jahren regelmäßig den Sommer verbringe. Ein Nebenprodukt dieser Wochen der Kontemplation ist in der Regel die Niederschrift eines neuen Buches. Ich habe dieses Buch im Jahre 2010 während des Pontifikats Papst Benedikts geschrieben, und die Gedanken dieses Papstes boten mir mancherlei Inspiration, insbesondere sein Vorschlag »an unsere ungläubigen Freunde«: Wenn sie den katholischen Glauben nicht vollständig annehmen können, mögen sie doch wenigstens den Gedanken der Existenz Gottes als Hypothese annehmen, mögen sie doch leben, »etsi Deus daretur« – als ob es Gott gäbe.

Ich stellte mir die Frage, ob dieser Weg zu dem »unbekannten Gott«, der von Pascal und Kant inspiriert ist, für unsere »ungläubigen Freunde« wirklich »begehbar« ist, ob sie ihn nicht als sophistischen, abgemilderten »Missionsimperialismus« ablehnen würden. Sollen wir nicht lieber dem Ratschlag von Emmanuel Lévinas folgen und die »Andersartigkeit« der anderen, ihr eigenes Selbstverständnis und ihre »Exterritorialität« respektieren, statt allzu leicht »das Fremde auf das Eigene« zu übertragen?

Gleichzeitig hat sich mir die Frage aufgedrängt, ob auch wir »Gläubige« unseren Glauben an Gott, der oft verborgen, in eine undurchdringliche Wolke des Geheimnisses gehüllt ist, inmitten einer Welt voller Ambivalenz und Paradoxien, nicht auch als eine Hypothese leben, die wir durch die Praxis des Lebens aus dem Glauben immer wieder prüfen müssen. Denn das, was jetzt für uns der Hauptgegenstand unserer Hoffnung ist, werden wir erst

»in eschato« in eine gewisse Erkenntnis umwandeln können, erst wenn wir Gott, jenen äußersten »Horizont der Horizonte« schauen werden, von Angesicht zu Angesicht. Sind wir denn nicht alle Schauspieler in einem Drama, die auf die begrenzte Bühne und auf unsere menschliche, beschränkte Perspektive angewiesen sind, die eben nicht die Perspektive der Engel ist?

Während des Jahrzehnts, das auf die Niederschrift dieses Buches folgte, änderten und ändern sich Welt und Kirche rasant. Der große Papst Benedikt XVI. beendete in Würde eine lange Etappe der Kirchengeschichte, sein Nachfolger eröffnete radikal eine neue. Das Thema der vergangenen Etappe war die Aussöhnung der Kirche mit der Moderne. Joseph Ratzinger beendete dieses lange Zeitalter der Konfrontation, indem er das konstatierte, worauf er sich in dem berühmten Dialog mit Jürgen Habermas[1] geeinigt hatte: Der christliche und der säkulare Humanismus brauchen sich gegenseitig, um die Gefahr ihrer Einseitigkeiten wechselseitig korrigieren zu können. Die Kirche muss dem Vorbild des Tempels in Jerusalem folgend einen »Vorhof für die Heiden« eröffnen – einen Raum für diejenigen, die den Glauben der Kirche nicht vollständig teilen. Sollte sie das nicht tun, wird sie ihre Katholizität verlieren und sich in eine Sekte verwandeln.

Papst Franziskus tat einen weiteren Schritt. Am Vorabend seiner Wahl erwähnte er die neutestamentliche Aussage über Jesus, der an der Tür steht und anklopft. Und er fügte hinzu: Heute aber klopft Jesus *vom Inneren* der Kirche, er will hinaus – und wir müssen ihm mutig folgen. Ja, für die Dynamik Gottes ist heute auch schon jener »Vorhof der Heiden« zu eng, der Geist Gottes öffnet uns die Augen und unser Herz zu einer »Kirche ohne Grenzen«. Gewiss ist diese erfüllte Katholizität letztendlich eine eschatologische Verheißung – wenn wir aber wahrnehmen, was um uns herum in der Kirche und in der Welt einstürzt, und dies ohne die Angst der Kleingläubigen, sondern mit den Augen des Glaubens und der Hoffnung als »Zeichen der Zeit« wahrnehmen, müssen wir den Mut haben, in neue Räume hinauszutreten. Eine Krise ist immer eine Chance. Das, was zerreißt, sind nur zu enge und brüchige Schläuche. Der Herr schenkt uns neuen Wein ein.

Tomáš Halík,
Prag, im Januar 2019

Am Anfang war die Anrede

Ich denke heute an die Engel, jene unbeobachtbaren Zeugen, jene schweigenden Zuschauer, die von irgendwoher aus den fernen Logen des himmlischen Amphitheaters unser irdisches Wimmeln verfolgen. Was sagen sie zum Theater unserer Geschichte? Unterhalten sie sich gut? Lachen sie? Weinen sie? Klatschen sie? Sind sie gespannt?

Und auch wenn sie vielleicht in keinem anderen Himmel als im Paradies unserer frommen Vorstellungskraft wohnen sollten, kann der Gedanke an sie, ein spielerischer, scheinbar unnützer, unserem Fragen Flügel verleihen: Wie würde wohl die Geschichte, deren Bestandteil wir sind, wirken, wenn sie *aus einer radikalen Draufsicht*, also aus einer ganz anderen Perspektive, betrachtet würde als aus derjenigen, mit der wir so sehr verwachsen sind, dass wir sie meistens in einer naiven Selbstverständlichkeit für die einzig mögliche und richtige halten?

Meine älteste Erinnerung ist die Folgende: Einmal ist mir als kleinem Jungen bewusst geworden, dass die Perspektive, von der aus ich die Welt um mich herum anschaue, einzigartig und nicht austauschbar ist; dass das, was ich gerade in diesem Augenblick von jenem Ort aus sehe, an dem ich stehe, und das, was ich dabei erlebe und was ich denke, dass dies kein anderer sieht, spürt oder denkt – jeder von uns hat eine eigene Welt, wie auch immer wir uns physisch, gefühlsmäßig oder gedanklich nahe sind. Bis heute fühle ich in mir den Blitz jener Einsicht, jene Mischung aus Erstaunen, Erregung, aber auch des Einsamseins.

Vielmals habe ich mich danach gesehnt, den Kreis der eigenen Bestimmung zu überschreiten und die Welt auch mit den Augen der anderen zu sehen, an ihren Erfahrungen auf irgendeine Weise teilzuhaben. Gerade diese Leidenschaft hat mich dazu angeregt, zu lesen (besonders verbotene Literatur), durch die Welt zu pilgern, sowohl nach rechts als auch nach links zu diskutieren. Ich habe danach gestrebt und ich strebe danach, diejenigen zu verstehen, die ganz anders als ich denken; jene Wurzeln zu entdecken, die Bedingungen und die Zusammenhänge, in denen sich ihre Gedanken, Ansichten und Haltungen formten, sich wenigstens ein wenig dem Sinn und der Wahrheit auch dessen anzunähern, was mich spontan reizt und abstößt, was für mich auf den ersten Blick keinen Sinn ergibt. Die Wahrheit verbirgt sich gerne; warum sollte man also auf der Suche nach ihr an den Grenzen des eigenen Zuhauses anhalten, warum sollte man sich auf dem Weg zu ihr nicht auch auf jene Gebiete vorwagen, die fremd und feindselig erscheinen? Die Wahrheit ist ein Buch, das noch niemand von uns zu Ende gelesen hat; es ist daher vielleicht nicht unhöflich, in ihm auch über die Schulter der anderen blickend zu lesen.

Sollte es mir einmal vergönnt sein, das Panorama des Lebens in seiner Ganzheit zu überblicken, in seiner ganzen Wahrheit, von jenem einen Standort über allen Horizonten aus, die ich bisher kenne und die ich mir vorstellen kann? Werde ich einmal den »Horizont der Horizonte« erblicken? Werde ich das Glück haben, jenen Kontext zu erblicken, der es ermöglicht, den Sinn auch dessen zu begreifen, was mir hier und jetzt notwendigerweise absurd erscheint? Mit anderen Worten: Werde ich einmal unsere Welt »mit den Augen der Engel« sehen können?

Der Glaube an Engel und Dämonen kam mir daher immer wichtig vor, weil er implizit die Überzeugung einschließt, dass die Menschen Menschen sind, aber *keine Engel und Dämonen*. Die anderen nicht als Engel oder Dämonen wahrzunehmen, sich davor zu hüten, so zu tun, als sei man ein Engel, oder andere Menschen zu dämonisieren – das kann vielen Tragödien voll von Irrtümern vorbeugen. Soll uns der Gedanke an Engel, der uns daran erinnert, dass wir selbst keine Engel sind, nicht auch vor der Versuchung beschützen, die Tatsche zu vergessen, dass unser menschlicher Horizont notwendigerweise begrenzt ist?

***

Der christliche Glaube mahnt die Sehnsucht nach der Erkenntnis des Absoluten zur eschatologischen Geduld, zur Demut der Pilger: Der Apostel lehrt, dass alles, was wir auf dieser Erde über Gott wissen können, über den Horizont der Horizonte, über den gesamten sinnstiftenden Kontext, nur ein Rätsel ist, nur eine Widerspiegelung in einem blinden Spiegel, nur ein Gleichnis. Glauben, *dem Glauben eine Chance zu geben*, bedeutet nicht, sich von der Vernunft zu befreien, sondern lediglich vom Hochmut der Vernunft. Dem Glauben Raum zu geben, setzt voraus, dass wir uns von der Illusion befreien, dass wir die Tiefe der Wahrheit mit unserem Wissen voll ergreifen und sie in unseren Besitz und in unsere Regie überführen können. Wer auch immer für sich oder seine Gruppe das Monopol auf die Wahrheit beansprucht, verrät schon mit diesem Anspruch, dass er außerhalb der Wahrheit steht. Weder mit der Vernunft noch mit dem Glauben können wir die Wahrheit in ihrer Fülle erobern und beherrschen. Der Glaube offenbart die Wahrheit des Lebens: Das Leben ist ein unerschöpfliches *Geheimnis*, das Hoheitsgebiet Gottes, das wir nicht »privatisieren« können. Der Glaube lehrt uns, *mit diesem Geheimnis zu leben*, und die Last der Fragen zu ertragen, deren vollständige Beantwortung unsere Kompetenz übersteigt.

Der Glaube, wie ihn die christliche Tradition versteht, ist Bestandteil einer Trias: Er schreitet immer gemeinsam mit der Hoffnung und mit der Liebe. Begleitet wird er von der geduldigen Hoffnung – jedoch auch von der Liebe, deren Sehnsucht nach Erfüllung nicht gestillt werden kann. »Unruhig ist unser Herz«, bekennt der heilige Augustinus. Die heilige Unruhe des

Herzens und des Geistes wird immer die Bemühungen der Vernunft und der Phantasie, der Wissenschaft und der Kunst beleben, hinter den Horizont des bereits Erkannten durchzudringen. Dieselbe Sehnsucht regt heute die Gespräche von Menschen über die Grenzen von Kulturen und Religionen hinweg an und ermuntert die Versuche, die Schätze der verschiedenen geistlichen Wege zu teilen. Alles, was auf dem Gebiet der Erkenntnis und des Verständnisses getan wurde, getan wird und getan werden wird, verdient Respekt. Das Geheimnis zu respektieren, bedeutet nicht, zu resignieren. Es bedeutet nicht, in der Anstrengung, mehr wissen zu wollen, nachzulassen; es bedeutet nicht, verantwortungslos, faul und undankbar das große Geschenk der Vernunft brachliegen zu lassen und die Offenheit unseres Geistes nicht zu nutzen.

Nichtsdestotrotz behält das Pascal'sche Diktum stets seine Gültigkeit: Die größte Leistung der Vernunft ist es, ihre eigenen Grenzen anzuerkennen. Die Vernunft wird unvernünftig, wenn sie nicht in der Lage ist, vernünftig zu unterscheiden und demütig die Grenzen ihrer Kompetenz anzuerkennen. Dort, wo die Vernunft auf eigenen Flügeln bis zur Sonne des Geheimnisses gelangen will, welches nur dem Glauben und der Hoffnung gegeben wird, endet sie wie Ikarus mit verbrannten Flügeln – sie stürzt ab: entweder in die Finsternis des Wahnsinns (erinnern wir uns an Nietzsche!), oder sie endet noch schlimmer, indem sie zur Ideologie degeneriert, die dämonisch oder lächerlich sein kann (erinnern wir uns an den marxistischen »wissenschaftlichen« Atheismus!). Der heutige wissenschaftliche Rationalismus ist meistens schon demütiger, sachlicher und selbstkritischer, als es der adoleszent-stolze Rationalismus der Aufklärung oder der positivistische Szientismus der letzten Jahrhunderte waren, was den Respekt den Fragen gegenüber angeht, mit denen sich die Theologie beschäftigt. (Die wissenschaftliche Vernunft ist jedoch heute anderen Versuchungen ausgesetzt, als die »letzten Fragen nach Sinn« restlos erklären zu wollen, nämlich der Versuchung, ihre Entdeckungen in der Praxis ohne Rücksicht auf ethische Kriterien zu realisieren und immer größere Risiken zu ignorieren.)

Das Geheimnis des Glaubens müssen wir heute nicht gegenüber dem wissenschaftlichen Rationalismus verteidigen; bis auf manche polternden Ausnahmen (die jedoch weder aus Sicht der Wissenschaft noch aus Sicht der Philosophie und Theologie große Aufmerksamkeit verdienen) herrscht an dieser Front Ruhe und eine beiderseitige Anerkennung der Grenzen der jeweiligen Kompetenzen. Das Geheimnis des Glaubens muss jedoch bis heute vor einem *übermäßigen Rationalismus in der Theologie* beschützt werden. (Jener Typ der spätneuzeitlichen, verflachten neuscholastischen Theologie, in dem, besonders bei uns, noch vor nicht allzu langer Zeit Generationen von Priestern und Gläubigen erzogen wurden und den ich hier vor allem meine, schien in der Welt der letzten Jahrzehnte gestorben zu sein, aber heute tauchen als Reaktion auf gegensätzliche Extreme im postmodernen religiösen Denken neue Versionen von ihm auf.)

Der theologische Rationalismus der klassischen Metaphysik, der behauptet, dass die Vernunft in ihren Überlegungen über die erschaffene Welt bis zum Beweis der Existenz des Erschaffers zu gelangen vermag, sollte diese Leistung der Vernunft nicht *mit dem Glauben verwechseln* (der keine Leistung der Vernunft ist, sondern ein Geschenk der Gnade); er sollte nicht, wenn er auf dem Boden der Rechtgläubigkeit bleiben soll, auf die er hochheilig schwört, den auf diese Art errechneten »Ersten Beweger« zu billig und zu schnell mit jenem Geheimnis identifizieren, auf das sich der Glaube bezieht und auf das hin sich die Hoffnung öffnet. Jenes Dogma des Ersten Vatikanischen Konzils über die rationale Erkennbarkeit Gottes, das die Verteidiger des metaphysischen Realismus gerne zitieren, wollte das Bündnis des Glaubens und der Vernunft gegenüber dem Fideismus (besonders gegenüber der romantischen Auffassung des Glaubens als eines »Abhängigkeitsgefühls«) und dem biblischen Fundamentalismus verteidigen; bestimmt wollte es jedoch nicht das Geheimnis der göttlichen Unbegreiflichkeit verkleinern, es wollte nicht mit scholastischen Spekulationen den Glauben als den (von der Gnade inspirierten) *Mut, in das Geheimnis einzutreten,* ersetzen. Gott handelt sicher nicht gegen die Vernunft, die er selbst dem Menschen gegeben hat. Er ist jedoch zu groß, als dass er sich mit diesem seinem geschaffenen Geschenk erfassen, umschließen und erschöpfen ließe.

»Begreifst du, so ist es nicht Gott«, lehrt der heilige Augustinus. Und wenn dieses Geheimnis selbst zu uns spricht und sich im Wort mitteilt, wie die christliche Lehre von der Offenbarung lehrt, dann vergessen wir nicht, dass dieses Wort jedoch notwendig auf unsere menschliche Beschränktheit der Fähigkeit zuzuhören, es zu begreifen und auszudrücken stößt. Die Quelle des Glaubens ist die Selbstmitteilung Gottes in Schrift und Tradition, also Gott selbst als der anredende Logos. Der Akt des Glaubens schließt mit ein, diesem Wort zuzuhören – *jenem Wort, das zu uns »im Fleische« kommt* – und schließt auch die Bereitschaft des Gläubigen ein, es in seine Lebensgeschichte zu *inkarnieren.*

Das Christentum lehrt, dass das »Wort Fleisch wurde« – also kein Engel, kein »unsichtbarer Geist« – und es sich selbst und uns damit der Notwendigkeit ausgesetzt hat, alle Beschränkungen zu ertragen, die die »Fleischlichkeit« (das beschränkte, von Natur und Geschichte bedingte Dasein, das in einen konkreten Raum und in eine bestimmte Zeit geworfen wird) notwendigerweise mit sich bringt.

Im Text der Bibel wimmelt es von Engeln – wir dürfen jedoch nicht vergessen, dass diejenigen, die diese Geschichten erzählen, und diejenigen, die ihnen zuhören und sie weitergeben, *Menschen* sind. Menschen sind »Fleisch« – sie sind in einem bestimmten kulturellen Raum (der eine bestimmte bedingte und eingeschränkte Art des Begreifens und des Sich-Äußerns bietet) und in einem bestimmten unverwechselbaren Augenblick der Geschichte situiert, sie sind durch ihre Perspektive eingeschränkt. Der Gedanke an Engel erinnert, wie schon gesagt wurde, daran, dass wir keine Engel sind (auch nicht dann, wenn wir über den Glauben nachdenken); deshalb begleiten meine Reflexionen über den Glauben, über jenes große göttliche Geschenk, ein andauerndes Interesse an der »Fleischlichkeit« (*Menschlichkeit*) unseres Glaubens. Vielleicht macht nämlich gerade dieser Blickwinkel unsere Überlegungen über den Glauben – den *fleischgewordenen* Glauben an das *fleischgewordene* Wort – im Unterschied zu einem matten religiösen Idealismus – erst wirklich christlich.

***

In den ersten Versen des Prologs des Johannesevangeliums – dieses Textes, der es verdient, immer wieder neu gelesen und durchdacht, übersetzt, ausgelegt und kommentiert zu werden – finde ich mein ganzes Credo, das Bekenntnis meines Glaubens. Goethes Faust übersetzt den Satz »Am Anfang war das Wort« im Geist der Neuzeit »Am Anfang war die Tat«. Nach vielem Überlegen schlage ich heute noch eine weitere Übersetzung vor: *Am Anfang war die Anrede.*

»Am Anfang war die Anrede. Diese Anrede war Gott selbst.« Gleich danach werden zwei unheimlich wichtige Sachen gesagt: Gott selbst ist ein undurchdringliches Geheimnis: *Niemand hat Gott jemals gesehen.* Jedoch: »*Das Wort ist Fleisch geworden und hat unter uns gewohnt.*« Das bedeutet: Das göttliche Wort ist jetzt »Fleisch«, *Menschsein* – das Menschsein ist jetzt und für immer das, wodurch diese Anrede verständlich wird.

Wenn wir das Menschsein »lesen«, lesen wir von Gott. Das Evangelium sagt uns, dass wir durch das Menschsein Jesu von Nazareth nicht nur das Geheimnis des Menschseins als Menschsein verstehen lernen können, sondern das Geheimnis Gottes selbst, denn »das Fleisch« und »das Wort« lassen sich nicht mehr trennen.

***

Der Glaube, wie ich ihn verstehe, ist die Fähigkeit, *die Wirklichkeit als Anrede wahrzunehmen:* Er ist die Bemühung zuzuhören, verstehen zu lernen und eine Antwort zu geben. Ich bin davon überzeugt, dass das die kostbarste (und zugleich die interessanteste, die abenteuerlichste) Möglichkeit überhaupt ist, die das Menschsein bietet: *sein Leben als einen Dialog zu leben;* in beständigem Zuhören und Antworten aufmerksam und verantwortlich zu leben. Ich nehme an, dass jeder Mensch (auch über die Grenzen der Konfessionen und Traditionen hinweg) zu dieser Lebensweise prinzipiell fähig ist. Wenn ich ein wenig pathetisch sein darf, würde ich sagen, dass man, wenn man sein Leben auf diese Weise lebt, diese Möglichkeit realisiert und den eigentlichen Sinn des Menschseins verwirklicht.

Glaube und Unglaube (beziehungsweise die verschiedenen Formen des Glaubens) sind für mich nicht Aufstellungen von Überzeugungen hinsichtlich metaphysischer Fragen, sondern elementare Grundeinstellungen zum Leben: Wie erleben wir elementare Lebenssituationen und wie verstehen wir sie? Keinen Glauben zu haben oder den Glauben zu verlieren, bedeutet, nicht die Fähigkeit oder die Bereitschaft zu haben oder zu verlieren, das *Leben als Dialog* wahrzunehmen.

Dem Glauben, wie ich ihn verstehe, erscheint das Leben als ein Geschenk und als eine Herausforderung. Wir können wachsam gegenüber dieser Herausforderung sein oder schläfrig, offen oder verschlossen. Wir können das Leben natürlich auch ganz anders interpretieren und erleben; wir können es zum Beispiel völlig *monologisch* leben, selbst unser Ziel wählen und es ohne jede Rücksichtnahme verfolgen – wie es ein Werbeslogan zum Ausdruck bringt: Binde Dich nicht, sprenge die Fesseln! Ein Mensch aber, der die Anrede annimmt, bindet sich dadurch an sie.

Ich konzentriere mich mehr auf die *Art des Glaubens* als auf den *Inhalt des Glaubens*. Es interessiert mich mehr, *wie* ein Mensch glaubt, als *woran* er glaubt. Religionspsychologen stellen sich die Frage, ob in verschiedenen Glaubenssystemen (beliefs) ein ähnlicher Glaubenstyp (faith) vorkommen kann. Dies scheint – vor allem heute, in einer Zeit, in der sich die Welten »durchdringen« und sich die verschiedenen Religionen gegenseitig beeinflussen – sehr wahrscheinlich zu sein.

Für nicht weniger beachtenswert halte ich jedoch die Tatsache, dass im Rahmen der gleichen religiösen Systeme sehr unterschiedliche Arten des Glaubens vorgekommen sind und vorkommen. Auch wenn Menschen in verschiedenen Umgebungen und zu verschiedenen Zeiten (nicht nur im Verlauf der Vergangenheit, sondern auch heute und in ein- und derselben Umgebung, z. B. in einer Kirche) mit denselben Worten ihr Glaubensbekenntnis rezitiert haben oder rezitieren (das, *woran* sie glauben), dann kann die Art, *auf welche sie geglaubt haben oder glauben*, sehr unterschiedlich sein. Wenn zwei Menschen in derselben Kirchenbank aufrichtig »Ich glaube an Gott« sagen, ist damit bei Weitem nicht gewährleistet, dass das, was der eine und der andere mit diesem Satz meinen, tatsächlich dasselbe ist; ihre inneren Welten und ihr Begreifen und Erleben des Glaubens können meilenweit voneinander entfernt sein.

Es ist jedoch möglich, dass auch manche Anhänger verschiedener Religionen einen ähnlichen Typ (nicht Inhalt) des Glaubens haben; und gleichzeitig ist es offensichtlich, dass die Anhänger ein- und derselben Religion einen sehr unterschiedlichen Glauben haben können. Darüber hinaus ist es möglich, dass die Ähnlichkeit der *Art des Glaubens* manchmal konkrete Menschen verbinden kann, von denen sich einige zu einer bestimmten Religion bekennen und andere sich für »ungläubig« oder für »nicht religiös« halten. Die dramatischen Verwandlungen des Christentums in der Geschichte, deren Frucht die säkulare Welt ist, haben nämlich dazu beigetragen, dass *die Religionen kein Monopol auf den Glauben haben* – auch in der säkularen Welt begegnen wir verschiedenen Formen des Glaubens, die stark an Religionen erinnern. (Die Frage vieler Religionswissenschaftler und Theologen, inwieweit das Christentum – oder bestimmte Formen des Christentums – selbst eine »Religion« sind oder nicht, und ob es ein »nicht-religiöses Christentum« geben kann, lassen wir an dieser Stelle beiseite.)

Es ist notwendig zu betonen, dass in Wirklichkeit nicht nur zwei Positionen existieren – der Glaube und der Unglaube, auf der einen Seite ein dialogisches Leben und auf der anderen Seite ein ungebundenes Leben ohne Verantwortung; selten treten diese beiden verschiedenen Beziehungen zum Leben in ihrer vollkommen reinen Gestalt auf. Die Mehrheit von uns oszilliert zwischen dem Schlaf und dem Wachzustand, zwischen Verschlossenheit und Offenheit, zwischen Glauben und Unglauben. Der Dialog zwischen dem Glauben und dem Unglauben, von dessen Notwendigkeit zur Zeit so viel die Rede ist, ist also nicht nur ein Gespräch zwischen zwei »ideellen Lagern«; wenn er einen Sinn haben soll, muss er mit einem Gespräch in einem Menschen selbst begonnen werden.

Ich habe gesagt, dass für mich der Glaube eine Lebenshaltung ist, die in der Bereitschaft besteht, der »Anrede zuzuhören« und auf sie zu antworten. Er schließt also das Urvertrauen in einen *Sinn* ein, der jedem von Menschen gesetzten Sinn vorausgeht, im Sinne jener ur-eigentlichen Anrede durch den göttlichen Logos, das Vertrauen in diesen Logos selbst. Der Unglaube geht dann aus der entgegengesetzten Erfahrung mit der Welt und mit dem Leben hervor: Dieser besteht im Verlust (in der Abwesenheit) des Sinnes, im Schweigen der Welt, im Erleben der Absurdität.

Jetzt muss ich mein Credo zu Ende sprechen: Im *Christentum* habe ich auch deshalb mein Zuhause gefunden, weil ich in ihm die Möglichkeit ahne, *gleichzeitig* sowohl jenen wesentlichen Ur-Glauben zu umarmen als auch eine *bestimmte Wahrheit des Unglaubens*, die Möglichkeit, auch jene Erfahrung des Schweigens Gottes und die tragischen Seiten des Lebens ernst nehmen zu können.

Große Kritiker des Christentums wie Nietzsche oder Jung fanden im Christentum ihrer Zeit nicht das, was ihnen sehr am Herzen lag: die Möglichkeit, sowohl der *Wahrheit des Tages* als auch der *Wahrheit der Nacht* gerecht zu werden, sowohl die Welt der Vernunft und der Ordnung als auch die Welt der Tragik und der Leidenschaft ernst zu nehmen, die sich den »Spinngeweben der Vernunft« entziehen. Etwas Ähnliches meinte offenbar mein Lehrer Jan Patočka (tschechoslowakischer Philosoph, Anm. des Lektorats), als er vom Christentum als von einem »unvollendeten« Projekt sprach.

Meine ganze Theologie ist ein großer Protest gegen ein billiges Christentum, das sich mit der staunenden Freude über die Harmonie, über die vernünftige Ordnung und über den »intelligenten Plan« in der Natur und in der Geschichte zufrieden gibt; einen solchen »apollinischen« oder »ästhetischen« Glauben halte ich für oberflächlich, in seinem Wesen heidnisch, unchristlich – für einseitig.

Die Freude über die Harmonie der göttlichen Ordnung darf nur ein Aspekt unseres Glaubens sein; sie macht ihn jedoch einseitig, »häretisch«, sofern sie die zweite Seite der Wirklichkeit verdrängt, die – besonders wenn sie von der ersten abgerissen wird – finster, chaotisch, absurd und tragisch wirkt. Erst ein solches Begreifen des Lebens, das seinen *beiden* Seiten ganz gerecht wird, der »hellen« sowie der »dunklen«, die vor der Versuchung der vereinfachenden Einseitigkeit den Raum verteidigt, der es uns ermöglicht, gleichzeitig *beide* Erfahrungen mit der Welt und mit dem Leben in ihm ganz ernst zu nehmen, verdient unsere Zustimmung.

Nietzsche hatte recht, als er dem Christentum seiner Zeit vorwarf, dass es sich zu sehr vom »apollinischen« Geist des Tages, des Lichtes, des Guten, der Vernunft, beherrschen ließ (In derselben Tradition erinnert Patočka in seinem letzten und gewichtigsten Werk an die Möglichkeit und an das Bedürfnis einer *Wende*, die als Frucht der tragischen Erfahrung unserer Zeit entstammt, der »späten Zeit«, mit dem »Hinauslehnen in die Nacht des Nichtseins«).[2] Die Christen der Neuzeit haben des Öfteren den Glauben an Gott, von dem die biblischen Geschichten und die christliche Tradition erzählten, mit der naiv optimistischen Voraussetzung der Aufklärer verwechselt, dass »irgendetwas oberhalb von uns existiert«, das dafür sorgen muss, dass die Welt nach unseren Vorstellungen und Erwartungen funktioniert. Wenn Atheisten behaupten, dass ein solcher Gott nicht existiert, sollten die christlichen Theologen die Ersten sein, die ihnen zustimmen.

Ich bin tief davon überzeugt, dass die harten geschichtlichen Erfahrungen – äußere Verfolgungen und innere Krisen – und die Gluthitze der Kritik, die das Christentum in der Zeit der Spätmoderne durchlaufen musste, den Christen heute die *Möglichkeit* eröffnen, aufgrund dieser Erfahrungen ihr Begreifen und ihr Erleben des Glaubens zu vertiefen. Das erwachsene Christentum (von dem im Kerker der Prophet des »religionslosen Christentums« und der »teuren Gnade«, Dietrich Bonhoeffer, träumte), wird weder »Platonismus für das Volk« noch ein in die Träume von überirdischen Belohnungen wiegendes Analgetikum sein. An einem optimistischen »apollinischen« Christentum einer schönen Ordnung festzuhalten kann nicht nur kitschig, oberflächlich und naiv wirken, sondern direkt zynisch und anstößig angesichts dessen, was die Menschheit in jenem »Krieg, der eigentlich nie zu Ende ging«[3], erlebte. Es gab schon genug Fälle, bei denen wir die Wunden der Welt statt in ein wirksames Medikament oder zumindest in eine wirkliche Solidarität, in den unwirksamen Umschlag billiger Phrasen einer überzuckerten Frömmigkeit legten! Wir sind nicht nur dazu berufen, »uns mit den Sich-Freuenden zu freuen«, sondern auch »mit den Weinenden zu weinen«.

Ich heiße eine atheistische Kritik am Christentum willkommen, insofern sie jene einseitige Gestalt des Glaubens als eine Projektion der Wünsche, als Opium für das Volk etc., enthüllt. Schon in meinen früheren Büchern, an die ich mit diesen Überlegungen anknüpfe und sie zu vertiefen versuche, habe ich angedeutet, dass das Ziel des Dialogs des Glaubens mit dem Unglauben nicht im Triumph über den Atheismus bestehen soll, sondern in der Vertiefung des Glaubens dadurch, dass er auch das umarmt und integriert, was eine schmerzhafte Wahrheit eines gewissen Typs des Unglaubens ist, des Atheismus des Schmerzes und des Atheismus des Protestes, nämlich die Erfahrung der »Verborgenheit Gottes«. Diese kann nämlich entweder (atheistisch) als »Tod Gottes« oder (mystisch) als »Schweigen Gottes«, als eine finstere Nacht des Glaubens und eine finstere Nacht der Geschichte, gedeutet werden.

Es geht mir darum, dass wir durch den Triumphalismus und durch die billigen Tricks einer sophistischen Apologetik nicht jene »Teil-Wahrheit« derer verlieren, die den Glauben als Trost ablehnen, weil sie das Kreuz eines großen Leides zu tragen haben. Jenes Leiden über den »Verlust des Sinnes«, jenes Erleben der Welt als ein absurdes Chaos (das zum Beispiel in unzähligen Werken der zeitgenössischen Kunst wiedergegeben wird), ist eine wertvolle Erfahrung einer nicht erlösten Welt. Wir dürfen nicht zulassen, dass die tiefe und sehr realistische christliche Lehre von der »Ursünde« und ihren Folgen, also die Narbe der *Entfremdung*, die die ganze Schöpfung sowie das Innere eines Menschen beeinträchtigt, auf eine unverstandene Geschichte über eine gegessene Frucht und einen empörten, eifersüchtigen und ängstlichen Gott reduziert wird. Ein billig lächelndes Christentum, das mit dem Evolutionsoptimismus der Ideologen eines ununterbrochenen Fortschritts und Wachstums des Guten konform geht, wäre tatsächlich »Opium« oder ein anderes Analgetikum für das Volk, das darüber hinaus langfristig nicht wirksam ist und eher schadet als heilt, und daher zu verachten wäre.

Wenn wir den großen spirituellen und theologischen Wert der Erfahrung der *Nacht* nicht erkennen (wenn wir also nur bei der »Logik des Tages« bleiben), wäre unsere Theologie und Spiritualität flach. Die Wahrheit erlangen wir nicht dadurch, dass wir uns um eine widerspruchslose, alles erklärende Theorie bemühen; wir können sie nur durch das Legen eines bunten Mosaiks ergründen, in der kein Steinchen von einer Farbe fehlen darf (und wir keines verwerfen dürfen, nur weil es unserem Geschmack nicht passt oder weil es uns durch seine scharfe Kante an der Handfläche verletzt). Eine wahrhaftig ehrliche, philosophische und theologische Arbeit ist das Komponieren einer Symphonie, aus der wir nicht im Voraus die disharmonischen Töne oder die nicht traditionellen Kompositionsweisen ausschließen dürfen.

Gerade die Erfahrung mit den finsteren Augenblicken der Geschichte erinnert an die wesentlichen Wahrheiten unseres Glaubens: Die Welt ist kein Himmel, die Menschheit ist kein Ensemble von Engeln, alle Versprechen, den Himmel auf Erden zu errichten und einen vollkommenen Menschen zu konstruieren, sind ideologische Betrugsversuche eines billigen aufklärerischen Optimismus und seiner Erben. Die christliche Hoffnung steht abseits des Kampfes zwischen dem Optimismus und dem Pessimismus – in dem Sinne, dass sie sich weder nur auf die eine noch auf die andere Seite schlagen darf. In meinem Buch *Nicht ohne Hoffnung* habe ich mich bemüht, zu zeigen, dass der Optimismus der aufklärerischen Tradition nur eine entleerte, verweltlichte Karikatur der christlichen Tugend der Hoffnung ist. Auch der Pessimismus und der Nihilismus sind eine solche »verrückte Wahrheit« – die durch die Lehre von der Erbsünde und ihren Folgen in das gefährlich einseitige gegenteilige Extrem geführt wurden. Der Christ ist jedoch heute nicht dazu berufen, dass er siegesgewiss konstatiert, dass seine Theologie diese neu eröffneten Abgründe von aktualisierten Versionen alter Irrlehren überbrücken kann. Es ist notwendig, diese Erfahrungen des zeitgenössischen Menschen *mitzuerleben und im Glauben zu ertragen* – und auf diese Art das Versprechen der Kirche zu erfüllen, das auf dem letzten Konzil gegeben wurde, dass die »Freude und Hoffnung, Trauer und Angst der Menschen von heute [...] Freude und Hoffnung, Trauer und Angst der Jünger Christi«[4] sind.

Das Christentum, wie ich es verstehe, ist vor allem eine »Religion des Paradoxons«. Es ist ein Glaube, in dessen Zentrum das Kreuz steht; ein Glaube, der auch angesichts des Jubels über die Auferstehung den Aufschrei Jesu nicht vergisst: »Mein Gott, warum hast Du mich verlassen?« Es ist ein Glaube, für den die Auferstehung Jesu – das wirkliche Schlüsselgeheimnis der christlichen Verkündigung – kein billiges Happy End ist, die Rückkehr des Auferstandenen zurück in diese Welt und dieses Leben, sondern in der Tat ein Geheimnis von etwas radikal *Neuem*, das in unsere Leben einbricht, wenn wir im Augenblick der Konversion »ein völlig neues Leben mit Christus« (vgl. Röm 6,4) beginnen. Am Christentum fasziniert mich gerade jenes »völlig Neue«, jene Einladung, sich dem zu eröffnen, »was kein Auge gesehen und kein Ohr gehört hat und was in keines Menschen Herz gedrungen ist« (1 Kor 2,9). Zu viele Versionen des Christentums und der Theologie versuchten jedoch, trotz der Warnung Jesu, jungen Wein in alte Schläuche zu füllen (vgl. Mk 2,22) – und die Folgen dessen sind überall um uns herum zu beobachten.

***

In den letzten Jahren denke ich immer tiefer über jene neutestamentlichen Texte nach, in denen Jesus aufgrund der Erfahrung des Todes zu seinen Jüngern so verändert zurückkehrt, dass er nicht wiedererkannt wird; er legitimiert sich mit seinen Wunden – und dann wird er im ganzen Verlauf der Geschichte *inkognito* in »den anderen«, in der Gestalt von Fremden, von Wanderern, von Menschen am Rande und in der Not erscheinen, um sich erst in jenem überraschenden Augenblick des Jüngsten Gerichtes (vgl. Mt 25,31–45) wahrhaftig erkennen zu lassen.

Dieses mein Verständnis des Christentums (und des Dialoges des Glaubens und des Unglaubens) entwickelte ich in einer Reihe von Büchern über Jahrzehnte hinweg[5], auch dieses Mal möchte ich einen weiteren Schritt auf diesem Weg tun und neue Aspekte und neue Zusammenhänge aufzeigen. Ich bin davon überzeugt, dass mein Begreifen des Christentums sowohl von der Tradition gestützt wird als auch einer Reihe von zeitgenössischen Denkern in verschiedenen philosophischen Schulen nahe steht. Ich glaube, dass viele Mystiker und auch *Theologen des Paradoxons* von Paulus, Luther und Pascal über Kierkegaard und Chesterton bis Bonhoeffer ihren christlichen Glauben ähnlich erlebten; ich glaube, dass das Denken von Autoren, welche die tragischen Erfahrungen des 20. Jahrhunderts reflektieren, aber auch jenes von postmodernen Philosophen und Theologen, die sich sowohl vom »metaphysischen Realismus« der Neuscholastik als auch vom ähnlich naiven Szientismus der Moderne radikal abwandten, in eine ähnliche Richtung tendiert. (In diesem Zusammenhang steht mir z. B. Richard Kearney mit seinem Konzept eines »Gottes, der sein *kann*« sehr nahe.)

Ja, Luther, jener provozierend geniale *Poète maudit* der Paradoxien des Glaubens, auf dem halben Weg zwischen seinen Verwandten, dem Apostel Paulus und dem Gotteslästerer Nietzsche, zusammen mit seinen Brüdern von gleich heißem Blut, Eckhart, Pascal und Kierkegaard – gerade sie sind mir tausendmal näher als die stillen und vorsichtigen Spinnen der Neuscholastik, deren bewundernswerte, symmetrische Netze von widerspruchslosen Syllogismen so imposant zu sein scheinen, solange sie ein »Glasperlenspiel bleiben«, solange sie nicht von den Stürmen des Lebens erfasst werden. Von meinem Lehrer Josef Zvěřina habe ich die Überzeugung übernommen, dass der Kern des Katholizismus der Grundsatz »nicht nur, sondern auch« ist – ich begreife sie nicht als ein scheues Schauen auf das Zünglein der Apothekerwaage, sondern als ein mutiges *Ja* zum Leben, das vor der Spannung der Gegensätze nicht zurückweicht.

Wenn ich sehr persönlich werden darf: Es ist kein Zufall, dass ich mein erstes »Ja« zum Christentum in der Jugend beim Lesen jenes Kapitels der *Orthodoxie* Gilbert Keith Chestertons (britischer Schriftsteller, Anm. des Lektorats) sagte, in welchem das Christentum als eine Religion des Paradoxons geschildert wird, die antagonistische Tugenden zusammenhält, die zu zerstörerischen Lastern werden würden, wenn sie sich von ihrem Gegensatz loslösten; mein ganzes Leben lang habe ich nämlich eigentlich nur ein Laster gefürchtet: die Einseitigkeit.

***

Mit Gabriel Marcel (französischer Philosoph, Anm. des Lektorats) könnte ich sagen: »Ich bin spät zum katholischen Glauben gelangt und noch immer bindet mich eine lebhafte Zuneigung zu den Ungläubigen, ich bin also imstande, besser als ein anderer ihre Schwierigkeiten zu begreifen. Ein gläubiger Mensch ist nie ein vollständig Glaubender, es ist unmöglich, dass er Momente der Unsicherheit und der Beklemmung nicht kennen würde, in denen er sich den Ungläubigen anschließt, und umgekehrt kann wiederum der Glaube den Ungläubigen beleben, den er in sich verwahrt und der ihn stützt, ohne dass er fähig wäre, sich dessen vollständig bewusst zu werden.«

Ein gläubiger Mensch ist nie ganz ein Glaubender und ein ungläubiger Mensch ist nicht völlig ein Ungläubiger. Selbst die Existenz »der anderen«, wenn wir sie nicht durch die Brille ideologischer Vorurteile wahrnehmen, sondern uns bemühen, sie zu verstehen, ruft in uns notwendigerweise Fragen hervor, die unsere eigenen Positionen betreffen. Meine Erfahrung mit Fanatikern der einen oder anderen Seite (mit nicht toleranten »Gläubigen« sowie dogmatischen, militanten Atheisten) sagt mir, dass besonders diejenigen zu unerträglichen, gehässigen Menschen werden, die nicht in der Lage sind, einen Zweifel an der eigenen Position anzuerkennen. Sie befreien sich von den Zweifeln dadurch, dass sie sie auf andere projizieren; sie schreiben sie den anderen zu, und durch den Kampf mit ihnen kämpfen sie eigentlich mit den eigenen unerkannten Schatten und »Dämonen«.

Ein gläubiger Mensch ist nie *vollständig* ein Glaubender, weil sich die ihn ansprechende Stimme öfters auch im Lärm der Welt (oder in jenen Momenten von Unsicherheit und Beklemmungen) oder aufgrund seiner eigenen Unachtsamkeit verliert; ja, manchmal sind wir Gläubige auch zu feige oder zu faul, um auf die Stimme zu antworten, oder wir antworten falsch und unglaubwürdig. Und manchmal ist auch unser Schicksal einfach zu schwer! (Bei der Kreuzwegandacht ist es für mich immer ein großer Trost, dass Jesus sein Kreuz nicht wie ein antiker Athlet souverän getragen hat, sondern dass er unter ihm wiederholt gestürzt ist – wie wir! Warum sagen so viele fromme Freunde und geistliche Führer zu denen, die unter ihrem Kreuz fallen, solch schreckliche Phrasen, die eher in den Mund der unglücklichen Freunde Ijobs passen würden oder in den der weinenden »Frauen von Jerusalem« aus den Passionserzählungen, warum gestehen sie ihnen nicht einfach das Recht zu, einmal mit dem Gesicht im Staub zu liegen und nicht mehr weiterzukönnen?)

Christus zu folgen bedeutet nicht notwendigerweise, mit einem Lächeln und mit Liedern auf den Lippen unter wehenden Fahnen in der Schar der Frommen zu schreiten, wie uns das manche Pioniere der »Neu-Evangelisierung« vormachen; auch ein echter Jünger Jesu hat Anspruch auf Momente, wenn er mit seinem Atem am Ende ist, wenn er von allem genug hat (einschließlich von einigen seiner Mitgläubigen) und sein Leben ihm wie ein ziemlich trauriges »Theater für Menschen und Engel« vorkommt. Wir können ihm nicht helfen, sein Kreuz zu tragen wie Simon von Cyrene (und das können wir manchmal wirklich nicht, denn es gibt auch unvertretbare Kreuze!), wir sollten es ihm aber nicht dadurch noch bitterer machen, dass wir ihm (in diesem Fall unangebrachte) Gefühle eines schlechten Gewissens einreden.

Auf der anderen Seite muss auch derjenige, der sich als »Ungläubiger« bezeichnet, aufgrund dessen bei Weitem noch nicht notwendigerweise für die Ansprache aus der Tiefe des Lebens taub und stumm sein. Vielleicht stellt er sich nur nicht die Frage, »woher« die Stimme kommt, die ihn aufruft, oder er antwortet auf diese Fragen anders als z. B. ein gläubiger Christ.

***

Vielleicht ist gerade unsere Zeit, in der ein konkreter Glaube auch immer etwas nicht Selbstverständliches ist, weil er notwendigerweise (oder zumindest mit hoher Wahrscheinlichkeit) anderen Arten des Glaubens oder einem wirklichen *existenziellen Unglauben* begegnet (in Gestalt einer »monologischen«, »nicht kommunikativen« Lebensart), in der unsere Welt so kompliziert und antagonistisch ist, dass sie den Glauben als das Vertrauen auf einen Sinn nicht leicht macht, gleichzeitig eine günstige Zeit für einen aufrichtigen Dialog zwischen zwei verschiedenen Arten des Glaubens.

Am Anfang dieses Buches schicke ich etwas voraus, das ich für das richtige Verständnis (nicht nur dieses meines Buches) insofern für wichtig halte, dass ich daran an verschiedenen Stellen im Text wiederholt erinnern werde. Wenn ich zeige, dass »Gläubige« und »Ungläubige« heute aus vielen Gründen mehr gemeinsam haben als jemals zuvor in der Geschichte und dass diese Situation für beide Seiten und auch für unsere gemeinsame Welt eine Chance bedeutet, eine Chance, die nicht zu erkennen und nicht zu nutzen eine Sünde wäre, dann tue ich dies nicht aus irgendeinem billigen »Irenismus« heraus, einer Sehnsucht um »Aussöhnung« um jeden Preis – auch um den Preis des Ausverkaufs der eigenen Identität, der Untreue gegenüber den Traditionen, eines naiven und gleichzeitig arroganten Übersehens der Unterschiede. Es geht mir nicht um einen Dialog um des Dialoges willen, um eine ungezwungene Unterhaltung von sich langweilenden liberalen Intellektuellen, die an die Zuhörer von Paulus auf dem Areopag in Athen erinnern, die nach den Worten der Schrift »für nichts mehr Zeit [hatten], als Neuigkeiten zu erzählen oder zu hören« (Apg 17,21). Es geht mir nicht um einen billigen Dialog, der sich schon im Voraus ein Ziel setzt (wir sind uns ähnlich, nah, »warum sollten wir uns nicht freuen«, fallen wir uns in die Arme und bauen wir gemeinsam eine friedliche Welt auf) und sich dann diesem mit Siebenmeilenschritten nähert, über die Gräben der übersehenen Probleme hinweg. Es geht mir nicht darum, den Ungläubigen irgendeinen geheimen Pfad zu einem billigen und unverbindlichen Erwerb der Schätze des Glaubens zu bieten, ohne dass sie das Joch religiöser Verpflichtungen auf sich nehmen müssten; es geht mir auch nicht darum, den Gläubigen einzureden, dass das, was sie von den Ungläubigen unterscheidet, so relativ, unsicher und unwichtig ist, dass sie es vergessen können und sich lieber in der ungläubigen Welt konform untermischen sollen. (Diese Einwände sind nicht neu, demselben Verdacht vonseiten der »im Glauben Starken« musste sich schon der Apostel Paulus erwehren: Konservative Judenchristen einschließlich der geachteten Apostel nahmen sein Entgegenkommen gegenüber den Heiden, die Betonung der Freiheit vom Gesetz und die Überzeugung, dass Christus alle Grenzen zerstöre und dass es jetzt nicht mehr darauf ankomme, ob ein Mensch Jude oder Heide sei, genau so wahr – als einen Verrat und als eine Relativierung des Glaubens der Väter. Wenn Paulus Petrus gegenüber nachgegeben hätte, dem Haupt der Apostel, oder Jakobus, dem Bruder des Herrn, oder anderen Autoritäten, wäre das Christentum wahrscheinlich eine kurzatmige kleine Sekte innerhalb des Judentums geblieben. Auch heute hängt die Zukunft des Christentums von dem Mut der Christen ab, in die Richtung zu gehen, die Paulus aufzeigte, mit dem Vertrauen darauf, dass gerade das der Weg Christi ist.)

Das, was mich zu diesem Dialog motiviert, ist der Blick auf die Welt um uns herum. Es graut mir vor dem Hochmut des Glaubens, der die Stimme der kritischen Vernunft ignoriert, genauso wie vor dem Hochmut der säkularen Vernunft, der die geistliche und moralische Berufung des Glaubens verachtet. Ich sehe in diesen beiden Verblendungen und Einseitigkeiten, die sich, voneinander abgerissen, gegenseitig anfallen, provozieren und dabei nicht sehen, wie erschreckend sie einander ähneln – die größte, wirklich akute Gefahr für unsere Welt. Glaube ohne Denken und Denken ohne Glaube sind gefährlich, warnte wiederholt Papst Johannes Paul II., und sein Nachfolger Joseph Ratzinger kam im Dialog mit dem Philosoph Jürgen Habermas in der Katholischen Akademie in München darin überein, dass sich der christliche Glaube und die säkulare Rationalität gegenseitig dringend brauchen, damit sie gerade im Dialog ihre Einseitigkeiten korrigieren können.

Dieser Dialog, dem ich mich übrigens schon in meinen vorhergehenden Büchern widmete, weil es in der Tat um eines meiner großen Lebensthemen geht, ist nicht einfach, wenn er ehrlich und fruchtbringend sein soll. Wenn ich feststelle (und beiden Seiten, den Gläubigen und den Ungläubigen versichere), dass wir wirklich mehr gemeinsam haben, als die Mehrheit von uns denkt, dann ist das nicht der Punkt, an dem wir enden sollten, an dem wir uns die Hände geben und ungestört *nebeneinander* weiterleben sollten. Ganz im Gegenteil: Wir sollten uns gegenseitig in unserer Ruhe stören!

Wenn ich mit der Voraussetzung arbeite, dass sowohl der Glaube als auch der Unglaube Anteil an der Wahrheit haben, dann will ich mich nicht mit der billigen postmodernen Parole »Jeder hat seine Wahrheit« zufriedengeben. Wenn mich die »Wahrheit des Unglaubens« interessiert, dann nicht deshalb, um sie herablassend »anzuerkennen«, sondern um durch ihr Durchdenken und Durchleiden meinen Glauben bereichern zu können. (Von der »anderen Seite« bemühte sich mein Universitätslehrer und späterer Kollege, Professor Milan Machovec, Nestor des christlich-marxistischen Dialogs, um etwas Ähnliches; er lehnte sowohl einen vulgären materialistischen Atheismus als auch einen militanten polemischen Anti-Atheismus ab; er wollte zu einem Humanismus gelangen, der sowohl der Erbe der Tradition des Christentums als auch ein kompetenter Partner des »erwachsenen Christentums« wäre.) Das gegenseitige Bereichern, Aufwiegen, Ergänzen der »Fragmente der Wahrheit« in den geschichtlich und kulturell bedingten Gestalten des Glaubens und Unglaubens zu suchen, ist keine Arbeit für einen Archäologen, der aufgefundene Scherben eines schon einmal angefertigten Gefäßes in aller Ruhe zusammensetzt. Es ist eher der Laborversuch eines Chemikers, aus dem eventuell etwas Unerwartetes, Neues hervorgehen kann; er sollte sich jedoch bewusst sein, dass er ab und zu auch mit explosiven Stoffen hantiert ...

***

Der Impuls für viele Reflexionen in diesem Buch war für mich der überraschende Vorschlag, den vor einigen Jahren Papst Benedikt XVI. – noch als Kardinal, am 1. April 2005, einen Tag vor dem Tod seines Vorgängers – »unseren ungläubigen Freunden« machte. In seiner Rede in Subiaco sagte Joseph Ratzinger wortwörtlich: »Im Zeitalter der Aufklärung hat man versucht, die wesentlichen moralischen Normen zu verstehen und zu definieren, und hat gesagt, sie seien gültig etsi Deus non daretur, auch in dem Falle, dass Gott nicht existiere. [...] Wir müssten also das Axiom der Aufklärer auf den Kopf stellen und sagen: Auch derjenige, dem es nicht gelingt, den Weg der Annahme Gottes zu finden, sollte dennoch versuchen, so zu leben und sein Leben so auszurichten, veluti si Deus daretur, als ob es Gott gäbe. Das ist der Ratschlag, den bereits Pascal seinen nicht glaubenden Freunden erteilt hat; das ist der Ratschlag, den auch wir heute unseren Freunden, die nicht glauben, erteilen wollen. So wird niemand in seiner Freiheit beschränkt, doch alle Dinge erhalten eine Stütze und einen Maßstab, derer sie so dringend bedürfen.«

Dieses ganze Buch ist vom Dialog mit einigen Sätzen aus zwei Ansprachen von Joseph Ratzinger durchdrungen. Als Katholik nehme ich das Papsttum und den Papst ernst, als Philosoph und Theologe nehme ich den emeritierten Papst Benedikt XVI., diesen Denker und Autor, besonders ernst; und seine Gedanken ernst zu nehmen, das bedeutet, sie von allen Seiten und auch kritisch zu durchdenken, wozu er übrigens selbst wiederholt ausdrücklich aufforderte (z. B. in der Einleitung seines Buches *Jesus von Nazareth*). Ich suche nicht nur den Sinn jener Sätze (besonders jenes »Vorschlags an die Ungläubigen«), sondern ich stelle Vermutungen an, was »zwischen den Zeilen« als vielleicht bewusst oder unbewusst verschwiegene Voraussetzung unausgesprochen bleibt.

Ich bemühe mich darum, diese Aussagen zu Ende zu denken und sie auch »mit den Augen der anderen zu lesen«, darüber nachzudenken, wie sie auf diejenigen wirken mögen, für die sie bestimmt sind (nämlich für die geistlich Suchenden, die in den Kirchen und in der traditionellen Sprache des Christentums nicht heimisch Gewordenen – also diejenigen, in denen auch ich über die Jahre die Hauptadressaten meiner Bücher, einschließlich des vorliegenden, sehe). Ich frage mich, inwieweit sie ihnen auf ihrem geistlichen Weg wirklich helfen können, inwieweit sie ihre Freiheit des Denkens respektieren und inwieweit sie zu unserem gegenseitigen Dialog beitragen können.

Der Vorschlag Ratzingers an diejenigen, denen es »nicht gelingt, den Weg der Annahme Gottes zu finden«, ist nämlich tatsächlich beachtenswert, er lohnt eine Abwägung und ein kritisches Nachdenken. Er ruft eine Reihe von Fragen hervor, auf die der erwähnte Text nicht mehr antwortet, die unseren Reflexionen überlassen sind. Was bedeutet konkret, zu »leben, als ob es Gott gäbe«? Was unterscheidet eigentlich wirklich ein »Leben mit Gott« von einem »Leben ohne Gott«? Und ist es möglich, mit Gott wie mit einer Hypothese zu leben, ist es möglich, den Glauben als ein »as-if-statement« zu erleben? Und ist nicht schließlich dieses Modell des *Glaubens als einer Hypothese*, das von Joseph Ratzinger »unseren ungläubigen Freunden« angeboten wurde, nicht etwas, das auch den Gläubigen vertraut ist? Ist nicht auch für einen Gläubigen der Glaube eine *Hypothese*, die er dann fortwährend mit seinem Leben bewähren muss, die jedoch den Zweifeln und kritischen Fragen ausgesetzt bleibt, bis er jene Schwelle überschreitet, hinter der sich erst definitiv zeigen wird, *ob Gott Gott ist*, also der Tod des Todes (mors mortis), oder ob im Gegenteil dazu *der Tod selbst Gott ist*, das alles verschlingende Absolutum, also der Tod des Menschen und Gottes zugleich?

Gott wohnt in der Möglichkeit

Wenn Winston Smith, der Held aus Orwells Roman *1984*, den Ermittler zu fragen wagt, ob der Große Bruder tatsächlich existiert, bekommt er die folgende Antwort: »SIE existieren nicht!« (It is YOU who doesn't exist!)

Den Roman Orwells lese ich nicht als eine Utopie über totalitäre Regime oder eine Satire auf sie, sondern (neben dem *Prozess* Kafkas) als die vielleicht ernsthafteste prophetische Mahnung oder Warnung vor den verborgenen autodestruktiven Kräften unserer Welt; und gerade diesen Satz (ähnlich wie das Gespräch des Priesters mit Josef K. im *Prozess*) halte ich für die zentrale *theologische Botschaft* des Buches.

Der Große Bruder ist (ähnlich wie der rätselhafte Kopf der Geheimorganisation in Chestertons *The Man Who Was Thursday*) in Paradoxien und Ambivalenzen verhüllt, ist nicht gegenwärtig und zugleich allgegenwärtig. Der Große Bruder, der verborgene Gott jener Welt, in der sich die Lüge Wahrheit und der Hass Liebe nennt, will mit der Einschüchterung nicht nur den Gehorsam seiner Untergeordneten gewinnen, sondern seine potenziellen Widersacher und Rebellen dadurch besiegen, dass er sie zu dem einzigen zwingt, was sich nicht erzwingen lässt, was er selbst nicht kennt und zu dem er als einzigem tatsächlich nicht in der Lage ist, nämlich zur Liebe.

Smith verliert seinen Versuch, die Freiheit zu erlangen, als er beginnt, den Großen Bruder zu lieben; Liebe ohne Freiheit ist nämlich keine Liebe, sondern ein besiegter, erniedrigter, jedoch nicht gewandelter und nicht überwältigter Hass, der von Angst gezeugt und genährt wird.

Dem Großen Bruder ergeht es wie allen Dämonen, die so tun, als seien sie Gott: Damit er existieren kann, darf der Mensch (die menschliche Wahrheit und Freiheit) nicht existieren. Wenn der Mensch zum Menschen wird, wenn er *wirklich* menschlich, »in der Wahrheit leben« und als ein freier Mensch handeln wird, dann offenbart sich dadurch der Große Bruder als etwas Unwirkliches, als Lüge, als Chimäre. Wer ein totalitäres Regime (wenn auch noch nicht eines von der Perfektion der Orwell'schen Vision) nicht nur überlebt, sondern auch *als eine geistliche Erfahrung* durchlebt hat, weiß, wovon in dem Roman die Rede ist.

An den Großen Bruder zu glauben beginnen, setzt voraus und bedeutet daran zu glauben beginnen, dass ich nicht wirklich bin; ja sogar mehr noch: Je mehr ich mein wirkliches Leben aufgebe, meine Wahrheit und meine Freiheit, auf denen mein Menschsein wirklich steht, desto mehr Platz räume ich dem Großen Bruder ein; desto mehr *erschaffe* ich ihn mit meiner Resignation und halte ihn am Leben. Auch wenn es viele Gründe geben mag, zu denken, dass ich bereits in die Welt des Großen Bruders geworfen wurde, dass er vor mir hier war, dass er stärker ist und dass ich gegen das Ganze doch nichts unternehmen kann, kann ich doch in einem gewissen Augenblick meine Situation und mein ganzes Leben dadurch verändern, dass ich dafür die Verantwortung übernehme, dass ich mit allen Konsequenzen den Gedanken zu Ende zu denken versuche, vor dem der Große Bruder und sein gesamter Machtapparat wirklich Angst haben. Dass der Große Bruder in der Realität nicht wirklich existiert, dass nicht er der Schöpfer und der Garant meiner Welt ist, sondern dass ich deren Schöpfer bin; ich bin nicht von ihm abhängig, sondern er von mir.

Der Große Bruder überlebte die diktatorischen Regime. Nach Gilles Lipovetsky[6] (französischer Autor und Philosoph, Anm. des Lektorats) ist das Hauptinstrument der Macht in unserer Welt nicht mehr die Gewalt, sondern der *Mechanismus der Verführung*. Es ist nicht mehr nötig, einzuschüchtern, es ist möglich, zu versprechen. In der Politik, in der Wirtschaft, aber auch in der Kultur und in der religiösen Szene von heute begegnen wir der allgegenwärtigen Werbung, suggestiven Bildern von Angeboten, einer unablässigen Gehirnwäsche. In Diktaturen fürchtete sich der Große Bruder vor den Menschen, die aufgehört haben, vor ihm Angst zu haben, die trotz aller Risiken auch in der Zeit der Unfreiheit begannen, sich wie freie Menschen zu verhalten. In einer Gesellschaft des Angebots unendlicher Möglichkeiten fürchtet er sich dagegen vor jenen Menschen, die anstatt Werbeslogans zu konsumieren mit dem eigenen Gehirn zu denken beginnen, die statt mit den Augen der Kameras mit den eigenen Augen zu schauen beginnen, die, anstatt »mystisch« am virtuellen Leben von Prominenten zu partizipieren wie Parasiten, ein eigenes Leben zu leben beginnen. Es ist kein Zufall, dass eines der typischsten Massenmedienprodukte der Unterhaltungsindustrie, jene Lieblingsfernsehserie, in der die Menschen ihr Privatleben an ein anonymes Publikum verkaufen, *Big Brother* heißt. Der allgegenwärtige und trotzdem unsichtbare Große Bruder wohnt heute nicht in einem sichtbaren oder verborgenen Führungszentrum, wie uns paranoide Verschwörungstheorien einreden wollen. Sein Hauptverbündeter, derjenige, der ihn wirklich schuf und ihn am Leben hält (dadurch, dass er sich von ihm führen lässt) ist – wenn wir den Terminus Heideggers entlehnen dürfen – das »Man«, der nicht authentisch lebende »beliebige Mensch«, der lebt, »wie man in der Welt lebt«. (Es ist ein Mensch, dessen Prototyp der Prokurist Josef K. aus dem *Prozess* Kafkas ist, der nicht in der Lage ist, zu begreifen, worin seine Schuld liegt, wenn er niemandem etwas Böses getan hat und niemandem konkret etwas schuldet.)

***

Was war mit dem Christentum geschehen, wenn Ludwig Feuerbach, der Begründer des humanistischen Atheismus, den christlichen Gott derart als den Großen Bruder sehen konnte, der ein Konkurrent der Freiheit, Wahrheit und Wirklichkeit des Menschen ist?

Geben wir zu, dass es wirklich so war, dass der neuzeitliche Mensch so sehr den christlichen Gott vergaß, der in der Welt durch den gekreuzigten Menschen Jesus repräsentiert wird, und stattdessen einem Gott den Vorrang gab, den er selber erschaffen hatte, einem mächtigen Gott, in den er seine Wünsche, seine Machtansprüche und seine Ängste projizierte. Dorothee Sölle (evangelische Theologin, Anm. des Lektorats) weist zu Recht darauf hin, dass hinter den heute häufig gestellten Fragen »Wo war Gott in Auschwitz?«, »Warum lässt Gott Kriege zu?« gerade dieser falsche, zutiefst unchristliche Begriff eines mächtigen Gottes steht, der uns unserer eigenen Verantwortung beraubt.

In diesem Sinne können wir Christen den Atheisten à la Feuerbach, Nietzsche, Freud oder Marx sehr dankbar sein, dass sie für uns diesen Götzen ablehnten und zerschlugen, diese Karikatur des christlichen Gottes, die durch die Projektion menschlicher Wünsche und Ängste erschaffen wurde. Und wenn sie für uns diesen wichtigen Schritt getan haben, welcher der erste Schritt jedes Glaubens sein sollte, die Säuberung des Raumes für einen Gott ohne Götzen, sollten wir auch ihnen mit einer ähnlich befreienden Kritik jenes Humanismus dienen, der im Kampf mit diesem fiktiven Gott nicht bemerkte, wie er sich selbst bei ihm »infizierte«.

Wenn wir zugeben, dass die Feuerbach'sche *Diagnose* der verbreiteten modernen Vorstellung Gottes richtig war, dass diese wirklich »nichts als« die Frucht einer menschlichen Projektion war, müssen wir jedoch hinzufügen, dass der Atheismus eine sehr riskante *Therapie* für die »religiöse Entfremdung« bot. Wenn der moderne Mensch gemäß dem Ratschlag Feuerbachs »Gott vom Himmel zurück in sich eingezogen hat«, trug er damit nicht zur wirklichen Genesung des Menschen bei, sondern verursachte eine Inflation und eine Hypertrophie des Egos, eine narzisstische Vergötterung von sich selbst. Gott als der Große Bruder, geschaffen durch menschliche Unverantwortlichkeit, Passivität, Aspirationen und Ängste, wurde damit nicht überwunden, sondern internalisiert, verinnerlicht; angesiedelt jetzt im Selbstbewusstsein des Menschen, ist er viel gefährlicher, als zu der Zeit, als er »im Himmel« war.

Der unbewusste, unbekannte, falsche Gott im Innersten des Herzens des Selbstbewusstseins eines Menschen des atheistischen Humanismus ist die eigene Quelle der Macht, die nicht in der Lage ist, sich selbst zu beherrschen. Dieser Gegensatz zur Menschwerdung, von der der christliche Glaube spricht, wird in einer Lebenspraxis zum Ausdruck gebracht, die ein wirkliches Gegenteil des Christentums ist. »Binde dich nicht, sprenge die Fesseln«, lautet der Werbeslogan auf den Plakaten des Großen Bruders von heute.

Die Aufgabe der Christen im Dialog mit dem Atheismus besteht darin, den Erben Feuerbachs zu beweisen, dass der Gott, an den wir glauben, nicht aus der Resignation des Menschen auf seine unverwirklichten Möglichkeiten lebt, sondern dass im Gegenteil Gott diese Möglichkeiten aufzeigt, sie eröffnet und zugänglich macht; dass er nicht als Tyrann auf uns zukommt, der uns unserer Möglichkeiten und unserer Freiheit beraubt, sondern gerade als *Möglichkeit*. Als Möglichkeit, die unsere Freiheit nicht nur voraussetzt und anerkennt, sondern sie auch wesentlich verbreitert; gerade bei Gott und mit Gott *ist nichts unmöglich*, lesen wir in der Bibel. Maria ist selig als Frau des Glaubens – und zwar deshalb, *weil sie zu glauben begann, dass für Gott nichts unmöglich ist* (vgl. Lk 1,37) – und dieser Glaube bedeutete für sie nicht, dass sie auf ihr Menschsein und dessen Möglichkeiten verzichtete, sondern gerade den Mut hatte, die Schwelle der Welt jener neuen Möglichkeiten zu überschreiten, die sich vor ihr öffneten.

Der Streit des Glaubens und des Unglaubens ist in seinem Wesen ein Streit zwischen zwei Möglichkeiten, zwischen zwei Bildern Gottes. Zwischen dem Großen Bruder, der sich von der menschlichen Angst ernährt und den Menschen in eine Welt der Lüge, der Angst und des Hasses drängt (und deshalb existiert er in Wirklichkeit nicht und darf nicht existieren, wenn der Mensch ganz Mensch sein soll), und einem Gott, der *als Möglichkeit* kommt und der im Glauben an ihn (das ist die Annahme dieser Möglichkeit des Überschreitens der Schwelle) dem Menschen einen Raum eröffnet, in dem er vollständig und verantwortlich in der Wahrheit und in der Freiheit leben kann.

***

Nehmen Sie Gott als Hypothese an, leben Sie, als ob es Gott gäbe – das bedeutet: Wenn Sie sich, was Gott angeht, nicht sicher sind, lassen Sie ihn als Möglichkeit zu! Auf diesen Vorschlag können wir Joseph Ratzinger auch im Stil des Buches des postmodernen Philosophen Richard Kearney *The God Who May Be*[7] antworten: *Gott ist Möglichkeit*. Gott selbst ist Möglichkeit.

Der Gott der Bibel und unseres Glaubens ist *derjenige, der sein kann*. Über Gott kann man nicht sagen, dass er *ist* oder *nicht ist*, diese beiden Antworten sind (wie wir schon aus der Tradition der negativen Theologie wissen) nicht ausreichend; Kearney bietet eine andere Antwort (die sich auch in der Bibel findet): »Gott kann sein.« Wenn wir aufmerksam die biblischen Geschichten lesen, dann sehen wir, dass in ihnen Gott zum Menschen als Möglichkeit kommt, als eine Aufforderung, als Angebot, aber auch als Aufgabe.

Wenn Gott Mose aus dem brennenden Dornbusch heraus anspricht, verlangt Mose von ihm, dass er sich ihm gegenüber mit seinem Namen legitimiert. Aber die Antwort Gottes, die in der Regel häufig als »ich bin, der ich bin« übersetzt wird, kann aus dem Kontext der Geschichte auch folgendermaßen ausgelegt werden: Wenn du die Aufgabe annimmst, zu der ich dich sende (du wirst aufbrechen und mein Volk befreien), dann *werde ich mit dir sein*. Der Name selbst ist ein Wort, das dir nicht helfen wird, aber wenn du die Möglichkeiten, die Herausforderungen, die ich dir vorlege, begreifst und sie zu erfüllen beginnst, wenn du auf meine Anrede antwortest, dann wirst du mich erkennen und erfahren.

Damit verlassen wir jedoch mit Richard Kearney und mit der postmodernen Philosophie definitiv den Boden der aristotelisch-thomistischen Vorstellungen von Gott und der alten gewöhnlichen Auslegungen (nicht nur dieser biblischen Szene), das sei ganz klar gesagt. Die alte Metaphysik sah in dem, was ist, immer mehr als das, was sein kann, was bis zu dem Augenblick seiner Verwirklichung »nur Möglichkeit« ist. Gemäß jener Auffassung bedeutete die Existenz die Erfüllung, die Verwirklichung der Möglichkeit (entelecheia, potentia). Wenn nach Aristoteles etwas ist, bedeutet das, dass es realisiert wurde (Wirklichkeit geworden ist), was früher nur in der Möglichkeit war: Es ist jetzt *im Akt*. Gott ist dann derjenige, in dem *alle* Möglichkeiten Wirklichkeit sind, er ist reiner Akt (actus purus) – deshalb ist er vollkommen, deshalb ist er Gott. Deshalb ist er auch unbeweglich und kann alles Übrige bewegen – denn die Bewegung ist nichts anderes als der Übergang von der Möglichkeit zur Verwirklichung, zum Sein. Wenn Gott sagt, »ich bin, der ich bin«, dann bedeutet dies gemäß der von Aristoteles inspirierten mittelalterlichen Theologie: Ich bin mein eigenes Sein, meine Existenz ist meine Essenz, das Wesen – mein Wesen – ist sein. Im Unterschied zu allen unvollkommenen Seienden, die noch nicht alle ihre Möglichkeiten erschöpft haben, bin ich das höchste, das vollkommene Seiende, das unbewegliche, in sich selbst stehende Sein. Alles andere hat also sein Sein von mir abgeleitet und ist von mir abhängig.

Nach Kearney ist jedoch die Möglichkeit nicht weniger, sondern mehr als die Wirklichkeit. Sie eröffnet einen weitaus größeren Horizont. Es ist jedoch notwendig, zwei Begriffe nicht zu verwechseln, im Text Kearneys zwei englische Modalverben, die wir häufig identisch übersetzen, nämlich mit dem Verb »können«: *can* und *may*. *Can* bezeichnet das, was im Reich unserer menschlichen Möglichkeiten liegt (Yes, we can!, klang der mobilisierende Slogan der Präsidentschaftskampagne Barack Obamas: Ja, wir schaffen das!). Das Verb »*may*« weist jedoch hinter diesen Horizont hin zum Transzendentalen.

Gott ist nicht im Reich dessen, was wir *können* und was wir beherrschen, wozu wir in der Lage sind (can). Ein Gott, den wir machen, ausdenken und den wir uns vorstellen könnten, wäre kein Gott, sondern ein Götze, ein Abgott. Unsere *Realität* ist voll solcher Götzenbilder, solcher bereits verwirklichter Vorstellungen und Sehnsüchte; das sind »Ersatzgötter«, erzeugbare Götzen.

Aber unsere Realität wird radikal geöffnet, verwandelt und bereichert von dem, was hier »nicht ist«, jedoch *sein kann* – und gerade so gibt sich Gott. Er ist das, »was kein Auge gesehen und kein Ohr gehört hat und was in keines Menschen Herz gedrungen ist«, wie der Apostel Paulus sagt.

Er kommt nicht nur als das, was hier nicht (zu unserer Verfügung) ist, sondern als das, was wir aus dem Wesen der Dinge heraus selbst *nicht können* (we can *not*), wohin unsere Macht und unser Wille nicht reichen und nie reichen werden, was nicht *verfügbar* und manipulierbar ist und nie sein wird, was radikale Transzendenz ist. Jedoch kommt er trotzdem so zu uns, dass er den Raum unserer Möglichkeiten, unserer Freiheit, erweitert – *er gibt sich uns*, und zwar *als* Aufforderung, als Aufgabe. Und wenn wir diese Aufgabe, zu der wir aufgefordert (nicht gezwungen) wurden, anpacken, *wird er dabei mit uns sein*.

Wenn du mein Volk befreist, sagt Gott nicht nur zu Mose, sondern dann zu Josua (vgl. Jos 1,5), Gideon (vgl. Ri 6,12) und zu anderen, wenn du im Licht meiner Aufforderung deine Freiheit zu den Taten entdeckst, die du dir bisher nicht mal vorstellen konntest, werde ich dabei mit dir sein. Es ist nur natürlich, dass sich jeder Angesprochene erst einmal weigert, weil er erst vor dem aufscheinenden Horizont dieser Möglichkeit seine Unfähigkeit, seine Schwäche, seine Sündhaftigkeit erkennt. Mose ruft: »Wer bin ich, dass ich zum Pharao gehe« (Ex 3,11); er wendet ein »ich bin kein Mann des Wortes« (Ex 4,10), der Prophet Jeremia behauptet: »Ich kann doch nicht reden, ich bin noch so jung« (Jer 1,6) und Jesaja ist völlig entsetzt und erschüttert: »Wehe mir, ich bin verloren. Denn ich bin ein Mann mit unreinen Lippen und wohne unter einem Volk mit unreinen Lippen« (Jes 6,5).

Im Neuen Testament finden wir ebenfalls ähnliche Stellen: Petrus bittet, bevor er die Berufung annimmt: »Herr, geh weg von mir; denn ich bin ein sündiger Mensch!« (Lk 5,8), und auch Maria verbirgt ihre Bedenken und Zweifel nicht: »Wie soll dies geschehen?« (Lk 1,34). In allen Fällen antwortet Gott mit dem Hinweis auf seine Macht, die den Menschen nicht kleiner macht, sondern zur Bewältigung der Aufgabe *ermächtigt*, zu der er berufen wird. Für Gott ist nichts unmöglich, lautet die Antwort.

Die Stimme aus dem brennenden Dornbusch verspricht Mose und verdonnert ihn sogar dazu: »Du wirst für den Pharao und Aaron Gott sein« (vgl. Ex 4,16 und Ex 7,1); ähnlich argumentiert Jesus gegenüber denjenigen, die ihn der Gotteslästerung beschuldigen: »Steht nicht in euerem Gesetz geschrieben: Ich habe gesagt: Götter seid ihr?« (Joh 10,34 mit einer Anspielung auf Ps 82,6). Kearney kommentiert jene Beauftragung des Mose mit den Worten: »Mose und die Propheten sind in die Offenbarung *eingeschlossen*, die uns zeigt, wie Jahwe durch die menschlichen Gesandten konkret handelt.«[8] Gott, so fügen wir hinzu, setzt sie in seine eigene Rolle ein; es ist umso bedeutsamer, dass derselbe Gott mit der Vertreibung aus dem Paradies und der Verfluchung Adam und Eva straft, die diese Rolle eigenmächtig an sich reißen wollten.

Gott kommt auf uns zu als Möglichkeit. Es ist jedoch notwendig, in diesen Möglichkeitsraum einzutreten – und der Eingang in die Möglichkeiten Gottes heißt Glaube.

***

Nicht nur für einen nicht gläubigen Menschen, sondern auch für einen gläubigen, ist Gott hier auf der Erde nur als Möglichkeit. In diesen Möglichkeitsraum einzutreten, ist keine vorsichtige Annahme einer ungeprüften und unsicheren Hypothese. Es ist nicht möglich, dies »einfach mal ganz unverbindlich« auszuprobieren und sich dabei ein Hintertürchen offen zu halten, um wieder zurückgehen zu können. Es ist ein schwerwiegender und verbindlicher Schritt, ein *Salto*, der das ganze Leben in ein religiöses Experiment verwandelt.

Schauen wir uns in diesem Licht den Vorschlag Joseph Ratzingers »an unsere ungläubigen Freunde« noch einmal an. Es könnte so erscheinen, als ob er von den Ungläubigen nicht allzu viel fordere. Es könnte so erscheinen, als ob sich damit den Ungläubigen eine *leichtere Variante* dessen biete, was der Gläubige tut, der einen Weg zur Annahme Gottes gefunden hat: Wir können auf dieselbe Art und Weise leben, nur Sie können sich jenen Weg des Suchens und Annehmens Gottes ersparen (jenen Augenblick, in dem man zu glauben beginnt, die Sicherheit gewinnt, mit der dann der Gläubige nach den Geboten Gottes lebt). Es reicht, wenn Gott für Sie eine Hypothese, eine »geöffnete Möglichkeit« bleibt – leben Sie, »als ob es Gott gäbe«, ersetzen Sie die Sicherheit des Glaubens (zumindest) mit einer Hypothese, es reicht, wenn die Existenz Gottes für Sie ein *as-if-statement* ist.

Aber wäre ein solcher Vorschlag nicht eine Beleidigung für einen Gläubigen und auch für einen Ungläubigen? Ein Gläubiger könnte sich aufgrund dieser Erklärung des Glaubens als eines letztendlich ersetzbaren »Überbaus« zu Recht gekränkt fühlen und zu Recht würde er sicherlich fragen, ob es nicht unehrlich ist, jemandem die Möglichkeit zu bieten, *ohne Glauben* so zu leben »wie Gläubige leben«; ob dies nicht sogar ganz und gar unmöglich ist, also eine contradictio in adiecto darstellt.

Und der Ungläubige könnte sich dadurch gekränkt fühlen, dass man ihn als jemanden a priori Minderwertigen behandelt: Wenn du an einem Glaubensdefizit leidest, bieten wir dir Hilfe an; wenn du nicht fähig bist, das steile Treppenhaus des Glaubens hinaufzusteigen, bieten wir dir die »Hypothese Gott« als »Behindertenaufzug« an – und oben werden wir dich zuvorkommend erwarten und dann können wir gemeinsam wie Gleiche unter Gleichen weitergehen.

Und was würde sich dadurch ändern, wenn wir sagen, dass der Gläubige auch keine »Sicherheit« hat, dass Gott vor ihm als *Möglichkeit* steht, als Verheißung, dass auch für ihn das Leben aus dem Glauben ein offenes Experiment ist? Bedeutet es vielleicht, dass er sich für uns vollständig in Nebel hüllte und dass der Unterschied zwischen einem Gläubigen und einem Ungläubigen, zwischen Glauben und Unglauben verloren ginge? Ist das hier das unrühmliche Ende jenes berühmten Weges des Dialoges der Gläubigen mit den Ungläubigen, von dem die Kirche in den letzten Jahrzehnten ununterbrochen spricht?

***

In den biblischen Geschichten, die wir erwähnt haben, wurde derjenige, der sich auf den Weg des Glaubens begeben hat, zuerst angesprochen. Sich auf den Weg begeben zu wollen, ohne dass der Mensch angesprochen worden wäre, ohne dass er von Gott dazu aufgefordert worden wäre, würde jedoch bedeuten, das Leben aus dem Glauben in das Reich jenes »we can«, der bloßen menschlichen Möglichkeiten, zurückzuziehen. Es würde bedeuten, Gott außen vor zu lassen.

Besteht also der Unterschied zwischen einem »Gläubigen« und einem »Ungläubigen« im Unterschied zwischen einem Angesprochenen und einem Nicht-Angesprochenen? Damit stehen wir jedoch vor dem nächsten Berg von Fragen und Schwierigkeiten, von denen die erste natürlich lautet, worin diese Anrede ihrem Wesen nach eigentlich besteht.

Diese Anrede lässt sich zum Beispiel als ein außergewöhnliches Erlebnis, als eine »Erleuchtung« begreifen. Als etwas, was vom Menschen gespürt wird, ja sogar stark erlebt wird, auch wenn er vielleicht nicht in der Lage ist, eine solche Erfahrung zu »erklären«. Aber gerade dieses Übergewicht der emotionalen Kraft der Erfahrung des Heiligen über die Möglichkeit, sie rational zu begreifen und zu verarbeiten, wird manchmal als Kriterium für die Authentizität dieser Erfahrung des Absoluten verstanden; die Vernunft wird vor jenem erschütternden mysterium tremendum et fascinans notwendigerweise von Schwindel ergriffen[9].

Wenn wir jedoch die *Anrede* als ein *Erlebnis* begreifen würden (ein Erlebnis der Erleuchtung), könnten wir schnell und leicht auf dem Boden einer »Erlebnisreligion« landen (die heute so mancher erfolgreich betreibt, von den therapeutisch-okkultistischen Séancen im New Age bis hin zu den emotionalen Ausbrüchen in den Stadien bei den Aktionen von christlich-charismatischen Gruppierungen). Dies ist heute eine sehr populäre, nichtsdestotrotz sehr verdächtige Religiosität für jeden, der den Glauben wirklich ernst nimmt.

Darüber hinaus würden wir dadurch den Versuch, die Grenze zwischen Gläubigen und Ungläubigen zu finden, nur weiter verkomplizieren. Viele treue und tief gläubige Christen würden ehrlich bekennen, dass sie ein solches außergewöhnliches Erlebnis nie hatten (was übrigens auch Joseph Ratzinger in seinen Memoiren klar von sich selbst bekennt), und mit vollem Recht würden sie sich dagegen verwahren, dass aus diesem Grund ihr Glauben angezweifelt oder abgewertet werden sollte. Andererseits würden sicher viele von denen, die von sich mit heutzutage populären Worten behaupten: »Ich bin nicht religiös gläubig, aber ich bin spirituell gegründet«, über solche Erlebnisse sehr gerne tagelang erzählen und Tonnen von Papier vollschreiben. Es ist jedoch die Frage, ob ihre Gefühle wirklich die Bezeichnung Glauben im biblischen Sinne des Wortes verdienen.

Wir können jedoch das Sprechen über die »Anrede« auch ganz anders verstehen, nämlich als eine literarisch-dramatische Metapher für das, was die christliche Theologie *Gnade* nennt (und was offensichtlich nicht weit entfernt von dem ist, was die jüdische Tradition mit dem Wort *Schechina* bezeichnet) – die Anwesenheit Gottes im Menschen. Dieses Leben Gottes im Menschen muss überhaupt keinen Erlebnischarakter haben. Es gehört sogar zur verbindlichen Glaubenslehre, dass der Mensch nie selbst eine vollständige Sicherheit darüber erlangen kann, ob er sich im Zustand der Gnade befindet oder nicht; Johanna von Orléans entging der Falle dieser persönlich gestellten Frage des Inquisitors (ganz schlicht, aber legal) mit der Antwort: Wenn ich es nicht bin, möge mich Gott hineinversetzen. Wenn ich es bin, möge Gott mich darin erhalten!

Die Geburt des Glaubens als eine Erfahrung der Begegnung mit dem anredenden Gott, der dem Menschen unendliche Möglichkeiten eröffnet, ihm eine konkrete Aufgabe verleiht (und der Mensch mit seinem Glauben auf diese Anrede antwortet und die Aufgabe annimmt), kann sicher ein bedeutender Bestandteil der persönlichen Glaubensgeschichte sein – wir kennen dies aus unzähligen Geschichten von Konvertiten aller Zeiten. Gestehen wir jedoch ein, dass Gott dem Menschen auch still, unauffällig begegnet; der Mensch begreift oft erst rückwirkend (vollständig vielleicht erst in eschato, erst im Licht jener einzigen wirklichen Begegnung mit Gott von Angesicht zu Angesicht, die die Schrift an vielen Stellen erst dem Augenblick der Überschreitung von Raum und Zeit dieser Welt und des Lebens in ihr vorbehält) sein Leben als einen »Dialog« mit einem verborgenen, jedoch immer gegenwärtigen Partner. Er begreift, dass Gott zu ihm zwar nicht aus einem brennenden Dornbusch oder aus einem tobenden Sturm gesprochen hat, aber aus dem »sanften leisen Säuseln« – in seinen eigenen Gedanken, in Begegnungen mit Menschen, in Büchern, in den Alltagsgeschehnissen seines Lebens und auch im Geschehen in der Gesellschaft um ihn herum. Er begreift, dass dies alles nicht bedeutungslose Zufälle waren, sondern dass der »Zufall« eines der Pseudonyme Gottes war, dass es kostbare Geschenke waren, die immer neue Möglichkeiten eröffneten – und dass ein wirklicher Unterschied zwischen einem Menschen, der auf Gott hört, und einem gottlosen Menschen darin liegt, ob er sich ansprechen ließ (auch wenn er die letzte Quelle dieser Ansprache nicht erkannte oder beim Namen nannte), ob er darauf mit seinem Leben antwortete oder ob er jene Worte nutzlos auf die Erde fallen ließ.

Dann würde es sich vielleicht zeigen, dass, wenn darin der Hauptunterschied zwischen den beiden Lebensstilen liegt, dies dann tatsächlich ein wenig den Unterschied relativiert zwischen dem Faktum, ob das explizite Motiv zu diesem Lebensweg die geerbte oder eine gefundene feste religiöse Überzeugung war oder die »Hypothese von der Existenz Gottes« (oder vielleicht noch etwas anderes, zum Beispiel die einfache Liebe zum Menschen, die laut Evangelium schließlich immer auch die Liebe zu seinem Schöpfer einschließt).

***

Kommen wir zum Beginn dieses Kapitels zurück. Wir haben gesagt, dass der Streit zwischen dem Glauben und dem Unglauben aus dem Streit zwischen *Gott als Möglichkeit*, der es dem Menschen ermöglicht, durch den Glauben Unmögliches in Mögliches zu verwandeln, und einem *toten Gott* besteht – dem Großen Bruder, der dem Menschen die Möglichkeit nimmt, ganz Mensch zu sein, und nur scheinbar, gerade nur aus dieser dem Menschen gestohlenen Möglichkeit, aus der menschlichen sich selbst entfremdenden und sich belügenden Resignation lebt.

Wir könnten sagen, dass es der Streit zwischen einem Gott ist, der den Menschen bereichert und stärkt, und einem Gott, der den Menschen bestiehlt, kleiner macht und versklavt. Eine solche Unterscheidung würde wahrscheinlich nicht nur Erich Fromm mit seiner Aufteilung der Religion in eine humanistische und eine autoritäre[10] unterschreiben, sondern selbst Nietzsche, der auch in der Lage war, jene beiden Typen von Göttern und Frömmigkeiten zu unterscheiden, die in der Religionsgeschichte präsent waren.

Achten wir aber gut auf die Risiken dieses Blicks und dieser Rhetorik. Ist es denn nicht gerade der Blick aus der problematischen Perspektive jenes vergöttlichten, hypertrophierten Menschseins, das – wie wir schon erwähnten – mit jenem Feuerbach'schen »Zurückziehen Gottes zurück in den Menschen, in sich selbst« entsteht? Fielen wir nicht aus der Angst und aus dem Widerstand gegenüber einem »Gott, der den Menschen unterdrückt« in das umgekehrte Extrem, stellten wir uns in der Gestalt eines »Gottes, der den Menschen bereichert« nicht wieder nur einen *Götzen vor, der dem Menschen dient*? Würden wir nicht aus Furcht vor einem Gott der Angst zu einem Gott des Wunsches, des menschlichen Wunsches (wie vorher der menschlichen, unserer eigenen Angst) fliehen? – Dadurch würden wir jedoch nicht dem Pantheon der Götzen entfliehen, die von Menschen geschaffen wurden!

Derjenige, der uns aus dieser Gefangenschaft wirklich befreien kann, weil er tatsächlich Gott und nicht ein menschliches Geschöpf oder eine Projektion ist, ist der *transzendente* Gott, der die Welt unserer Ängste und Wünsche, unserer Konzepte und Vorstellungen radikal *übersteigt*. Nur ein solcher Gott kann uns befreien, weil er uns erlaubt, aus uns hinauszugehen, unseren bisherigen Horizont der Möglichkeiten zu überschreiten.

Den Gott, bei dem nichts unmöglich ist, der es uns ermöglicht, aus dem Unmöglichen etwas Mögliches zu machen, dürfen wir nicht danach beurteilen, ob er uns kleiner macht oder uns bereichert – denn in Wirklichkeit *bereichert er uns gerade dadurch, dass er uns kleiner macht*. Er verkleinert uns in dem Sinne, dass er uns zunächst aus jener falschen, uns nicht zustehenden titanischen (und in Wirklichkeit tragikomischen) Rolle derer befreit, die so tun, als wären sie Gott. Er bringt uns zu unserer Wahrheit zurück, zur nackten Wahrheit (Eva und Adam, die »wie Gott sein wollten, der Gutes und Böses erkennt«, erkannten, dass sie nackt sind). Er weckt uns aus dem Traum. Weil dies ein fieberhafter, undeutlicher, betörender Traum war (denn die Sehnsucht, wie Gott zu sein, ist in Wirklichkeit ein starkes Opiat), wird jenes Erwachen und Ausnüchtern überhaupt nicht angenehm sein. Die erste Frucht der Begegnung mit Gott ist der Augenblick der Wahrheit über den Menschen – Gott ist Gott, der Mensch ist Mensch.

Ein echter Gott hat es nicht nötig, den Menschen kleiner zu machen, damit er selbst ist, und groß ist, sondern schon mit seiner Offenbarung offenbart er dem Menschen sein wahres Wesen, sein Maß und seine Aufgabe. Im Unterschied zu den Agenten und Ermittlern im Dienst des Großen Bruders, die dem Menschen einreden, dass er nichtig sei, sagen dem Menschen die Diener des Evangeliums, dass er als Bild Gottes geschaffen wurde, als Partner und Freund Gottes. »Mensch, erkenne deine Würde!«, betont der heilige Papst Leo der Große in einer Weihnachtspredigt.

Wenn Gott den Menschen kleiner macht, dann dadurch, dass er ihm (und das am Beispiel seines Sohnes) die einzige würdige und befreiende Art der Selbstverkleinerung zeigt, nämlich die Selbstüberschreitung in der Liebe, ein freies Hinaustreten vom Ich zum Du. Das Wesentliche, was das Christentum in der Bibel von Gott sagt, ist das von Paulus aufgezeichnete altchristliche Lied über Christus, der nicht darauf achtete, dass er Gott gleich war, sondern sich entäußerte, sich erniedrigte, den Menschen gleich, ein Sklave der Liebe zu den Menschen wurde, die Gestalt eines Dieners annahm und dessen Leben das eines Menschen war. Er erniedrigte sich bis zum Tod am Kreuz und darum hat Gott ihn erhöht und ihm den Namen verliehen, der größer ist als alle Namen (vgl. Phil 2,5–11). Der »Name« ist ein ehrwürdiger jüdischer Ausdruck für Gott selbst. Gott gibt sich demjenigen, der das Menschsein in der Form der aufopfernden Selbstüberschreitung in der Liebe auf sich nimmt. Erst dadurch wird der Mensch authentisch »wie Gott«, weil Gott dies selbst zunächst in seinem Sohn Jesus tat.

Der Mut des Glaubens besteht vor allem darin, zu beginnen zu glauben, dass es Gott tat und dass er das in der Zeit und im Menschen Jesus tat; schon das erscheint vielen nicht nur unwahrscheinlich, sondern im doppelten Sinn dieses Wortes *unmöglich*: *ungehörig* (die Vorstellung Gottes im Fleische war schon für die alte griechische Welt eine Torheit und die Vorstellung eines gekreuzigten Gottes für die jüdische Welt anstößig, wie Paulus belegt) und *nicht verwirklichbar*. »Wie soll dies geschehen?«, fragt das Mädchen Miriam aus Nazareth, als ihr offenbart wird, dass Gott gerade dieses ganze Werk abhängig von dem »Ja« ihres Glaubens tat. Für Gott ist nichts unmöglich, lautet die Antwort. Aber der Mut des Glaubens erschöpft sich nicht nur durch die Zustimmung, dadurch, dass es der Mensch für möglich hält, sondern dadurch, dass er über die Schwelle dieser Welt des scheinbar Unmöglichen und Unvorstellbaren aktiv schreitet: »Denn ich habe euch ein Beispiel gegeben, damit auch ihr tut, wie ich an euch getan habe« (Joh 13,15).

Gott wohnt in der Geschichte

Joseph Ratzinger richtete seinen Vorschlag, *das eigene Leben so auszurichten, als ob es Gott gäbe,* an »diejenigen«, die nicht in der Lage sind, einen Weg zur Annahme Gottes zu finden. Zuerst fragen wir also, *warum* gerade diese Menschen (unsere Freunde, wie Ratzinger sie anspricht) dazu nicht in der Lage sind. Was steht ihnen im Weg?

Viel zu lange suchten die Theologen die Ursache des Unglaubens in intellektuellen oder moralischen Defiziten bei den Ungläubigen. Sie waren davon überzeugt, dass der Ungläubige deshalb ungläubig ist, weil er nicht fähig oder bereit sei, die theologischen Argumente für die Existenz Gottes anzuerkennen, und das offensichtlich deshalb, weil ihn der Hochmut daran hindere, die Autorität des sich offenbarenden Gottes oder der Kirche anzuerkennen, welche die Offenbarung Gottes unfehlbar und autoritativ weitergibt. Ein Ungläubiger kann jedoch auch deshalb ungläubig sein, weil er nicht bereit ist, die moralischen Ansprüche zu akzeptieren, an die er mit der Annahme des Glaubens gebunden wäre, oder er versteckt sich vor dem Licht der Wahrheit, weil er bewusst oder unbewusst im Wahn der Dunkelheit seine Sünde zu verbergen sucht. Zu lange haben die Theologen gedacht, dass sie einen Ungläubigen, der genug Fähigkeiten und guten Willen hat, zumindest die Gesetze des logischen Glaubens anzuerkennen, dazu bewegen können, sich an den Schachtisch der Disputation zu setzen, und es ihnen dann gelingen würde, seinen Unglauben mit einigen wenigen bewährten Zügen rasch schachmatt zu setzen.

Das Zweite Vatikanische Konzil bedeutete demgegenüber in der Diagnose der Ursachen des Atheismus eine wahrhaft revolutionäre Wende: Zum Hauptschuldigen am Atheismus erklärte es jene Christen, die kein ausreichend glaubwürdiges Zeugnis ihres Glaubens den Ungläubigen gegenüber ablegten, ja sogar mit ihrem »Anti-Zeugnis« ein Ärgernis verursachten. Es folgte die Ära christlicher Entschuldigungen, die im Mea culpa von Papst Johannes Paul II. an der Schwelle zum neuen Jahrtausend gipfelte. Ein Großteil der atheistischen Welt akzeptiert die Entschuldigung der Kirche wie ein selbstverständliches Ritual und erwartet und fordert sie immer wieder und in einem immer größeren Ausmaß; es scheint jedoch nicht so, als ob sie deshalb die Kirche und ihre Botschaft ernster nehmen würde, dass sie dadurch in den Sicherheiten ihres Unglaubens in irgendeiner Weise verunsichert worden wäre.

Die Unzulänglichkeiten der Christen konnten sicher gestern und heute ein psychologisches Hindernis für den Missionserfolg der Kirche darstellen. Streng genommen sind jedoch diese Unzulänglichkeiten der Christen ein Argument gegen die schlechten Christen; man kann sie jedoch kaum als ein wirklich gültiges Argument gegen das Christentum oder den Glauben und Gott gelten lassen. Die Tatsache, dass die Pilger weit vom Ziel entfernt sind, dass viele wie in einem Teufelskreis herumirren und noch andere aus unterschiedlichsten Gründen dem Ziel den Rücken zuwenden, sagt überhaupt nichts aus über das Ziel selbst. Jesus verheimlichte nicht, dass der Weg der Nachfolge schmal, steil und anspruchsvoll ist und dass nicht viele auf ihm schreiten können. Gleichzeitig können wir nirgendwo lesen, dass er ausschließlich fehlerfreie Menschen zu sich rufen oder dass er vielleicht eine Fabrik für Heilige gründen wollte. Darüber hinaus ist die tatsächliche Geschichte des Christentums nicht nur eine Kriminalgeschichte, sondern sie bietet neben allen Skandalen auch genügend Beispiele einer heroischen Nachfolge Christi. Derjenige, der ehrlich bleiben möchte, findet darin Ausdrücke und Früchte des Lebens der Kirche, denen er eine moralische Glaubwürdigkeit nicht abstreiten und denen er seine Hochachtung nicht vorenthalten kann.

Mehr als die menschlichen Verfehlungen der Christen stellen vielleicht eine bestimmte Theologie und Spiritualität ein Hindernis auf dem Weg zur Annahme Gottes dar, die problematische und manchmal direkt pathologische Vorstellungen von Gott produzierten. Diese Art der religiösen Produktion bot den Atheisten ein derart buntes Götterpantheon, dass es für sie sehr einfach war, nicht zu glauben. Manchmal denke ich, dass das größte Problem in der Verkündigung des Glaubens an Ungläubige – das, was sie wirklich daran hindert, den Weg zur Annahme Gottes zu finden – darin besteht, dass *sie ihren Gott doch schon längst haben* – und zwar einen solchen, an den sie nicht glauben. Ein Ungläubiger ist in der Regel ein Mensch, der eine Vorstellung von Gott negiert, die er selbst geschaffen oder übernommen hat. Es ist nicht deshalb schwierig, mit ihm über Gott zu sprechen, weil der Begriff »Gott« für ihn leer und unbekannt wäre, sondern weil er mit einer bestimmten, allzu konkreten Vorstellung gefüllt ist, und zwar einer Vorstellung, die er ablehnt – und fügen wir hinzu: meistens mit vollem Recht!

Wenn ich auf einen Gläubigen stoße, der von der Vorstellung Gottes als eines gefürchteten, rachsüchtigen, pedantischen Kontrolleurs, eines ängstlichen Elternteils oder eines sadistischen Klassenlehrers gequält wird, tut er mir mehr leid als ein Atheist, der gerade einen solchen Gott ablehnt. Ich kann jedoch nicht übersehen, dass auch für jenen Atheisten diese Vorstellung von Gott eine wichtige und ähnlich negative Rolle spielt: Dasselbe pathologische Bild füllt nämlich seine Vorstellung von Gott aus und hindert ihn daran, sich einer anderen Auffassung Gottes zu öffnen. Wenn ein solcher Mensch die Bibel liest, liest er sie schon durch die Brille seiner Vorstellung von Gott. Er liest sie daher schon derart selektiv (wie jeder, der schon eine fertige, fixe Vorstellung von Gott hat), dass ihm in diesem vielschichtigen Buch gerade für dieses Bild von Gott ein überreiches Material dargeboten wird. Denn: Es bedarf nicht viel schlechten Willens, um in der Bibel eine Begründung für fast alles zu finden, wenn man nur ein wenig dazu in der Lage ist, Sätze geschickt aus ihrem Zusammenhang zu reißen.

Wenn wir von offensichtlich pathologischen (den Menschen schädigenden) Gottesbildern absehen, finden wir immer genügend Gläubige, vor allem aber viele Ungläubige, die eine *infantile Vorstellung von Gott* verbindet. Gläubige und Ungläubige trennt in diesem Fall nur die Tatsache, dass die einen *diese Karikatur* Gottes für »real« halten, während die anderen dieselbe Vorstellung für »bloß erdacht« ansehen. Am häufigsten kommt das Bild Gottes als eines »übernatürlichen« Wesens vor, das hinter den Kulissen der sichtbaren Welt unseren Forderungen nachkommt – und dem wir die Existenz zu- oder aberkennen, je nachdem, wie unser Urteil über die Effektivität seiner Leistung ausfällt: Wenn er unseren Vorstellungen gemäß funktioniert, dann existiert er und »wir glauben an ihn«, wenn er unsere Kriterien nicht erfüllt, dann »existiert er nicht«. Bezüglich eines solchen Gottes stehe ich völlig auf der Seite der Atheisten. In meine Welt und in die Welt meines Glaubens gehören keine »übernatürlichen Wesen« dieser Art und schon gar nicht ein solch erbärmliches Exemplar dieser Gattung.[11]

Ich weiß, dass auch Menschen, die mit dieser Vorstellung von Gott leben, ein frommes und heiliges Leben führen können, und ich bin weit davon entfernt, dass ich jemandem »seinen Glauben nehmen will«. Ich frage mich jedoch, ob eine solche Vorstellung von Gott, wenn sie für authentisch christlich ausgegeben wird, ein ernsthaftes Fragen nach Gott nicht verhindert. Mir persönlich erscheint es so, dass ich, wenn ich einem solchen Gott, auch wenn er einwandfrei meine Forderungen erfüllen würde, die Existenz und das göttliche Statut zusprechen würde, den Gott leugnen würde, an den ich glaube – den Gott, von dem ich in den Geschichten des Alten Testaments lese, den Gott, den Jesus Vater nannte und über den Pascal, Eckhart, Luther, Kierkegaard, Buber und viele andere nachdachten, die zu meinen Freunden auf dem gemeinsamen Weg des Glaubens geworden sind. Der Gott, an den ich glaube, *funktioniert nicht*. Er ist kein göttlicher Erfüller menschlicher Forderungen (und schon gar nicht der Diener meines Willens). Er *ist* – er ist *so, wie er ist* (vgl. Ex 3,14), nicht so, wie ich ihn mir wünsche – und ich bin es, der sich bemüht (wenn auch mit zu wenig Eifer und schwach, wie ich eingestehen muss), Seinen Willen zu erfüllen. Er ist nicht unser Schatten, unsere Schöpfung, die Projektion unserer Phantasie; wir sind Sein Bild und die Schöpfung Seiner Phantasie.

***

Ein wesentliches Hindernis auf dem Weg zur Annahme Gottes kann jedoch auch die Sprache sein, mit der wir von ihm sprechen. Der Gott, an den die Christen glauben, wohnt außerhalb von Raum und Zeit; das gilt jedoch nicht für die Sätze, mit denen wir Christen Aussagen über ihn treffen: Diese werden innerhalb von Zeit und Raum ausgesprochen – die Zeit und der Raum bilden auch den Kontext, der ihnen Sinn gibt.

Häufig hören wir, dass unsere religiöse Sprache »veraltet ist« – aber das Schlimmste, wie wir auf einen solchen Vorwurf reagieren können, sind überstürzte Versuche einer Übersetzung in einen modischen Jargon. Sicher ist es viel wertvoller (wenn auch viel aufwendiger), zu erwägen, ob unsere Aussagen über Gott nicht außerhalb ihres ursprünglichen Kontextes geraten sind, und zu versuchen, ihren ursprünglichen Kontext zu finden und sie von dort aus besser zu verstehen.

Vergessen wir nicht, dass der grundlegende Kontext unserer christlichen Aussagen von Gott biblische *Geschichten* sind. »Gott ist nicht rein zu haben«, behauptete Henk van Luijk (niederländischer Philosoph, Anm. des Lektorats), er ist nicht loszulösen von einer ganz bestimmten menschlichen Tradition, von den Geschichten, die von ihm erzählen. Theo de Boer (niederländischer Philosoph, Anm. des Lektorats) wandelt daher provokativ eine Aussage Emmanuel Lévinas' ab: Ich mag lieber Geschichten als »Gott«. Er will damit sagen, dass die klassische Dogmatik Gott aus den Geschichten herausriss, auf der ahistorischen Auslegung der Eigenschaften Gottes aufbaute, die Bibel als Vorratskammer für ihre Gottesbeweise behandelte und aus dem gesamten Kontext der Tradition dann den nackten Satz »Gott existiert« herausriss, um diesen dann mit ihren Mitteln zu »beweisen«.[12] Es ist bezeichnend, dass wir in der ganzen Bibel keine Spur von dem Versuch finden, die »Existenz Gottes zu beweisen«. Ein Gott, der »nicht sein« kann, also ein *Seiendes unter Seienden*, wenn auch das »höchste Seiende«, ist nicht der Gott der biblischen Geschichten.

Die Tatsache, dass heute so viele »nicht in der Lage sind, den Weg zur Annahme Gottes zu finden«, ist sicher größtenteils dadurch verursacht, dass Generationen von Schülern im »Katechismus« Sätze über Gott lernten, die aus dem lebendigen Wasser der Geschichten herausgefischt wurden – und, noch schlimmer, dass auch Generationen von Theologen in gewissen Seminaren statt theologisch *denken* zu lernen und die Bibel und die Welt und die eigene Lebensgeschichte theologisch zu *lesen*, Definitionen paukten, die weder die Bibel noch ihr eigenes Leben, ihre Fragen und ihre Erfahrungen berührten. Ein Gott, der vom Menschen aus dem Paradies der Geschichten in den Staub der Lehrbücher und auf den dornigen, unfruchtbaren Boden der Lehrsätze und Definitionen vertrieben wurde, wird früher oder später weit entfernt vom Baum des Lebens sterben.

Auf die Frage »unserer ungläubigen Freunde«, ob es Gott gibt, würde ich nie damit reagieren, dass ich in das scholastisch-katechetische Beweisen versänke, das ich nicht nur für unwirksam, sondern sogar für lasterhaft halte. Die Welt, in der wir leben, ist nicht mehr die »natürliche Welt« des archaischen oder prämodernen Menschen, und dessen religiöse Erfahrung, die er in seiner Welt wahrscheinlich erlebte, ist nicht mehr die unsere. Wir werden in eine Welt geboren, die uns durch Sprache, Kultur und Technik *unserer* Zivilisation vermittelt wird, und in einer derart vorgegebenen Welt machen wir kaum jene »natürliche, unmittelbare« (also: heidnische) Erfahrung mit der Göttlichkeit.

Trotzdem »existiert« Gott in unserer Welt unbestritten – zumindest als Wort in unserer Sprache. (Jener »stille Tod Gottes in der Sprache«, der im 20. Jahrhundert nach dem durch Nietzsche verkündeten Töten Gottes vorhergesagt wurde, trat nicht ein.) Eberhard Jüngel (evangelischer Theologe, Anm. des Lektorats) macht darauf aufmerksam, dass der Satz »Gott ist tot« nicht als Antwort auf die Frage, ob Gott existiere, formuliert wurde, sondern auf die Frage, »wo ist Gott«, wohin ist er?[13]

Wo existiert also Gott, wo können ihm auch unsere ungläubigen Freunde begegnen? *Er existiert in den Geschichten, die über ihn erzählt werden.* Das ist heute der Himmel, in dem Gott wohnt, das ist der Himmel, der sich demjenigen öffnet, der bereit ist, »in die Geschichte einzutreten«.

Damit wir dem Gott der Bibel begegnen können, müssen wir »in die Geschichte eintreten«; es ist notwendig, mit Ehrfurcht und Verständnis einzutreten. Wir müssen vieles davon ablegen, was wir mit uns tragen. (Eine solche Last kann beispielsweise die fundamentalistische, »wortwörtliche« Auslegung der Bibel sein oder die Auffassung, die Bibel sei ein Naturkunde-Lehrbuch oder ein Geschichtsbuch. Beides ist in Wirklichkeit nur eine unkritische Applikation neuzeitlicher, positivistischer Kriterien auf einen Text, dem ein derartiges Verständnis der Wirklichkeit und der Wahrheit völlig fremd ist. Fundamentalismus ist eine moderne Erscheinung, die sich selbst zu Unrecht für »traditionell« und klassisch hält; einem prämodernen Menschen, den der moderne Rationalismus noch nicht aus der Welt des mythisch-poetischen natürlichen Umgangs mit Symbolen vertrieben hat, würde überhaupt nicht einfallen, die Bibel als eine positivistische Enzyklopädie wissenschaftlicher Erkenntnisse über Natur und Geschichte zu lesen.)

Glauben bedeutet nicht, dem biblischen Text den Status zuzusprechen, dass er unerschütterliche »Fakten« genauestens wiedergibt, sondern sich gerade *in die Geschichten* hineinzubegeben. So entsteht ein hermeneutischer Zirkel zwischen unserer eigenen Geschichte und den biblischen Geschichten; beide erhellen und erklären sich gegenseitig. Die Bibel ist nicht die eine »Fotoaufnahme der Welt«, die den Menschen darüber informiert, wie die Welt ist, sondern sie ist ein Spiegel, der dem Menschen selbst vorgehalten wird und ihm hilft, sich selbst zu *verstehen* und dadurch sich und die Welt zu *verändern*.

***

Die Geschichte ist der *Ort, an dem* Aussagen über den Glauben getroffen werden; wir müssen jedoch auch nach ihrer *Zeit* fragen. Ich zitiere erneut den provozierenden (d.h. zum Denken rufenden) Theo de Boer: »Dass die Wahrheit einen Zeitindex hat, bedeutet auch, dass nicht gilt: ›einmal Wahrheit – immer Wahrheit‹; wenigstens nicht in dem Sinne, dass es immer Wahrheit war. Was für eine Epoche gilt, muss nicht für eine andere gelten, auch wenn das unserer metaphysisch gebildeten Intuition widerspricht. Rosenstock-Huessy [deutscher und US-amerikanischer Rechtshistoriker und Soziologe, Anm. des Lektorats] sagt, dass das unbeantwortete Wort von der ›glücklichen Schuld‹ (lat. felix culpa) nur in einem einzigen Moment ausgesprochen werden kann: am Karsamstag, zwischen dem Karfreitag und dem Ostersonntag. In dem verzweifelten Moment des Todes Jesu war das eine befreiende Beobachtung. Unser nivellierendes Denken neigt jedoch dazu, dem, was in einer entscheidenden Stunde passiert ist, auch für die

Stunden X, Y, Z Gültigkeit zuzusprechen. Das, was in dem entscheidenden Punkt der Zeiten galt – im Moment des (griechisch gesprochen) *kairos* –, dehnt sich aus und verdünnt sich so, bis eine allgemeine Doktrin und damit auch eine Unwahrheit entsteht, wenn nicht gar eine Lästerung.«[14]

Ja, wenigstens in einer Sache müssen wir uns von der klassischen Metaphysik grundsätzlich trennen: Die Wahrheit unterliegt einem zeitlichen Index. Den Sinn der Aussagen legen wir nur unter Berücksichtigung ihres Kontexts frei – und auch die Zeit, in der sie ausgesprochen wurden, ist dieser Kontext. Es geht nicht nur um die geschichtliche Zeit, sondern auch um die *liturgische* Zeit. In der zitierten Bemerkung wurde richtig gesagt, dass es kein Zufall ist, dass der Satz von der heilbringenden, glücklichen Schuld aus dem Exsultet der Liturgie der Osternacht entnommen wurde – dass der Karsamstag der *kairos* dieses Satzes ist. Eberhard Jüngel wies in ähnlicher Weise darauf hin, dass die Aussage »Gott ist tot«, die wir aus dem Mund Hegels und Nietzsches kennen, beide offenbar schon in der Kindheit während der Karfreitags-Liturgie in einem lutherischen Hymnus hörten.

Mehrfach habe ich davon gesprochen, dass diese Aussage jene erschreckende »Teil-Wahrheit« des Atheismus ist, die eine Erfahrung mit dem Triumph des Todes über Gott, die *Wahrheit des Karfreitags* ist – und dass die Aufgabe des Christen nicht darin besteht, diese Wahrheit zu widerlegen, sondern sie in den Kontext der ganzen Ostergeschichte zu integrieren.

Es geht jedoch nicht nur darum, den ursprünglichen Kontext der Aussagen zu finden. Die Aussagen können in einer anderen Zeit und in einem anderen Kontext lebendig werden, besonders dann, wenn eine bestimmte Analogie zwischen dem bestehenden geschichtlichen Augenblick und der Zeit eintritt, in die hinein sie gesprochen wurden.

Nietzsches Aussage vom Tod Gottes, die offensichtlich von der Verzweiflung über die Unglaubwürdigkeit des bürgerlichen

Christentums des neunzehnten Jahrhunderts hervorgerufen wurde, bekam einen prophetischen Charakter in dem Augenblick, als die Theologie begann, ihre Ohnmacht zu reflektieren, das traditionelle metaphysische Bild Gottes angesichts der Tragödien des 20. Jahrhunderts zu verteidigen: So entstand die »Theologie nach Auschwitz«, die »Theologie des Todes Gottes« und ein »nicht religiöses Christentum« im Stile Bonhoeffers. Ich selbst kam auf diese Motive in dem Moment wieder zurück, als sich »die Zeit aus den Gelenken ausrenkte«, als besonders grauenvolle Gestalten der Gewalt und des Terrorismus die Menschheit auf grausame Art von der Illusion befreite, dass sie nur noch einen Schritt vom Happy End der Geschichte entfernt sei.

Im Buch *Berühre die Wunden* erinnere ich daran, dass die einzige Aussage in den Evangelien, die explizit die Gottheit Christi proklamiert, der Ausruf des Apostels Thomas beim Blick auf die Wunden des auferstandenen Christus ist (vgl. Joh 20,28). Ja, es scheint mir, dass die Theorien von der Gottheit Jesu die Kraft ihrer Wahrheit verlieren, wenn sie von den Wunden Christi abgerissen werden; ich sehe Gott in Jesus vor allem durch seine Wunden. Weder durch den »braven«, lächelnden Gott der bunten Andachtsbildchen noch durch den aufklärerischen Jesus als eines »Lehrers der Moral« hindurch erblicke ich Gott; das alles, fürchte ich, ist »menschlich, *allzu menschlich*«, würde Nietzsche sagen, und er hätte damit wieder einmal recht. Wenn ich Jesus Christus als Menschen und Gott bekenne, dann meine ich mit dem vieldeutigen Ausdruck »Gott« keinen apathischen Gott hinter den Kulissen der Welt, sondern den verletzten Gott mit einer durchstochenen Seite und einem geöffneten Herz.

Wenn ich Jesus als den Auferstandenen bekenne, dann will ich das Geheimnis der Auferstehung vor dem ganzen bombastischen Triumphalismus und der Banalität beschützen, ich will nicht die Einzigartigkeit des Sieges Jesu über den Tod inmitten der heidnischen Mythen über die zerschmetterten und wiederbelebten

Helden und Götter ertrinken lassen. Ich will zu den Evangeliengeschichten über die Begegnungen mit dem Auferstandenen zurückkehren. Die Evangelien schweigen in scharfem Gegensatz zu den Apokryphen über die Belebung einer Leiche, stattdessen schildern sie überraschende Begegnungen mit demjenigen, den auch seine Nächsten nur schwer und allmählich erkennen können – durch die Stimme, in der Berührung der Wunden, in der Geste des Brotbrechens. Er kommt als ein Unbekannter – wie lange brauchten die Pilger nach Emmaus, bis sie die wirkliche Identität des geheimnisvollen Fremden erkannten!

Bekommen nicht diese Erzählungen eine neue Aktualität gerade für unsere Zeit und Zivilisation, wenn Gott für viele zu einem unbekannten Fremden geworden ist?

***

Darf ich jenen Pascal'schen-päpstlichen Ratschlag an unsere ungläubigen Freunde präzisieren? Ich würde ihnen sagen: Vergeuden Sie nicht die Zeit mit Lesen von Büchern, die die Existenz Gottes beweisen oder widerlegen. Lesen Sie lieber ein Buch, das von etwas völlig anderem handelt: die Bibel. Lesen Sie sie so, dass Sie *sich in die Geschichte hineinbegeben*, mit offenem Herzen in die Welt dieses Buches eintreten.

Beunruhigt Sie die Frage nach der *Wahrheit* der biblischen Geschichten? Wenn Sie ihre »äußere Wahrheit« meinen, inwieweit sie getreu die geschichtlichen Ereignisse des auserwählten Volkes schildern, setzen Sie diese Frage ruhig »in Klammern«. Für mich selbst ist es wichtig, dass sich die biblischen Erzählungen wirklich auf die Geschichte beziehen und nicht als orientalische Mythen in der Zeitlosigkeit schweben; aber mich beunruhigt die Tatsache nicht, dass sie die Fakten dieser Geschichte nicht mit einer photographischen Treue schildern. Konzentrieren Sie sich auf die »innere Wahrheit« dieser Geschichten, auf ihre Wahrheit für Sie:

Sie sind für Sie *wahr*, inwieweit sie Ihr Leben berühren und es verändern. (Dieses lehrten uns die großen Meister des Glaubens, Luther und Kierkegaard, aber auch Jung mit seinem Satz: Wirklich ist, was wirkt.)

Vielleicht können diejenigen, die keinen Zugang zu jenem theoretischen, metaphysischen Konzept Gottes, zu jenen »überzeitlichen« und verstaubten Begriffen der bisherigen Glaubensverkündigung gefunden haben, trotzdem den Weg zu den Geschichten finden, *sich in sie hineinbegeben* und so ihrer Wahrheit begegnen. Vielleicht begegnen sie gerade *durch die Geschichten* Gott, der sich genauso unseren Urvätern im Glauben zeigte.

Vielleicht »gehen sie nach Emmaus« schon jetzt, ohne dass sie das endgültige Ziel ihres Weges kennen, vielleicht steht schon jetzt Gott als *ein unbekannter Pilger* auf ihren Wegen, der auf die Einladung wartet: »Bleibe bei uns; denn es will Abend werden und der Tag hat sich schon geneigt« (Lk 24,29).

Die Welt ist ein Theater

»Wir sind ja ein Schauspiel für die Welt geworden, für Engel und Menschen«, sagte der Apostel Paulus (1 Kor 4,9). Und über Jahrhunderte hinweg antwortet ihm der Narr Jacques von Shakespeare: »Die ganze Welt ist Bühne, und alle Frau'n und Männer bloße Spieler.«[15]

Sich in die Geschichte hineinzubegeben, bedeutet, sich auf die Bühne zu begeben, in das Drama einzutreten. Schon der hl. Ignatius von Loyola lehrte in seinen Exerzitien, wie man sich mithilfe der Phantasie und der Sinne in die Geschichten der Evangelien hineinbegeben kann: Sich die Szene mit allen Einzelheiten vorzustellen, alle Farben, Geschmacksrichtungen und Düfte wahrzunehmen, sich selbst inmitten der Szene zu situieren und mit ihren Akteuren, den biblischen Figuren, zu kommunizieren. (C. G. Jung nannte eine ähnliche Methode »aktive Imagination« und wendete sie häufig in seiner therapeutischen Praxis an.) Aber auch für Ignatius soll diese Verinnerlichung der biblischen Geschehnisse kein Spielen um des Spielens willen sein, sondern eine komplementäre Handlung hervorrufen: den Raum des eigenen Lebens zu öffnen, der eigenen Geschichte für Christus: Ihn in das eigene Herz und in den eigenen Geist eintreten zu lassen und »ihn dort handeln zu lassen«, ihm »seine Wahrheit, seine Vernunft, seinen Willen, alles, was der Mensch hat und besitzt« anzubieten.

Die Details dieser Methode sind nicht wesentlich; wesentlich ist die Bereitschaft, die biblischen Geschehnisse und ihre Akteure die Bühne des eigenen Lebens betreten zu lassen. »Nicht mehr ich lebe, sondern Christus lebt in mir«, schreibt der Apostel Paulus (Gal 2,20). Wie lebt er in ihm? Wie sonst könnte er in ihm leben als so, dass ihm der Apostel die Bühne seines Lebens geliehen hat, damit Christus auf ihr seine Rolle spielen kann? »Ein Christ soll ein zweiter Christus sein.« Wie sonst sollte das möglich sein, als dass er »Christus spielen« wird (nicht jedoch: *so zu tun, als ob* er Christus wäre), seine Aufgabe übernehmen wird?

Den Vorschlag Joseph Ratzingers – von Pascal inspiriert – an diejenigen, die nicht glauben können, damit sie so leben, als ob es Gott gäbe, können wir noch mehr im Sinne Pascals so formulieren: Wenn du nicht glauben kannst, *spiel es* – spiel es, und schließlich wirst du beginnen, zu glauben! Wir würden uns schwer täuschen, wenn wir diesen Satz oberflächlich als eine zynische Einleitung zur Heuchelei oder als eine listige pragmatische Aufforderung zum Konformismus begreifen würden.

Ein Spiel kann man zunächst als ein nicht ernst gemeintes, unverbindliches »als ob« begreifen, als den bloßen Schatten und die Nachahmung der Realität, als »*nur* ein Spiel«. Das gilt aber nur für denjenigen, der in die Welt des Theaters noch nicht wirklich eingetreten ist, der nicht die Erfahrung eines Spielers hat, der noch überhaupt nicht versteht, was ein Spiel ist und worum es in ihm tatsächlich geht. Ein Spiel ist nichts »Unwirkliches«, ein Spiel ist nicht *nur* ein Spiel. Vergessen wir nicht, dass das »Theater« aus einem religiösen Ritual geboren wurde, aus den *Mysterienspielen*, dass der Sinn dieser heiligen Spiele die *Mystagogie* war, der Prozess der Einweihung in das Geheimnis, einschließlich der Katharsis (Läuterung) und der Therapie. Jedes wirkliche Theater, jedes wirkliche Spiel ist nicht nur »Unterhaltung zum Zeitvertreib« oder eine »Schau für die Augen«, sondern es enthält immer noch etwas aus jenem ursprünglichen *Einblick* in das Geheimnis des Lebens, aus jenem *Erlernen* jener *Lehre*, die nicht nur durch Bücher und akademische Vorträge weitergegeben werden kann.

In vielen literarischen Werken (zum Beispiel im Roman *Christus wird wieder gekreuzigt* von Nikos Kazantzakis, der Bohuslav Martinů auch als Vorlage für seine Oper *Griechische Passion* diente) lesen wir von Schauspielern der Passionsspiele, bei denen das Drama der Passion auf eine erstaunliche Art und Weise in das »reale Leben« *eingebrochen ist*. Folgendermaßen spielten sie darin nämlich wirklich die Rolle jener Figuren, die sie im Spiel darstellten: Der Darsteller von Jesus opferte sein Leben, der Darsteller des Petrus log, der Darsteller des Judas wurde zum Verräter. Demselben Motiv begegnen wir in einer anderen Variante zum Beispiel im Roman *Das fünfte Evangelium* von Mario Pomilio aus den Zeiten der nationalsozialistischen Okkupation (herausgegeben im Jahre 1975) oder im Film *Jesus von Montreal* von Denys Arcand. Ja, es sind Spiele – und die Passionsgeschichte gehört unbestreitbar dazu – mit denen man nicht nur unverbindlich sein »Spiel treiben« kann. Es gibt derart starke Geschichten, dass sie mit ihrer eigenen Kraft den Charakter von Menschen umschreiben, die Kulissen der Geschichte umbauen, die ganze Bühne des Lebens verändern können.

Es lässt sich vermuten, dass auch die mittelalterlichen österlichen und weihnachtlichen Mysterienspiele viel mehr als volkstümliche Unterhaltung des Volkes waren, nämlich ein *Mysterium*, eine Verlängerung des heiligen Spiels der Liturgie. Der zeitgenössische Theologe des »Theodramas« (ein Begriff, der von Hans Urs von Balthasar übernommen wurde) Kevin Vanhoozer behauptet, dass im Mittelalter »das Theater nicht die Bretter waren, die die Welt bedeuten, sondern die Welt selbst im Gegensatz dazu das Theater des göttlichen Handelns war, das auf der Bühne des Himmels, der Erde und der Hölle gespielt wurde, und dass der Unterschied zwischen den Schauspielern und den Zuschauern verwischt war: alle waren Schauspieler vor Gott«[16] (ganz ähnlich bemüht sich darum die postmoderne partizipiale interaktive Konzeption des Theaters).

Und in der Liturgie selbst – die Romano Guardini (Religionsphilosoph und Theologe, Anm. des Lektorats) als ein heiliges Spiel eindrucksvoll interpretierte, das keine »äußere Absicht«

hat, »zu nichts gut ist«, nichts »herstellt«, aber seinen Sinn in sich selbst hat – tritt nach der Lehre der Kirche der Priester »in persona Christi«, an der Stelle Christi auf. Vergessen wir nicht, dass die Kirchenväter des Altertums einen der Schlüsselbegriffe der Theologie (und der westlichen Kultur überhaupt), nämlich die Person (persona, prosopon), aus dem griechischen Drama entlehnt haben: Persona (prosopon) bedeutete hier *Rolle*, wortwörtlich Maske. Es ist die Bezeichnung der Identität – wenn ein Schauspieler mehrere Figuren spielte und seine Masken (Identitäten, Personen) wechselte.

Es ließe sich demzufolge sagen, dass der Priester, der die Sakramente spendet, in der »Maske« und in der Rolle Christi auftritt; er *ersetzt* Christus *nicht*, aber in diesem Moment *vertritt* er ihn; die »Maske« ist hier mehr als eine äußere Verkleidung, ähnlich wie das liturgische Spiel nicht »nur« ein Spiel ist. Der Liturge »stellt« Christus »dar« (er stellt Christus vor sich und vor uns, sich selbst stellt er in den Schatten). Er gibt sich dem Spiel hin, das den »nicht Eingeweihten«, der »Welt«, notwendigerweise naiv, unverständlich und unnütz vorkommen muss – es ist ein *Theater für Engel*.

Der heilige Bernhard verglich sogar Mönche und Priester mit ihrer Liturgie und mit ihrer ganzen Lebensart mit Gauklern. »Wer gibt als Geschenk, dass er unter den Menschen in Erniedrigung lebt? Was für ein schönes Spiel, eine Schau zu präsentieren, die den Menschen lächerlich, den Engeln jedoch wunderschön vorkommt! Ehrlich gesagt, was für einen Eindruck erwecken wir Priester bei den Menschen, die der Welt zugehören, wenn nicht den Eindruck, dass wir spielen, wenn sie uns davor fliehen sehen, was sie auf dieser Welt suchen, und das suchen, wovor sie fliehen, wie Gaukler oder Akrobaten, die mit dem Kopf nach unten und mit den Füßen in der Luft das Gegenteil dessen tun, was die Menschen gewöhnlich tun, sie gehen auf den Händen und dadurch ziehen sie die Blicke von allen auf sich. Auch wir spielen ein solches Spiel, damit Menschen uns verachten, uns auslachen und uns so lange bloßstellen, bis derjenige kommt, der die Mächtigen aus dem Thron stürzt und die Erniedrigten erhöht, der unsere Freude sein wird, der an uns Gefallen findet und uns in die Ewigkeit emporhebt.«[17]

***

Wenn die frühe Theologie die Einheit sowie die Verschiedenheit des Vaters und des Sohnes, Gottes und Jesu gleichzeitig zum Ausdruck bringen wollte, wählte sie für die Schlüsseldogmen des Christentums gerade jene ursprüngliche »Theater-Terminologie«: Der Vater und der Sohn haben dieselbe »Natur« (natura, hypokeimenon – »Wesen«), sie sind trotzdem verschiedene *Personen* (personae). In der einen »Person« des Sohnes verbinden sich wiederum zwei »Naturen«, die göttliche und die menschliche, und das »unvermischt« und gleichzeitig »ungetrennt«.

Auf eine bemerkenswert provokative und inspirierende Art und Weise spielt diese »Rollen«-Theorie die bedeutende evangelische Theologin Dorothee Sölle durch.[18] Sie bereicherte damit grundlegend die »Theologie des Todes Gottes« in den Sechzigerjahren.

Der »Tod Gottes«, ursprünglich ein Ausdruck Hegels und Nietzsches, der in der Philosophie vor allem von Heidegger und Sartre weiter kommentiert und durchdacht wurde, wurde in den Sechzigerjahren des zwanzigsten Jahrhunderts zum Slogan einer Vielzahl von Theologen, die die atheistische Kritik des Christentums als eine Katharsis des Glaubens verstanden, welche durch die Trennung von der Tradition des klassischen metaphysischen Denkens jenes »spezifisch Christliche, Jesuanische« radikaler fassen und gleichzeitig auf die (nicht nur religiöse) Krise des westlichen Menschen, die besonders von der existenzialistischen Philosophie und Literatur reflektiert wurde, ehrlicher antworten kann.

Die großen Unterschiede zwischen dem, wie einzelne Theologen dieser Richtung den Ausdruck »Tod Gottes« verstanden, wie sie sich zu diesem Phänomen positionierten und wozu sie der »Tod Gottes« als *Zeichen der Zeit* herausforderte, sind jedoch nicht zu übersehen.

Für Sölle ist der »Tod Gottes« vor allem ein *geschichtliches Ereignis*, das sich in den letzten beiden Jahrhunderten der europäischen Geistesgeschichte abspielt: Es besteht im Verlust des unmittelbaren Wissens von der Gegenwart Gottes. Das menschliche Denken machte sich selbstständig, es braucht nicht mehr die Bindung an das frühere theistische Weltbild. Alle bisherigen Formen der christlichen Religion setzten eine unmittelbare Bindung an Gott voraus; sie wurden erschüttert, als Gott aufhörte, eine moralische, naturwissenschaftliche und politische Arbeitshypothese zu sein. Ein solcher Gott hat in der technisierten, schneller werdenden Welt seinen Platz verloren, er ist arbeitslos geworden, weil ihm die Welt mit der Aufklärung anfing, eine Kompetenz nach der anderen abzunehmen und in ihre eigene Regie zu überführen. Ein naiver Theismus, eine kindliche Beziehung zu einem Vater in einem Reich oberhalb der Sterne, ist unter diesen Bedingungen unmöglich geworden. Dies bedeutet sicher nicht das Ende der Religion, die Religion wurde jedoch in die Privatsphäre verdrängt, sie blieb gewissen Menschen und ihren persönlichen Erfahrungen vorbehalten. Die früher verbreitete Auffassung Gottes als eines absoluten Herrschers war (wie schon Bonhoeffer in der Todeszelle gegen Ende der nationalsozialistischen Ära schrieb) angesichts der Leiden des zwanzigsten Jahrhunderts unglaubwürdig geworden.

Erinnern wir uns wieder an die eindringliche Bemerkung Sölles an die Adresse derer, die Gott deswegen ablehnen, weil sie ihn für das Leiden der Opfer des Krieges verantwortlich machen. Verraten sie nicht durch diesen Vorwurf vor allem ihr eigenes unreifes (und unchristliches) Gottesbild, eines Gottes, der eine Projektion von Machtansprüchen darstellt, eines »orientalischen Gottes«, der einen allmächtigen Herrscher darstellt, der für uns handeln und uns von der Verantwortung für unsere Taten befreien soll? Gibt uns der echte christliche Glaube die Berechtigung, Gott in diese Position zu bringen, eine solche »Allmacht« zu verlangen, die uns von unserer eigenen Verantwortung befreien würde?

Wenngleich Sölle die postaufklärerische, moderne Welt und den Kollaps der traditionellen Religiosität als eine unumstößliche Realität akzeptiert, über die man nicht klagen muss, nimmt sie die geistliche Situation nicht mit dem Fortschrittsoptimismus der Aufklärer wahr, sie ist sich des ambivalenten Charakters dieser Situation bewusst. Sie beobachtet, dass viele Menschen in dieser Situation nicht glücklich sind: Es erklingt die Sehnsucht nach Gott. In einer post-theistischen Welt wird die Gegenwart Gottes erlebbar in der Form des Rufens nach einem Gott, der sich nicht zeigt. Der moderne Mensch entdeckt so Gott in seiner Sehnsucht nach dem Heiligen und im Schmerz darüber, dass Gott sich abgewendet hat.

Sölle wählt weder den Weg des modernen Atheismus, noch setzt sie auf eine romantische Nostalgie in Bezug auf die Religion. Gerade in der heutigen Zeit, wo häufig von einer »Rückkehr der Religion« gesprochen wird, halte ich es für wichtig, an die Warnung der Autorin zu erinnern: Nach der Rückkehr einer naiven Unmittelbarkeit und des mit ihr verbundenen Gottesbildes zu rufen muss man wie eine Versuchung ablehnen. Wir können weder von Gott noch von der Kirche erwarten, dass sie an unserer Stelle handeln werden. Es ist notwendig, die Situation der veränderten Gegenwart Gottes als Herausforderung für unseren Glauben anzunehmen: Gott hat sich dem Menschen ausgeliefert und verlangt etwas Bestimmtes von ihm.

Auf die *Abwesenheit* Gottes können wir auf zwei Weisen antworten. Entweder können wir sie als seinen Tod begreifen und uns mit ihr wie mit einem anderen Verlust abfinden, indem wir *einen Ersatz finden*, oder wir können seine Abwesenheit als eine andere, *neue Art und Weise seines Seins für uns* begreifen.

Die Rolle Gottes bleibt in keinem Fall unbesetzt. Wir sehen, wie die moderne Gesellschaft in vielen Fällen erfolgreich das zu realisieren sucht, was früher von Gott verlangt wurde. Nichtsdestotrotz versagt sie auch in manchem: Wegen der unbeantworteten Fragen nach Sinn, nach der Wahrheit des Lebens und nach der Identität der Person schwanken wir zwischen Gefühlen der Absurdität und der Sehnsucht nach Sinn. Schon Nietzsche ahnte, dass der Tod Gottes nicht das letzte Wort darstellen wird: *Gott muss vertreten werden.*

***

Gott ist jetzt nicht hier. Dadurch, dass er sich aus unserer erlebbaren Gegenwart zurückgezogen hat, öffnete er den Raum dazu, dass er vertreten wird. Der christliche Glaube kennt seinen Vertreter: Es ist Jesus von Nazareth. Die klassische Christologie stellt die Begriffe *Erlösung* und *Erlöser* in ihr Zentrum. Für Sölle ist der Schlüsselbegriff die Stellvertretung. Dies ist jedoch eine äußerst merkwürdige, paradoxe Vertretung: Den allmächtigen Gott vertritt ein machtloser Sterblicher, der am Kreuz endet und dort in seiner Todesstunde zum »Atheisten« wird.[19]

Das größte Paradoxon der Vertreterrolle Jesu besteht jedoch darin, dass dieser Mensch Jesus gleichzeitig den Menschen (vor Gott) sowie Gott (vor den Menschen) vertritt. Deswegen empfängt, nimmt Jesus die menschliche Erbärmlichkeit, Armut und Sterblichkeit auf sich, die zur »Rolle des Menschen« gehören, und *gleichzeitig* »bewahrt er die göttliche Natur«, denn vor dem Menschen vertritt er Gott. Der christlichen Orthodoxie ist sehr daran gelegen (gegenüber dem Doketismus und Monophysitismus)[20] zu betonen, dass weder die *menschliche* Rolle Jesu noch seine *göttli-*

che Rolle *nur* gespielt (im Sinne eines »Vortäuschens«) oder nur auf Zeit »geliehen« ist (gegenüber dem Adoptianismus[21]); es sind beides Rollen, die zu ihm gehören: Er *ist* wirklich sowohl Mensch als auch Gott. Die Natur Gottes besteht jedoch nicht in einer orientalischen Souveränität, sondern in der bedingungslosen Großzügigkeit der Liebe.

Diese unverwechselbare Verbindung des Göttlichen und des Menschlichen ist der eigentliche Kern des Christentums. Sölle bringt die klassische Christologie nur mit anderen Worten zum Ausdruck: Jesus ist wahrer Gott, sonst könnte er nicht unser Erlöser sein, er muss jedoch gleichzeitig wahrer Mensch (also vom Vater unterschiedlich) sein und sich mit dem Menschen, mit der Menschheit und mit dem Menschsein identifizieren. Seine Identifizierung mit dem Menschen (traditionell mit dem paulinischen Ausdruck als *kenosis*, Selbstentäußerung, Selbstauslieferung) führt laut Sölle bis dahin, dass *er in diesem Schritt auf den Vater verzichtet*. Jesus verzichtete auf seine eigene Nähe zu Gott – auf sein Glück –, um sich dem Menschen anzunähern. (Mit dieser radikalen Deutung der Verlassenheit Jesu am Kreuz knüpft Sölle an die Motive der Kreuzestheologie Luthers und an das paulinische *Gott hat ihn für uns zur Sünde gemacht* (vgl. 2 Kor 5,21) an.

Die Tatsache, dass Jesus mit seinem Vater nicht *identisch* ist, ist für uns sehr wichtig: In unsere Geschichte ist nicht der Vater eingetreten, sondern der Sohn, um uns durch sich zum Vater zu bringen und zu jener Identität zurückzuführen, die durch die Ursünde auf tragische Weise gestört wurde.

Für die Interpretation der Autorin ist die *Unterscheidung der Aufgaben eines Stellvertreters und eines Ersatzmannes* wesentlich. Wenn ich abwesend bin, krank oder auf Reisen, kann ich *vertreten* werden. Wenn ich abgeschrieben, entlassen oder tot bin, muss ich *ersetzt* werden. Während der Stellvertreter mit dem Vertretenen rechnet und *auf ihn wie auf einen nicht Anwesenden hinweist*, ihm nur vorübergehend während seiner Abwesenheit, Krankheit oder Unreife den »Platz hält«, *begreift der Ersatzmann den Ersetzten als einen Gegenstand, für den es keinen Platz mehr gibt.* Der Stellvertreter wartet auf den Augenblick, bis er überflüssig wird; für den Ersatzmann ist der Ersetzte bereits überflüssig geworden. Der Ersatzmann leugnet jede Beziehung zum Ersetzten. Die Stellvertretung hängt mit Abwesenheit zusammen, das Ersetzen mit dem Tod.

Wenn wir auch in den zwischenmenschlichen Beziehungen die Rolle eines Stellvertreters vergessen und uns mit einem Ersatz zufriedengeben, verlangen wir damit vom Menschen etwas Irreales, nämlich dass er sich nicht vertretbar macht oder sich damit zufrieden gibt, dass er jederzeit wie ein nicht funktionierendes Teil ersetzt werden kann.

Wir könnten, glaube ich, im Geist dieser Reflexion hinzufügen, dass der neuzeitliche Atheismus vom Menschen fordert, dass er *Ersatzmann* Gottes ist, dass er Gott tötet und tot zurücklässt. Jesus repräsentiert jedoch eine Alternative: Er will Gott nicht ersetzen, sondern er *vertritt* ihn mit allem Ernst und aller Schwere dieser Rolle – und weist damit auch dauerhaft auf Gott (in der Zeit seiner »Abwesenheit«) hin. Indem Jesus Gott »darstellt«, stellt er Ihn vor uns und uns vor Ihn; indem er Ihn (seine Rolle) re-präsentiert (vergegenwärtigt), macht er Ihn gegenwärtig. Er ist bei uns und wir sind bei ihm. Die Stellvertretung Christi verweist jedoch auf Gott, der – mit Rahner gesagt – die »absolute Zukunft« ist, der hier »noch nicht« ist, sich aber am Ende selbst zeigen wird: Dann »wird Gott alles in allem sein«. Sölle schreibt wortwörtlich: »Christus vertritt den abwesenden Gott, indem er ihm Zeit lässt, zu erscheinen.«[22]

Sölle liegt jedoch sehr daran, dass die Vertreterrolle, die Erlöserrolle Jesu nicht als etwas wahrgenommen wird, das die Verantwortung vom Menschen nähme für das, was seine eigene Aufgabe ist. Jesus nimmt uns nicht die Verantwortung ab, er »ersetzt sie nicht«. Er ist für uns, das heißt an unserer Stelle gestorben, aber dies darum, damit wir selber lernen, für andere zu sterben. Er ist (stellvertretend für uns) auferstanden, jedoch sind wir es, die zu leben lernen sollen.[23]

Jesus ist kein Ersatzmann für einen toten Gott, sondern der Stellvertreter eines lebendigen, jedoch nicht anwesenden Gottes. Das, was sich in der Geistesgeschichte des Westens ereignete, nämlich der Verlust der unmittelbaren Gegenwart Gottes, ist allem Anschein nach unumkehrbar; unsere Welt bietet keine unmittelbare Erfahrung Gottes, wir brauchen einen Vermittler, einen Stellvertreter. Jesus als der Stellvertreter Gottes ist nicht nur dort gegenwärtig, wo er expliziert, verkündet und gefeiert wird, sondern implizit auch überall dort, wo ein Mensch stellvertretend an der Stelle Gottes handelt oder leidet.[24] Gott lebt für den Gläubigen, der ihn (als den nicht Anwesenden) erlebt, erfährt und in Jesus erkennt; für andere ist er tot. Gott »ist nicht« – Gott geschieht.

»Denn nicht nur Christus vertritt Gott in der Welt, auch seine Freunde und Brüder vertreten Gott, indem sie ihm – und das heißt zugleich denen, die ihn brauchen – Zeit lassen.«[25]

***

Nach diesem langen Gespräch mit dem Werk Dorothee Sölles kommen wir zur Reflexion über den anfangs zitierten Vorschlag zurück: Wenn Sie nicht glauben können, *spielen Sie das*. Wagen Sie es, in die Geschichte einzusteigen, bleiben Sie nicht Zuschauer, werden Sie Akteur und Mitgestalter des einzigartigen »Theaters für Engel«.

Vielleicht können wir nach dem Ganzen, was wir gehört haben, unseren ungläubigen Freunden den folgenden, gewiss einigermaßen kühnen Vorschlag zum Nachdenken vorlegen: Wenn Sie die Abwesenheit Gottes erleben, *versuchen Sie, Ihn zu vertreten* (nicht zu ersetzen); versuchen Sie, die Rolle zu *spielen*, die Christus auf sich nahm. Wenn wir – von Sölle inspiriert – sagen können, dass Jesus *Gott spielt*, dann fügen wir hinzu, dass das etwas ganz anderes bedeutet als »sich so aufzuspielen, als wäre er Gott«; das Spielen der Rolle bedeutet hier nicht, irgendetwas vorzutäuschen, nur etwas »als ob« zu sein und nicht wirklich; es bedeutet, seine wirkliche Berufung zu erfüllen. Genauso, wie wenn wir sagen, dass ein Vater die Vaterrolle wirklich erfüllt – was bedeutet, dass er Vater ist, und sogar, dass er dies mehr ist als im einfachen biologischen Sinne: Er versteht, welche Verpflichtungen und Verantwortungen aus dieser Rolle erwachsen, und übernimmt sie. Und auch wenn wir die Einzigartigkeit und Authentizität der Rolle Jesu in keiner Weise abschwächen und relativieren wollen, erinnern wir uns daran, dass wir schon im Buch Exodus auf Stellen stießen, an denen der Herr dem Mose ausdrücklich auferlegte, seine Rolle zu spielen, *für den Pharao und Aaron Gott zu sein* (vgl. Ex 4,16 und Ex 7,1).

Wenn der Mensch die Abwesenheit Gottes (sei es in der Welt oder im eigenen Leben) als Herausforderung und Berufung wahrnimmt, sollte er voller Demut, aber auch voller Mut in diese Leere eintreten. Vielleicht haben diejenigen recht, die sagen, dass Gott in dieser Zeit keine Hände zur Verfügung hat als unsere und keinen Mund als unseren; dass er in der Zeit seiner Verborgenheit durch unseren Glauben, unsere Hoffnung und unsere Liebe in der Welt anwesend sein will, in unserem Gebet, in unserer Treue und in unserem Zeugnis. Christen glauben, dass die Nachfolge Jesu ein authentisches »Spielen dieser Rolle« ist – und bedeutet denn Nachfolge (wie wir schon aus dem Titel einer der am meisten verbreiteten christlichen Schriften wissen) nicht *imitatio Christi*, also Nachahmung Christi?[26] Die Erfüllung dieser Rolle besteht kurz gefasst darin, *ein Mensch für andere zu sein* – und gerade dadurch (wenn auch nicht ausdrücklich) auch »für Gott«. Dieses anspruchsvolle »Spiel«, es sei an dieser Stelle nochmals betont, ist genau der Gegensatz zu jenem blasphemischen und gefährlichen »sich als Gott aufspielen«, dem wir in unserer »atheistischen« Welt leider fast auf jedem Schritt begegnen.

Und wenn wir aus einer falschen Ehrfurcht heraus Angst hätten, diese Rolle zu übernehmen, erinnern wir uns daran, dass Jesus seine Jünger aufforderte, dass sie untereinander und auch mit ihm *eins sein sollen, so wie er mit seinem Vater eins ist* (vgl. Joh 17,22f). Hat er denn ihnen nicht ausdrücklich versprochen, dass auch sie Werke vollbringen werden, die er vollbrachte – und sogar noch größere (vgl. Joh 14,12)?

Kann man Glauben ohne Glauben leben?

Versuchen wir, uns für einen Augenblick in unsere ungläubigen Freunde einzudenken. Woran werden sie wohl denken, wenn sie den Vorschlag hören, den ihnen Joseph Ratzinger unterbreitet hat, dass sie – wenn sie den Weg zur Annahme Gottes nicht finden können – *so leben sollten, als ob es Gott gäbe*? Welche Fragen und welche Mutmaßungen kann ein solcher Vorschlag in ihnen auslösen?

Wahrscheinlich werden sie zunächst fragen, welche Ziele Joseph Ratzinger mit diesem Vorschlag verfolgt und welche impliziten, bewusst oder unbewusst verschwiegenen Voraussetzungen diesem Vorschlag anhaften. Und dann ließe sich logischerweise die Frage erwarten: Was verlangt er konkret von uns, wie macht man das, zu leben, als ob es Gott gäbe? Was unterscheidet eigentlich das Leben eines Gläubigen von dem eines Ungläubigen? Und an die Überlegungen der derart angesprochenen »ungläubigen Freunde« schließen wir die bereits erwähnte grundsätzliche Frage (und den Zweifel) des gläubigen Theologen an: Geht das überhaupt, »ohne Glauben Glauben leben«?

Man muss die Rede Ratzingers in Subiaco sehr sorgfältig untersuchen, um herauszufinden, warum Joseph Ratzinger eigentlich diesen Vorschlag macht, was er damit bezwecken möchte. Für Marcello Pera, den damaligen Vorsitzenden des italienischen Senats, der die Auswahl der Vorträge Ratzingers mit einem begeisterten, wenn auch etwas oberflächlichen Vorwort versehen hat, ist diese Frage sofort klar beantwortet: »Diesen Vorschlag muss man annehmen und diese Aufforderung darf man nicht ablehnen. Der Hauptgrund dafür ist, dass ein laizistisch denkender Mensch, der *veluti si Deus daretur* handelt, moralisch verantwortlicher ist.«[27] Diese Auslegung erscheint vielen gläubigen Menschen einleuchtend, denn sie geht von der Voraussetzung aus, die sie gewöhnlich als selbstverständlich begreifen, dass nämlich Gläubige moralischer als Ungläubige seien; wer also Gott zumindest als Hypothese anerkennt, wird dadurch moralisch verantwortlicher handeln als ein »Gottloser«. In der scheinbaren Selbstverständlichkeit dieser Voraussetzung kann jedoch nicht nur ein »Ungläubiger« sofort die Arroganz und Überheblichkeit erspüren, die zu einem ersten und grundsätzlichen psychologischen Hindernis dessen werden kann, dass er sich mit einem solchen Vorschlag überhaupt beschäftigen will. Habe ich denn Lust, einen Dialog mit jemandem fortzusetzen, der mir sagt: Werden Sie einfach besser – verhalten Sie sich wie wir.

Vielleicht meinte aber Joseph Ratzinger seinen Vorschlag ein wenig anders, als manche seiner eifrigen Kommentatoren urteilen. Versuchen wir, Ratzinger von einem anderen Verdacht zu befreien, dass nämlich sein Vorschlag nur eine Leimrute war, um schnell und einfach aus Ungläubigen Gläubige zu machen und somit die Reihen der Kirche zu verbreitern, an deren Spitze er kurz nachdem er diesen Vortrag hielt gestellt wurde. Verhaltet euch so, als würdet ihr glauben, macht das, was Gläubige tun (ja, geht zur Messe, riecht den Duft des Weihrauchs), und allmählich werdet ihr feststellen, dass ihr eigentlich glaubt – ungefähr das riet Pascal seinen ungläubigen Freunden. (Dieser häufig belächelte Ratschlag verrät in Wirklichkeit eine tiefe psychologische Einsicht Pascals, die der angelsächsische Pragmatismus viel später philosophisch ausnutzte und, in einer ziemlich vulgären Form, auch der Marxismus: Die Praxis, die Lebenserfahrung ist elementar, die intellektuelle Reflexion folgt erst später. Vielleicht lässt sich sogar sagen, dass eine ähnliche Einsicht schon die Basis des Augustinischen und Anselmischen Grundsatzes *Credo, ut intelligam*[28] bildet.) Ratzinger erwähnt sogar in seinem Text die Ratschläge Pascals (ohne dass er sie wortwörtlich zitieren würde); aus dem Kontext seines gesamten Werkes und vieler weiterer Aussagen über die Beziehung von Gläubigen und Ungläubigen lässt sich jedoch ausschließen, dass er mit seinem Ratschlag dieses utilitaristische Ziel verfolgt, also ein rein institutionelles Interesse der Kirche. Joseph Ratzinger ist in diesem Sinne kein »Seelenjäger«, es geht ihm nicht darum, Menschen für die Kirche »anzuwerben«.

Gehen wir davon aus, dass die Hauptsorge Ratzingers darin besteht, dass die Menschheit – und besonders die heutige europäische Menschheit, die durch so viele Interessen und Weltanschauungen gespalten ist – doch irgendeine Konvergenz anstrebt, ein friedliches Zusammenleben und ein Zusammenwirken, das die Unterschiede bezüglich des Glaubens und der Überzeugungen respektiert, damit einzelne Gruppen gegenseitige Vorurteile überwinden können und in der Lage sind, sich gegenseitig mit den Früchten ihrer Traditionen zu bereichern. Ungläubige Menschen können sich also in Vielem von der Lebensart inspirieren lassen, die sich im Laufe der Jahrhunderte der christlichen Geschichte bewährt hat, und dabei brauchen sie sich nicht davor zu fürchten, dass die Christen sie sofort in ihre Reihen zerren und an sie Ansprüche hinsichtlich der Glaubenslehre stellen werden, die für sie unakzeptabel sind.

Dieser Ratschlag beziehungsweise diese Aufforderung an die Ungläubigen stellt so zugleich eine Aufforderung und einen Rat an die Gläubigen dar: Öffnet weit die Schätze der Traditionen, insbesondere jene des »praktischen Christentums« (des Christentums als eine »Ausrichtung und Lebensführung«, als ein Lebensstil), und lasst diejenigen, die »von außen« kommen, frei wählen; seid gönnend und großzügig, haltet sie nicht davon ab, indem ihr euch bemüht, auf ihre Schultern die Lasten der Lehre und »Überzeugungen« zu legen, die ihnen zu schwer erscheinen werden. Es geht heute vielmehr darum, dass wir lernen, in der Welt zusammen auszukommen und gemeinsam dazu beizutragen, dass unser Kontinent und unser Planet erträglichere Orte zum Leben werden, als dass wir den anderen von der Wahrheit unserer Ansichten überzeugen sollten und uns gegenseitig potenzielle Mitglieder in unser weltanschauliches Lager herüberziehen wollen.

***

Wenn wir diese grundsätzliche Absicht Ratzingers voraussetzen dürften, könnten wir vielleicht erwarten, dass sie ein gewisses Interesse bei unseren Freunden unter den »Ungläubigen« erweckt, aber gleichzeitig auch, dass sie eine Reihe von Gläubigen, vor allem Theologen und Wächter der Tradition, erheblich überrascht und beunruhigt (umso mehr, weil Joseph Ratzinger als Kardinal in der Kirche gerade die Funktion des ersten unter den Wächtern der Tradition und der Reinheit des Glaubens innehatte und diese mit großem Eifer ausübte). Handelt es sich dabei also nicht um einen *billigen Ausverkauf des Glaubens* – also gerade um das, was »konservative« Christen den »progressiven« immer vorwerfen? Hat es nicht zur Folge, dass der Glaube nicht mehr ernst genommen wird? Ist es nicht ein Eingeständnis, dass der Glaube als Überzeugtsein von der Existenz und der Wesensart Gottes wiederum nicht so wichtig ist? Lässt damit der damalige Kardinal nicht (implizit) zu, dass *sich die Moral vom Glauben trennen lässt*, dass man sein Leben auf eine christliche Art und Weise führen, aber dabei ruhig auf die christliche Überzeugung verzichten kann, *auf den Glauben* (nach der klassischen Definition ist das die Zustimmung der Vernunft, die vom Willen bewegt und von der Gnade erleuchtet wird mit den von Gott offenbarten Wahrheiten, die die Kirche vorlegt), vielleicht auch darauf, dass der Mensch die Glaubenslehre überhaupt kennt und sich damit beschäftigt? Läuft der Vorschlag Ratzingers nicht auf die Überzeugung hinaus, die notwendigerweise wie eine Kontradiktion wirkt, dass sich nämlich der »Glaube ohne Glauben leben« lässt? Gibt damit Joseph Ratzinger irgendeinem »impliziten« oder »anonymen« Christentum seinen Segen? Diesen nicht gerade einfachen Fragen, auf die uns der Vortrag Ratzingers keine direkte Antwort gibt, dürfen wir nicht ausweichen.

***

Zunächst versuchen wir jedoch auf eine scheinbar simple Frage zu antworten, die der Vorschlag Ratzingers in einem praktisch veranlagten Menschen notwendigerweise auslöst: »Was wollen Sie eigentlich von uns?« *Wie geht das*, zu »leben, als ob es Gott gäbe«? Was sollen wir verändern? Worin konkret besteht der Unterschied zwischen der Lebensweise derer, die an Gott glauben, und derer, die »den Weg, wie man Gott annehmen kann, nicht gefunden haben«?

Machen wir selbst den Test: Was macht unser Leben eigentlich christlich? Und versuchen wir die Antwort zunächst auf dem »negativen Weg« zu suchen. Was würde passieren, wenn wir den »Glauben verlieren« würden, wenn wir eines Tages mit dem Gedanken aufwachen würden, dass kein Gott existiert, und diesen Gedanken (diesen Glauben) als richtig ansehen würden? Wie würde sich dadurch unser Leben, unser Lebensstil praktisch verändern?

Wahrscheinlich würden wir aufhören, in den Gottesdienst zu gehen und zu beten; wir würden also in unserem Lebensprogramm die Dinge weglassen, die auch im Leben eines für sehr fromm gehaltenen Christen nicht mehr als ungefähr eine Stunde am Sonntag bzw. Feiertag und dann ein paar Minuten morgens und abends an den Werktagen in Anspruch nehmen. Was ist aber mit dem riesigen Rest der Zeit, was würde sich darin verändern? Vielleicht würden wir beginnen, einstige fromme Freunde zu meiden (warum sollten wir ihnen unsere Lebensänderung erklären, wenn sie diese sowieso wahrscheinlich nicht begreifen und akzeptieren würden) und die Zusammensetzung der Menschen etwas zu erneuern, deren Gesellschaft wir suchen, vielleicht würden wir die Auswahl unseres Lesestoffes verändern.

Im allgemeinen Bewusstsein charakterisiert den Gläubigen nicht nur das Faktum, dass er religiöse Handlungen ausübt, in die Kirche geht und betet, sondern auch seine (mehr oder weniger erfolgreiche) Bemühung, nach den Grundsätzen der christlichen Moral zu leben. Was würde also mit unserer Moral passieren, wenn wir den »Glauben verlieren« würden?

Wenn ich diese Frage auf mich beziehe: Wenn ich zu der Ansicht kommen würde, dass es »Gott nicht gibt«, würde ich von diesem Moment an stehlen, lügen, ehebrechen oder Menschen misshandeln? Ich halte dies für ziemlich unwahrscheinlich. Höchstwahrscheinlich würde ich mich weiterhin bemühen, ehrlich und anständig zu leben, wie ich mich darum übrigens (mal mit größerem, mal mit kleinerem Erfolg) immer bemüht habe, sogar schon längst bevor ich ein gläubiger Christ wurde. Bedeutet das, dass mein Glaube mit meiner Moral nicht allzu sehr zusammenhängt? Ehrlich gesagt: Ich lebe so, wie ich lebe, ohne expliziten Bezug auf meine »religiöse Überzeugung«; ich wäre unehrlich, wenn ich behaupten würde, dass ich ausdrücklich deshalb so lebe, wie ich lebe, damit ich dem Herrgott eine Freude bereite, damit ich mir bei ihm Verdienste erwerbe, um in den Himmel zu kommen, oder damit ich ihn nicht verärgere, um nicht die Strafen der Hölle auf mich heraufzubeschwören. Ich lebe deshalb so, weil ich es für richtig und »sinnvoll« halte, vielleicht auch deshalb, weil ich so erzogen wurde (obwohl ich keine »religiöse Erziehung« erhielt, da weder meine Eltern noch die anderen Menschen, die mich in der Kindheit und in der frühen Jugend formten, gläubig waren, zumindest nicht in dem expliziten und traditionellen kirchlichen Sinne, dass sie »in die Kirche gegangen« wären). An diesen Lebensstil habe ich mich allmählich einfach gewöhnt und ihn als Bestandteil meiner Identität angenommen, was mir zumeist das Gefühl von Zufriedenheit gibt; darüber hinaus wird dieser Lebensstil auch von denen erwartet und geteilt, die mir wichtig sind. Es kann also durchaus sein, dass eine »Veränderung der religiösen Überzeugung« meine moralischen Grundsätze nicht grundsätzlich erschüttern würde.

Ich bin tief davon überzeugt, dass es heute vielen Gläubigen ähnlich geht; die unter Atheisten verbreitete Vorstellung, dass Gläubige deswegen und nur deswegen moralisch leben, damit sie »in den Himmel kommen«, oder deswegen, weil »sie Angst vor der Hölle haben«, ist (mindestens in unserer Zeit) eine völlige Illusion, ein tiefer Irrtum und ein Vorurteil. Aus einem sehr breiten Kreis von Gläubigen, mit denen ich intime und aufrichtige Gespräche über ihren Glauben führe, leugnet niemand das »Leben nach dem Tod«, jedoch bin ich bei keinem von ihnen der Ansicht begegnet, dass die Belohnungen oder die Strafen nach dem Tod das entscheidende Motiv für ihre Handlungen wären. Ein gläubiger Mensch fühlt in der Regel eine »Verantwortung vor Gott« für sein Handeln und bemüht sich, sein Gewissen nach den göttlichen Geboten auszurichten, er nimmt sein Gewissen als die »Stimme Gottes« wahr, aber es ist gerade *sein Gewissen, das zu ihm in diesem Leben spricht*, das seinen Willen bewegt und seine Taten inspiriert (und eventuell kritisiert und korrigiert) – viel mehr als jede Spekulation über eine mögliche Auswirkung seines Handelns nach dem Tod.

Ich kann mir theoretisch einen Menschen vorstellen, der, nachdem er seinen Glauben aufgegeben hat, sein Verhalten schlagartig ändern würde, z. B. indem er sich sofort in die »lasterhafte Unterwelt« begeben würde, um sich dort auszutoben, und sich bemühen würde, sich ausreichend neurotisch zu »entschädigen«, d.h. all das nachzuholen, um das er durch das Leben gemäß des Dekalogs beraubt wurde und worauf er schon längst heimlich schielte. (Rabbi Lionel Blue beichtet in einem seiner reizvollen Bücher, wie er einmal in seinem Leben eine ähnliche Wende vollzog – und wie überrascht er war, dass dieser Purzelbaum bei einem seiner geistlichen Lehrer nicht weinen und Zorn auslöste, sondern Lachsalven, nachdem ihn dieser Ausflug in die weltlichen Freuden zu langweilen begann und er zurückkehrte.[29]) Ein solcher Mensch würde aber wahrscheinlich nicht einen Glauben verlieren, der diesen Namen verdient, den man schätzen und dessen Verlust man bedauern sollte. Eher würde er sich von einer Form einer »religiösen« Neurose befreien (die Freud versehentlich mit der Religion als solcher verwechselte), nämlich von seinen eigenen – entweder durch eigene Ängste oder durch eine Angst machende Erziehung aufgebauten – Abwehrmechanismen gegenüber der eigenen unreifen, undisziplinierten und infantilen Triebhaftigkeit. Ein fantasievoll dargestellter Gegenstand seines Begehrens, das durch nicht-kultivierte Energien des Unterbewusstseins genährt wurde, war für ihn jenes heilige »mysterium tremendum et fascinans«, etwas, was ihn magisch anzog und wovor er sich gleichzeitig fürchtete und was er sich verbot. Einen solchen Glauben (eher das Symptom einer Neurose, die in ein pseudoreligiöses Gewand gehüllt ist) und die daraus folgende Moral (ein System von Verboten, das in Wirklichkeit die anziehende Macht des Verbotenen verstärkt) zu verlieren, ist eher die erste Voraussetzung dafür, dass sich der Mensch für das Geschenk eines wirklichen, gesunden Glaubens öffnen kann. Die säkulare Kultur bemüht sich zwar, uns einzureden, dass die einzige Alternative zum neurotischen Glauben der Atheismus sei, weil sie selbst eine andere Alternative nicht kennt; der Atheismus jedoch, der manchmal als Reaktion auf eine zwanghafte, neurotische Religion erwächst, ist meistens ähnlich zwanghaft, neurotisch und verkrampft, was an seinem militanten Charakter am besten ersichtlich ist. Der kämpferische Atheismus von ehemaligen Gläubigen, die »von der Zwangsjacke der religiösen Dogmen und Vorschriften geheilt wurden«, ist oft nur eine gewendete Kopie ihrer früheren pathologischen Religiosität, nur eine andere Version jener Neurose, von der sie sich in Wirklichkeit überhaupt nicht befreit haben. Diese re-aktiven Antitheisten sind in Wirklichkeit vom Gegenstand ihres Hasses immer noch – dieses Mal allerdings negativ – bestimmt, häufig wirken sie wirklich wie »besessen«. Etwas Ähnliches beobachtete ich in der Zeit meiner klinischen Praxis an militanten Kämpfern gegen den Alkoholismus, an ehemaligen Alkoholikern, deren krampfhafte Kampfeslust (und manchmal stark emotive und fanatische Religiosität, von der sie behaupteten, dass sie sie von der Abhängigkeit geheilt habe) nur eine andere Form der Abhängigkeit war, eine Ersatzdroge, Ausdruck der Angst vor dem Dämon, von dem sie zu Recht unterbewusst ahnten, dass sie sich von ihm eigentlich noch nicht befreit hatten. Und leider können wir eine ähnliche Erscheinung an manchen kämpferischen Antikommunisten beobachten, an ehemaligen Kommunisten, einschließlich einiger Konvertiten zum Christentum, die in ihren religiösen Glauben den Geist des Hasses und eine schwarz-weiße Sicht auf die Welt aus ihrer kommunistischen Vergangenheit unbewusst übertragen haben; statt Christen zu werden, die aus dem Geist des Evangeliums leben, sind sie »gewendete Kommunisten« geworden.

***

Was ist jedoch ein »wirklicher Glaube« (im Unterschied zu einer infantilen oder neurotischen Religiosität) und wie hängt er wirklich mit der Moral, mit einem sittlichen Leben zusammen? Und kann der Mensch tatsächlich einen »wirklichen Glauben« *verlieren*? Basiert unser ganzer Test nicht auf der falschen Voraussetzung, dass der Glaube irgendein »Gegenstand des Besitzens« ist? Irgendeine Sache, die wir haben oder nicht haben, finden oder verlieren können wie einen Geldbeutel oder Wohnungsschlüssel?

Erich Fromm applizierte sein Schema zweier grundlegender Lebensorientierungen (die Orientierung auf *haben* oder *sein*) auch auf die Religion: Er unterschied zwischen einer Eigentumsreligiosität – »Glauben im Modus des Habens« (als Sicherheit) und einem existenziellen »Glauben im Modus des Seins«. Vielleicht geht es aber nicht um »zwei Glaubenstypen« als vielmehr um zwei Bestandteile des Glaubens. Ein entwickelter Glaube (also das, was ich vor einem Moment als einen »wirklichen Glauben« bezeichnete) »hat« immer irgendetwas (hat einen Inhalt, enthält gewisse Überzeugungen, Grundsätze u. ä.) und durchdringt existenziell gleichzeitig das *Sein* eines Menschen – er ist die Art, mit der der Mensch sein Menschsein realisiert, seinen Lebensstil.

Beides ist sicher im Lauf des Lebens veränderbar, wie Konversionen in diese oder jene Richtung beweisen, beides hängt zusammen, aber der Zusammenhang ist ziemlich kompliziert und unterscheidet sich sicher nicht nur bei einzelnen Menschen, sondern auch im Verlauf einer Lebensgeschichte. Jene »existenzielle Komponente« ist natürlich in der Regel in der Struktur der Persönlichkeit tiefer verankert und schwieriger zu ändern. Während man bei einem Glauben als einer Zusammenstellung von Sicherheiten voraussetzen (und in vielen Fällen belegen) kann, dass man ihn »verlieren« kann (z. B. infolge einer Lebenskrise), lässt sich jene existenzielle Komponente wahrscheinlich nur verändern; diese Veränderung kann radikal sein, aber sie geschieht anscheinend allmählicher als der »Verlust von Sicherheiten«. Eine Überzeugung kann im Augenblick einer dramatischen Einsicht in sich zusammenstürzen; ein Lebensstil, der viele »Bräuche« umfasst, ist angesichts plötzlicher Veränderungen viel widerstandsfähiger.

Dies gilt offenbar nicht nur im Leben von Einzelnen, sondern auch im Leben von Kulturen und Gesellschaften. Als ich davon sprach, dass ich zwar nicht in einem »religiösen Glauben« erzogen wurde, doch trotzdem in Grundsätzen, die in ihren wesentlichen Zügen der »christlichen Moral« entsprachen – und eine ähnliche Erfahrung haben viele Menschen zumindest meiner Generation gemacht –, kann das bedeuten, dass in der Kultur, in der die christliche Überzeugung (der Teil des Glaubens, der sich »besitzen« lässt – und damit auch verlieren) verloren ging, weiterhin diejenige Komponente des Glaubens *überdauerte*, die in einen Lebensstil »inkorporiert« war. Sofort schleicht sich jedoch eine Frage ein, die Ratzinger offensichtlich stark beunruhigt: Wie lange kann diese Komponente überleben, wenn sie von ihren Wurzeln losgerissen ist?

Diese Befürchtung teilen jedoch nicht diejenigen, die es ablehnen, die traditionelle europäische Moral mit dem Christentum zu verbinden; und die »transzendente« Dimension der Moral halten sie eher für historischen Ballast als für eine notwendige Bedingung. Zu konstatieren, dass viele »Ungläubige« eigentlich im Stil der »christlichen Moral« leben, kann heute zu dem weit verbreiteten Einwand führen, dass es sich gar nicht um eine *christliche* Moral handele, sondern um eine Moral, die »allgemein menschlich« sei, die sich aus der »menschlichen Natur« ergäbe. Diesen Einwand stützen scheinbar auch die Ergebnisse transkultureller Studien, die feststellen, dass in verschiedenen religiösen Systemen bezüglich der grundlegenden sittlichen Gebote – trotz aller doktrinaler und ritueller Unterschiede – Einstimmigkeit herrscht.[30]

Trotzdem ist es bei einer tiefer gehenden Erforschung notwendig, diesen Einwand abzulehnen (und ihn als ein typisch westliches, kulturelles Vorurteil zu bezeichnen).[31] Es existiert keine allgemeine und unveränderliche menschliche Natur; Kulturen und moralische Systeme sind nicht Ergüsse irgendeines überzeitlichen, übergeschichtlichen, abstrakten Menschseins. Kulturen und moralische Systeme sind auch nicht eine unmittelbare, automatische Frucht oder eine »Widerspiegelung« einer individuellen oder kollektiven Erfahrung. Es verhält sich eher umgekehrt: Erlebnisse werden dadurch zu *Erfahrungen*, weil sie geordnet, artikuliert, gedeutet und in der Sprache einer bestimmten Kultur ausgedrückt werden; sogar unser »Sehen« selbst ist – worauf schon Nietzsche hinwies – immer schon Interpretation. Unsere moralischen Werte sind nicht »allgemein, universal und ahistorisch menschlich«, sie werden uns in geschichtlich vermittelten Geschichten gegeben, die verschiedene Analogien aufweisen und sich oft (vor allem heute) gegenseitig beeinflussen. Trotzdem lässt sich keine irgendwie geartete gemeinsame Wurzel beweisen. Kultur besteht hier immer – zumindest wohin unser geschichtliches Gedächtnis reicht – im Plural. Die gegenwärtige europäische Moralkultur ist sicher nicht »rein christlich« (es existiert im Übrigen nichts »rein Christliches«), jedoch hat das Christentum sie wesentlich beeinflusst. Es ist das Christentum, aus dem wir in den grundlegenden moralischen Haltungen als Teilhaber und Teilnehmer der europäischen Kultur (mal besser oder schlechter) stets leben, egal, was wir vom christlichen Gott, dem Glauben oder der Kirche halten; und dies gilt auch, obwohl sich bei uns (egal, ob wir uns für gläubige Christen halten oder nicht) ebenfalls Einflüsse einiger geschichtlicher Versuche bemerkbar machen, welche »die christliche Erzählung Europas umzuschreiben« und sie mit einer anderen Erzählung zu ersetzen versuchen.

Weder unsere persönliche Überzeugung noch unser Lebensstil (einschließlich des sittlichen Handelns) sind als unsere persönliche Erfindung entstanden. Sie sind bis zu einem gewissen Maß immer von der Umgebung und Kultur einer bestimmten Gruppe abhängig; meistens sind sie »Frucht« dieser Kultur – aber auch dort, wo sich der Mensch bewusst eine *Gegenkultur* wählt, also eine Überzeugung und ein Verhalten, mit denen er sich scharf gegen seine Umgebung abgrenzt, ist trotzdem auch dieser Schritt von der ihn umgebenden Kultur (in diesem Fall negativ) beeinflusst, wenn nicht bestimmt. Der neuzeitliche Individualismus und Liberalismus unterlagen der Illusion, dass eine Gesellschaft durch die Vereinigung von Individuen entsteht;

das Gegenteil ist der Fall: Am Anfang steht ein undifferenziertes und unreflektiertes *Wir*, aus dem sich das *Ich* erst ausgliedert und sich allmählich bewusst wird. Wir werden stets in gesellschaftliche, kulturelle Erzählungen hineingeboren, die unsere Wahrnehmung strukturieren und uns dadurch die Welt und das Leben *geben*, vorlegen – das heißt erklären, interpretieren; damit formen sie aus unserem Erlebnisstrom unsere persönliche *Erzählung*, durch deren Erzählen und Reflexion erst unser Ich Gestalt annimmt. Wir leben *unter* Sachen und Menschen (und mit ihnen), aber wir leben *in* der Sprache und *in* den Erzählungen, sie sind das, was für uns am unmittelbarsten ist und was uns am Wesentlichsten formt. Eine Konversion ist eine Re-Interpretation unserer Lebensgeschichte.

Ein Hauptcharakteristikum unserer Zeit ist das *Durchdringen der Welten*, also das Durchdringen der Erzählungen. Die gegenwärtigen Schwierigkeiten mit der Identität, von denen Kunstwerke erzählen und welche die Wartezimmer der Psychiater füllen, haben wahrscheinlich gerade hier ihren Ursprung. Und hier hat auch das seinen Ursprung, was vielen Autoren (einschließlich Ratzinger) so schwerfällt, auch nur zu benennen: jene säkulare oder laizistische Kultur, die Welt »unserer ungläubigen Freunde«.

Vielleicht sollten wir uns abgewöhnen, sie »Atheisten« zu nennen, auch wenn sie sich (besonders in Tschechien) öfter spontan so nennen. Die Gesellschaft, in die Menschen heute hineingeboren werden, deren extremes Beispiel das heutige Tschechien ist, ist nicht geprägt von einem Atheismus, sondern eher von einem *Agnostizismus*, der viele Gestalten hat – vom »Apatheismus« (Apathie, Ignoranz – Desinteresse an religiösen Fragen) bis zum höflichen Verstummen vor dem Geheimnis, das nahe bei Kant oder bei der mystischen negativen Theologie steht. Dieser Agnostizismus, der die Frage des Glaubens an Gott offen und unbeantwortet lässt, ist höchstwahrscheinlich die Frucht jener Welt des *Durchdringens der Erzählungen*. Das Durchdringen der Erzählungen wird langsam zur Kakophonie von Fragmenten – eine alte christliche Erzählung ist in bestimmten Gesellschaften und Schichten halb vergessen und überdeckt, aber das bedeutet nicht, dass sie durch eine andere Erzählung ganz verdrängt wurde. Alle Konkurrenzerzählungen, alle Versuche eines Um-Erzählens der Welt, verloren nämlich auch allmählich die Chance auf eine dominante Stellung in unserem kulturellen Gedächtnis. Das gilt auch für verschiedene Versionen des Atheismus.

Der Atheismus ist heute in einer noch viel größeren Krise als die traditionelle Religion; von lebendigen religiösen Innovationen gar nicht zu sprechen. Schon Chesterton zeigte meisterhaft, dass, *wenn ein Mensch ein wirklicher Atheist werden wollte, er an so viele rational unbegründbare und unwahrscheinliche Sachen zu glauben beginnen müsste*, dass es bei Weitem nicht so viel Mühe und kein derart großes »sacrificium intellectus« erfordern würde, die am absurdesten klingenden katholischen Dogmen anzunehmen.[32] Das gilt besonders heute; in der Zeit Chestertons konnten sich viele Gelehrte noch auf den verbreiteten naturwissenschaftlichen Materialismus stützen, der für einen gewissen Typ des dogmatischen Atheismus den Anschein einer festen wissenschaftlichen Basis darstellte. Jedoch fegte gerade die Entwicklung der Wissenschaft während des 20. Jahrhunderts diesen Materialismus hinweg und diskreditierte ihn. Zumindest von dem Moment an, in dem wir die *Information* als das Grundelement des Weltalls anerkannten, verlor der »Materialismus« (ähnlich wie der »Idealismus«) die Chance, sich als seriöse, philosophische Interpretation der Wissenschaft auszugeben. Die heutige Wissenschaft kann weder für den Atheismus noch für den Theismus ein Verbündeter sein und die Verteidiger der theistischen Deutung der Welt (die jedoch noch nicht notwendig christlich sein muss) zeigten ziemlich überzeugend, dass die Atheisten nicht das Recht haben, zu behaupten, dass in der Sache der Existenz oder der Nichtexistenz Gottes die Beweislast ausschließlich auf der Seite der Gläubigen liegt.[33]

Die Meinung, dass der Streit zwischen Theismus und Atheismus *durch die Vernunft nicht zu entscheiden ist*, der sich die heutige Mehrheit in der westlichen Kultur immer stärker zuneigt, ist jedoch nicht das Ergebnis rein philosophischer Debatten. Die ambivalente Beziehung zum Glauben hat tiefere Wurzeln – und eine von ihnen ist die schon erwähnte *Pluralität der Erzählungen* in der Kultur, in der wir leben.

***

Ratzinger bezeichnet manchmal diejenigen, die er sich bemüht als »Freunde« anzureden, »die den Weg zu den religiösen Sicherheiten nicht gefunden haben«, mit den Worten *laizistische Kultur, Laizität* – auch wenn er hinzufügt, dass dieser Begriff im mitteleuropäischen, und vor allem im deutschen Raum, unbekannt ist, weil es sich eher um eine romanische Erscheinung handelt.[34] Während im deutschen, besonders im protestantischen Milieu der christliche Glaube mit der Aufklärung zu leben begann (und fügen wir hinzu, dass das noch mehr in den angelsächsischen Ländern gelang) und die Aufklärung parallel zur Reformation vorwiegend als Frucht des Christentums wahrgenommen wurde, kam es in den romanischen katholischen Ländern vor allem im 18. Jahrhundert zu einer Kulmination des Schismas, das hier bereits seit der Renaissance latent vorhanden war (und vielleicht, fügen wir hinzu, durch die Integration einer Reihe von Elementen der Renaissance bis zum katholischen Barock gebremst wurde). Jedoch führte gerade die Absage an jenen barocken Katholizismus die Unzufriedenen, die in den Ländern, die der Reformation standhielten (oder die den Protestantismus gewalttätig unterdrückten, wie Frankreich) und keine christliche Alternative gegenüber diesem Typ des »alten Regimes« fanden, in eine immer radikalere Opposition gegenüber dem kirchlichen Christentum. So bekam die »Laizität« nicht nur eine »antiklerikale«, sondern oftmals eine direkt atheistische, kämpferisch anti-theistische und antichristliche Gestalt, andernorts dann eine gemäßigt »deistische«.

Auf den geplünderten Altären ersetzte die vergöttlichte Vernunft den christlichen Gott (in Frankreich nach der Revolution in der Gestalt einer anmutigen Schauspielerin auf dem Altar der Kathedrale Notre Dame), andernorts die Vorsehung (angebetet dann auch im Neuheidentum des Nationalsozialismus Hitlers), wieder andernorts die heiligen Gesetze des Fortschritts der Geschichte und der Natur. Die Deisten boten einen Gott an, der zwar die Welt konstruierte, jedoch in sie nicht mehr allzu sehr eingriff; das verbreitete laue Christentum der Neuzeit verwechselte und verwechselt dann oft diesen fernen, matten »himmlischen Gütigen« mit dem Gott der Bibel und des christlichen Glaubens. (Die Mehrheit der neuzeitlichen Atheisten wählte als Ziel ihrer Kritik und ihres Leugnens gerade diese Karikatur des christlichen Gottes, häufig jedoch in der Vermutung, dass sie damit den christlichen Glauben verneinen würden.)

Ratzinger setzt offensichtlich voraus, das die »Laizität« ihre stürmische Pubertät bereits hinter sich hat, dass sie vor allem in den Tragödien des 20. Jahrhunderts (an denen sie jedoch auch ihren Teil der Schuld trägt) wenigstens in manchen ihrer Gestalten reifer, ruhiger, weiser und kommunikativer wurde. Er spricht von einer »legitimen Laizität«, die aus der Aufklärung (die tatsächlich ein legitimes, wenn auch nicht gewolltes Kind des Christentums war) das Beste nahm (vor allem die Betonung der Vernunft, der Freiheit, der Würde der menschlichen Person). Gerade mit dieser Gestalt der Moderne und der Laizität knüpfte die katholische Kirche seit dem Zweiten Vatikanischen Konzil den Dialog und die Mitarbeit an, und Ratzinger – als Kardinal und Papst – will (trotz seines Rufes eines Konservativen und eines Kritikers der nachkonziliaren Entwicklung des europäischen Katholizismus) auf diesem wichtigen Gebiet den Dialog vertiefen. Gerade das ist allem Anschein nach auch der Sinn des »Vorschlags Ratzingers«, dem wir in diesem Buch so viel Aufmerksamkeit widmen.

***

Beachten wir aufmerksam den Kontext jenes Vorschlags, nämlich des ganzen Textes des Vortrags in Subiaco. Ratzinger behauptet, dass in der Aufklärung der Grundsatz »etsi Deus non daretur« (als ob es Gott nicht gäbe) deshalb entstand, damit man die Gültigkeit der grundlegenden moralischen Grundsätze zu einer Zeit gewährleisten konnte, in der das Bild Gottes durch den Beginn der Pluralität in Religions- und Weltanschauungsfragen erschüttert wurde. Leben wir moralisch, halten wir die moralischen Werte ein, egal, was wir von Gott und von der Religion denken – darum ging es. (Neben der »natürlichen Moral« sollte in ähnlicher Weise das mit ihr zusammenhängende »Naturrecht« und die ganze »natürliche Religion« vor den zerstörerischen Folgen der religiös-politischen Streitigkeiten und der Pluralität der Meinungen gerettet werden.[35]) Damals war dies realistisch, laut Ratzinger jedoch nur deswegen, weil das Christentum (trotz der Pluralität der religiösen Meinungen und Konfessionen) eine derart lange Zeit in der europäischen Kultur fest verankert war, sodass aus diesem Erbe das moralische Leben (auch wenn »anonym« oder unbewusst) stets schöpfen konnte. Jedoch ist das Entschwinden des Christentums, das »Entschwinden Gottes« aus unserer Kultur inzwischen so weit fortgeschritten, dass, wenn wir heute eine gemeinsame »öffentliche Moral« gewährleisten und die Grundlage für ein moralisches Leben finden wollen, wir weder mit einer automatischen anonymen Fortsetzung der christlichen Tradition noch damit rechnen können, dass wir uns alle auf den traditionellen christlichen Glauben an Gott einigen werden. Diejenigen, die diesen traditionellen Glauben nicht teilen, zwingen wir also nicht zu ihm, jedoch schlagen wir ihnen vor, dass sie mit ihm zumindest wie mit einer Hypothese rechnen sollten.

Wenn sie diese Hypothese annehmen, können auch sie mit diesen uralten moralischen Werten leben, die das Christentum gebracht hat. Sie müssen nicht die religiösen Voraussetzungen jener Moral teilen, trotzdem können sie die moralischen Konsequenzen des religiösen Glaubens bejahen, respektive das, was wir Christen als moralische Konsequenzen aus der Bejahung Gottes ableiten. Ratzinger kommt damit ausdrücklich auf Kant zurück, der einen agnostischen Standpunkt vertrat, was die rationale Erkenntnis Gottes betrifft; trotzdem war Gott in seinem System als »Postulat der praktischen Vernunft« anwesend – nämlich als stille Voraussetzung der Sinnhaftigkeit einer moralischen Handlung. Wenn jemand moralisch handelt, *setzt* er damit schon implizit (wenn auch vielleicht nicht bewusst) die Existenz Gottes, die Freiheit und die Unsterblichkeit der Seele *voraus* (und de facto erkennt er sie an und bestätigt sie), weil nur dann, wenn diese Voraussetzungen gelten, seine moralische Handlung einen Sinn hat. (Zum Beispiel wäre die Absicht, sein Leben für die Wahrheit zu opfern, streng genommen eine absurde Tat, wenn mit dem Tod wirklich alles enden würde.) Gott ist der Kontext und der Garant der Sinnhaftigkeit eines moralischen Lebens. Diesen Kontext haben wir jedoch nach Kant nicht als Gewissheit zur Verfügung, die durch die Vernunft beweisbar wäre, sondern als Hoffnung.

Kant ist somit ein großer Philosoph (und in einem gewissen Sinne auch Theologe) der Hoffnung. Nehmen wir wenigstens diese Hoffnung an, wenn wir keine rationale Gewissheit zur Verfügung haben! Und Ratzinger variiert eigentlich nur die Begriffe: Nehmen wir diese »Arbeitshypothese« an, wenn wir keine Hoffnung auf eine volle Übereinstimmung im Glauben haben.

Ratzinger geht es also – wenn ich ihn richtig verstehe – um dasselbe, worum es den erwähnten Aufklärern ging, nämlich darum, die »öffentliche Moral« (die Gültigkeit und die Wirksamkeit der grundlegenden moralischen Werte) in Zeiten der Krise der Religion zu retten (die seit den Zeiten der Aufklärung fortgeschritten ist); sie dadurch zu retten, dass wir ihre transzendentale Voraussetzung retten. Die Christen haben mit dieser transzendentalen Voraussetzung ihren Glauben verknüpft, die anderen erkennen sie wenigstens als eine Arbeitshypothese an. Dadurch kann es zu einer Annäherung und Zusammenarbeit zwischen uns Christen und »unseren ungläubigen Freunden« kommen.

Ratzinger plädiert nicht nur für eine gegenseitige »Schleifung der Bastionen«[36] (um mit den Worten Hans Urs von Balthasars zu sprechen), sondern er lässt an einigen Stellen ausdrücklich zu, dass auch für einen Gläubigen Gott und der Glaube nicht als eine mathematische Gewissheit verfügbar sind. Er behauptet, dass der Glaube vor allem ein Weg ist, dass er auch für einen Gläubigen mit einem ständigen Suchen verbunden ist und dass auch für einen Gläubigen das Leben aus dem Glauben im Grunde genommen ein *Experiment* ist: »Zum Glauben gehört ein *Lebensweg*, in dem sich das Geglaubte allmählich durch Experiment bewährt und in seiner Ganzheit als sinnvoll erweist«.[37]

Legen wir also für den Moment die wichtige und bisher nicht beantwortete Frage zur Seite (ohne sie zu vergessen), die das Nachdenken über den »Vorschlag Ratzingers« mit sich brachte, inwieweit ein »impliziter Glaube« möglich ist – also inwieweit ein Leben, das geführt wird, »als ob es Gott gäbe«, eine »religiöse Überzeugung« vertreten kann. Halten wir auch die Frage für bisher noch nicht beantwortet, ob und wie die Überzeugung, dass es Gott gibt oder es ihn zumindest »geben kann«, die Beziehung zur Welt und zu den anderen tatsächlich beeinflusst.

Wenn wir aber jetzt der christlichen Religion so viel Aufmerksamkeit entgegengebracht haben, verweilen wir für einen Moment auch beim christlichen Atheismus.

Die Pflicht des Christen, manchmal ein Atheist zu sein

Zu viele heilige christliche Märtyrer wurden im Römischen Reich für ihren Atheismus (für das Leugnen der staatlichen römischen Götter) hingerichtet, als dass wir diese teuer bezahlte Tradition des christlichen Atheismus leichtsinnig verlassen, vergessen und verraten dürften. Es gibt Götter und Religionen, denen gegenüber ein Christ auf der Grundlage seines Glaubens die moralische Pflicht hat, ein »Atheist« zu sein. Der Glaube steht hier nicht allein für sich, sondern er ist auf seine biblischen Wurzeln hin bezogen; auch der Atheismus ist nichts Absolutes, sondern ist immer eine Relation, er ist stets bezogen auf einen bestimmten Typus von Religion. (Ein »absoluter Atheismus« ist in gleichem Maße nicht verwirklichbar und genauso unvorstellbar wie ein Relativismus, der letztlich nicht fähig wäre, sich selbst zu relativieren.) Es scheint mir, als ob der kritische Atheismus in der heutigen Zeit der »Rückkehr der Religion« sehr aktuell ist – und wer sollte sich dieser Aufgabe annehmen, wenn nicht wieder die Christen?

Der in der Tradition der Aufklärung stehende Atheismus hat längst aufgehört, kritisch zu sein, er ist oftmals ideologisch und dogmatisch, ja sogar zu einer aufgezwungenen Staatsreligion geworden – es sei hier an den »wissenschaftlichen Atheismus« des Marxismus erinnert. Der alte Ironiker Chesterton hat, wie ich schon angemerkt habe, sarkastisch ausgerechnet, woran der Mensch glauben und welche Last an Dogmen er auf sich nehmen müsste, um zu einem Atheisten (in diesem ideologischen Sinne) werden zu können. Wenn wir Christen uns jene scharfe Kritik der Religion bewahrt hätten, die wir in der Bibel finden, bei den

Propheten, in den Psalmen und dann bei Jesus und Paulus, hätten wir nicht auf Feuerbach, Freud und Marx warten müssen, damit sie uns das sagen, was wir in der Bibel lesen können: Dass der Mensch die Neigung hat, die Produkte seiner Hände und seiner Phantasie zu vergöttlichen, und dass wir auf solche Götzen und Götzenerbauer sehr achtgeben müssen. Der Atheismus der Tradition der Aufklärung ist während seiner verhältnismäßig kurzen Geschichte schwerfällig, dick und dumm geworden, er begann sich selbst zu ernst zu nehmen, er hat jenen Funken des Humors und der Ironie verloren, den er zu Zeiten hatte, als er (häufig unreflektiert) noch aus der christlichen Grundlage heraus lebte – zum Beispiel aus jener »Kultur der Fastnacht«, die Michail Bachtin[38] genial analysierte. Dieser russische Literaturwissenschaftler zeigte noch in der Zeit des sowjetischen Reiches, dass die antiklerikalen Texte der Renaissance keine Äußerung von überzeugten Gegnern von Kirche und Religion waren, wie es die Marxisten dachten, sondern eine *Kunst von Klerikern, sich selbst auf den Arm zu nehmen*, die Kunst, die Strenge und den Ernst des asketischen Fastens mit Humor und Ironie aufzuwiegen. Wie schön, saftig, poetisch und befreiend konnte der Mönch Rabelais lästern, seine Rhetorik ist der Rhetorik Luthers ähnlich und wir vernehmen ihr Echo zum Beispiel noch in den Satiren auf den Austrokatholizismus der Habsburgermonarchie von Karel Havlíček Borovský (1821–1856)! Ich denke, dass sich die Engel beim Lesen solcher Texte vor Lachen biegen mussten, während die Lehrbücher des wissenschaftlichen Atheismus im Himmel wahrscheinlich nicht gelesen, sondern stattdessen sofort in die Hölle gegeben wurden als Folterinstrumente für die Sünder, die zur schrecklichen Strafe der unendlichen Langeweile verurteilt wurden. (Und ich fürchte, dass auch der »neue wissenschaftliche Atheismus« eines Richard Dawkins und seiner Adepten nicht mit etwas wirklich Neuem und Anregendem diesen Zweig des Atheismus bereichern könnte; eher wird er mental dem Gegenstand seiner Kritik ähnlich, jener fundamentalistischen Auffassung von Religion der Kreationisten, von der Dawkins stur behauptet, sie sei die Religion an sich.)

Wenn ich den islamistischen Fanatikern, die mit Feuer und Blut die Karikaturen des Propheten Muhammad rächen wollen, etwas aus der christlichen Tradition anbieten könnte, dann wäre es jener Humor und jene Satire der mittelalterlichen Mönche, die wie Blasphemie wirken, in Wirklichkeit jedoch alles Menschliche in der Religion (und der Prophet ist doch nicht Gott) von der Versuchung der Idolatrie reinigen. (Übrigens könnten auch christliche Fanatiker, die Kinos niederbrannten – die den künstlerisch und theologisch beachtenswerten Film Martin Scorseses *Die letzte Versuchung Christi* auf das Programm setzten, der, streng genommen, wirklich keine Gotteslästerung darstellt, keine blasphemische Entstellung des Lebens Christi, sondern ein Versuch ist, sich in Christi *Versuchung* hineinzuversetzen, der er am Kreuz ausgesetzt war und der er widerstand –, von den alten Mönchen des fröhlichen und freien Herzens einiges dazulernen.)

***

Wann ist die Quelle des »christlichen Atheismus«, jener scharfen Kritik der Religion, ausgetrocknet, die aus der biblisch-prophetischen Tradition erwachsen ist? Nachdem das Christentum – ursprünglich eher ein Lebensweg, die Nachfolge Christi – im Römischen Reich selbst zur Religion (religio) wurde, haben viele Männer und Frauen, die unzufrieden mit dieser Entwicklung waren, einen verhältnismäßig massenhaften Exodus in die Wüsten Syriens, Palästinas und Ägyptens angetreten, um dort ein »alternatives Christentum« zu gründen, eine radikalere Version, eine Gegenkultur, die nicht mehr nur gegen das römische Heidentum gerichtet war, sondern auch gegen das Massenchristentum, das sich im Römischen Reich (zu) gut etabliert hatte.[39] Aus dieser Gegenkultur sind dann die monastischen Kommunitäten hervorgegangen; hier entstand ein natürliches Umfeld für die Pflege der christlichen Mystik, die dann in die Theologie eine wichtige und wertvolle Tradition hineingetragen hat: die negative (apophatische) Theologie.

Die negative Theologie können wir vielleicht für einen legitimen Erben jenes authentischen, christlichen und biblischen »Atheismus« halten, der das Geheimnis der Gottheit nicht nur vor der materiellen, sondern auch vor jeder intellektuellen und begrifflichen Vergegenständlichung verteidigt. So wie der biblische und altchristliche »Atheismus« die Freiheit und Größe Gottes vor der Einkerkerung des Göttlichen in Holz und Metall schützte, schützten die Mystik und die negative Theologie die Freiheit und Größe Gottes vor der Einkerkerung in Begriffe und Theorien.

Es lässt sich vielleicht sagen, dass der neuzeitliche Atheismus in seiner interessanteren Gestalt in gewissem Maße eine *Absolutsetzung der negativen Theologie* ist. Beide Richtungen gehen gemeinsam den langen Weg der Verneinung jeglicher Aussagen über Gott, und erst vor dem Tor des göttlichen Geheimnisses trennen sich ihre Wege. Der neuzeitliche Atheismus wendet diesem Tor den Rücken zu, der Agnostizismus bleibt stehen, die negative Theologie jedoch negiert die Negation, sie relativiert den Relativismus, sie macht dem Glauben den Raum frei für seinen demütigen Eintritt in das Geheimnis, eventuell für den Kierkegaard'schen mutigen Salto, für den Sprung ins Herz des Paradoxons.

***

Der neuzeitliche Atheismus riss sich in dem Moment schicksalhaft von seinen christlichen (religiös-kritischen) Grundlagen los, als er aufhörte, wirklich kritisch zu sein, als er aufhörte, eine *Kri-*

tik der Religion zu sein – eine Kritik, die in vielem analog zur negativen Theologie war – und als er stattdessen begann, seine eigene Metaphysik, *seinen eigenen Glauben* aufzubauen.

Feuerbach knüpfte mit seiner Diagnose der Religion, mit seiner Projektionstheorie, an die biblische Kritik an der menschlichen Tendenz, eigene Produkte zu vergöttlichen, an. Sein Therapievorschlag – das Göttliche vom Himmel zurück in den Menschen zu ziehen – hatte jedoch eine schicksalsschwere Folge: die Inflation des *menschlichen Egos*. Dadurch wurde er zum Geburtshelfer jenes Humanismus-Typus, der zu einem grandiosen Narzissmus wurde – und der unsere westliche säkulare Kultur und Zivilisation bis heute aufs Stärkste prägt. Der kulturelle Einfluss des humanistischen Atheismus (insbesondere infolge der Popularität der Psychoanalyse Freuds auf vielen Gebieten der Kultur und der Pädagogik) war und ist vielerorts bis heute oftmals so stark, dass der Begriff Atheismus im allgemeinen Bewusstsein fast schon zum Synonym für diese »Religion der Humanität« wurde.

In der Aufklärung war der Atheismus zunächst eine beliebte Adrenalin-Sportart der französischen Adelselite, die mit dem Gedanken, dass »kein Gott ist« *(und alles erlaubt ist)*, ähnlich spielte wie später die betrunkenen und vom Leben gelangweilten Offiziere des Zaren, die beim »Russisch-Roulette« mit dem Tod kokettierten, und noch später die Intellektuellen der Beat-Generation, die mit LSD und anderen Drogen experimentierten. Der aufklärerische Atheismus war zunächst eine aufregende Droge von Auserwählten, die ihnen den Traum von der eigenen Göttlichkeit bot; diese Auserwählten haben sie aber ängstlich vor ihrer Dienerschaft und vor dem einfachen Volk überhaupt gehütet. Wenn mein Schneider nicht an Gott glauben würde, hätte er keine Angst davor, mich zu bestehlen, fürchtete sich Voltaire – und Dostojewskis Ivan Karamasow ahnt, was der aus seinen tiefsinnigen Überlegungen abgehörte Atheismus mit dem schändlichen Bastard Smerdjakow machen wird. Es ist also ein »Kontrolleurs-Gott«, an den die aufklärerischen Gebildeten nicht glauben wollen – und sie waren neugierig, was in ihrem eigenen Gewissen passieren wird, wenn sie diesen Gott töteten.

Der Adressat dieses Attentats ist also der Gott der Moral, und das Motiv der Tat besteht darin, experimentell zu beweisen, dass tatsächlich alles erlaubt ist. Aber es stellt sich die Frage, *von wem* es erlaubt werden würde, wenn der Verbietende und der Erlaubende schon tot ist.

Gott wurde wie der alte Karamasow auf eine mysteriöse Art und Weise getötet und es ist schwierig, zu entscheiden, wer sich das nur wünschte, wer die Axt hielt und wer tatsächlich die Anregung und die Zustimmung zu dieser Tat gab – »ich bin schließlich auch ein Karamasow«.

***

Das Spiel des adeligen Atheismus ließ sich jedoch auf Dauer nicht verheimlichen und nur in den Clubs der Eingeweihten halten. Es wird allmählich *demokratisiert* – und so ist das nächste Kapitel der Geschichte des Atheismus der plebejische Atheismus, der Atheismus der Masse, jener selbstverständliche Atheismus, der nach Gott nicht einmal mehr fragt und sich weder um das Suchen nach ihm noch um sein Leugnen bemüht. Das sind die *ungläubigen* Menschen auf dem Markt, zu denen der *tolle Mensch*[40] Nietzsches kommt – mit seiner Suche nach Gott bringt er sie zum Lachen und mit seiner Botschaft, dass sie Gottes Mörder seien und dafür die Verantwortung übernehmen müssten, bringt er sie bloß in Verlegenheit: Sie verstehen ihn überhaupt nicht.

Deshalb schildert der *tolle Mensch* die Folgen des Todes Gottes als tragisches kosmisches Chaos; bis man den frei gewordenen Raum als ein breites Meer neuer Hoffnungen und Gelegenheiten begreift, wird es noch länger dauern, als für die Nachricht von dieser Tat »Ohren wachsen werden«. Ist dieses breite Meer der Raum für den Übermenschen – oder werden (was Nietzsche nicht ausschließt) die Menschen einmal Gott wieder auf dessen Wasseroberfläche schreiten sehen, der nicht gestorben war, sondern nur »seine moralische Haut ausgezogen hatte«?

Vielleicht kann ihre Hoffnung auch in etwas bestehen, was man im Voraus nicht sicher ausschließen kann: Dass sie schließlich erkennen werden, dass, wenn sie in sich den Gott der Verbote und der Gebote töten (oder die Projektion eines elterlichen oder gesellschaftlichen unterdrückenden Super-Egos, wie Freud sagen würde), hier noch ein ganz anderer Gott übrig bleibt, den die Menschen der Neuzeit ganz vergessen haben, nämlich derjenige, von dem das Evangelium spricht. Gerade zu den Menschen, die an diesen Gott *glauben*, sagt der Apostel Paulus, dass wenn sie von diesem Gott und von diesem Glauben ergriffen sind, dann *ist alles erlaubt*; jedoch fügt er hinzu, was sich die Neuzeit erst schmerzhaft erarbeiten musste: »aber nicht alles nützt« (1 Kor 6,12).

***

Der rumänische Religionsphilosoph Mircea Eliade stellte sich die Frage, warum eine der Bibeln des modernen Atheismus, Freuds Buch *Totem und Tabu*, dieser absurde »Schauerroman« über das Töten und das Verzehren des Vaters durch die Horde seiner Söhne, die dann aus dem Vater rückwirkend ein heiliges Totem machen und sich selbst das verbieten, was ihnen der Vater verwehrte, *und so alle Moral und Religion entstehen*, dieses verrückte Märchen, das eine wissenschaftliche Theorie zu sein scheint und sich auf ethnologische Forschungen beruft, die sich alle als Phantasmagorien erwiesen, so einen enormen Einfluss auf die Generation der europäischen Gebildeten haben konnte. Und er gibt eine Antwort: Dieser Mythos hat die ambivalente Beziehung der europäischen säkularen Gebildeten zu Gott und zur Religion auf den Punkt gebracht (gerade in jener hinter der Fassade der Wissenschaftlichkeit verborgenen mystischen Kraft): Den Gott in sich haben sie getötet, aber die entstandene Leere weckt in ihnen eine Mischung aus Wehmut und Schuld. Fügen wir hinzu: Die Freud'sche Theorie verrät uns wahrscheinlich nicht den tatsächlichen Ursprung und die Ursache der *Entstehung der Religion*, jedoch kann sie unbewusst als ein verhältnismäßig geniales Gleichnis über die Ursachen und die *Entstehung des modernen Atheismus* gelesen werden.

***

Kehren wir jedoch zurück zur Tradition des »christlichen Atheismus« (oder eher der Religionskritik vom Standpunkt des Glaubens aus). Im christlichen Kontext kam der Atheismus (»der christliche Atheismus«) nach einer langen Zeit praktisch nur in der durch Bonhoeffer und die dialektische Theologie beeinflussten *Theologie des Todes Gottes* und in der Theologie der Säkularisierung der Sechzigerjahre zu Wort. In diese Zeit gehört auch das bekannte Bonmot des unorthodoxen Marxisten Ernst Bloch, dass nur ein Christ ein guter Atheist sein kann – und nur ein Atheist ein guter Christ.[41] Diese Aussage würde ich nicht in jenem Sinne unterschreiben, den ihr, wenn ich ihn richtig verstehe, Bloch selbst zuschrieb; jedoch ist in ihr eine gewisse Intuition verborgen: Den »mystischen Marxisten« faszinierte immer das mystische (er selbst würde das »utopische« sagen) Element seines Denkens über jene Grenzen hinaus, die ihm sein marxistischer Materialismus setzte.

Die Theologie des Todes Gottes, der wir hier ob ihrer Vielgestaltigkeit und ihrer Vieldeutigkeit nicht genug Aufmerksamkeit widmen können, entwickelte sich in einer Zeit, als es so schien, als ob der Säkularismus der eindeutige Sieger in den Kulturkämpfen der Moderne und das Hauptcharakteristikum der zukünftigen westlichen Gesellschaft, wenn nicht gar der Zivilisation des ganzen Planeten, sein würde. Am Ende des Jahrtausends ereigneten sich jedoch eine Reihe von Veränderungen in der religiösen Szene der Welt, die die Mehrheit der Soziologen zu einer radikalen Revision des Paradigmas der Säkularisierung und zu dem Schluss führte, dass die Säkularisierung weder die Zukunft der Welt (dafür ist sie eine geographisch und kulturell zu begrenzte lokale Erscheinung, und nur ein eingebildeter Eurozentrismus konnte sie – zu Unrecht – verallgemeinern) noch das letzte und endgültige Wort der Entwicklung der westlichen Gesellschaft sein würde.

Auch die ganze mehr als zweihundertjährige Epoche des Säkularismus überwand nicht die nostalgische Sehnsucht nach Gott und der Religion in der westlichen Kultur; im Gegensatz dazu potenzierte sie sie durch die Unwirksamkeit ihrer pseudoreligiösen Ersatzstoffe. Die Wissenschaft, von der die säkulare Gesellschaft erwartete, dass sie die Rolle eines »Ersatzmannes« für die Religion einnehmen würde, brachte riesige zivilisatorische Veränderungen mit sich, jedoch legte sie eher grundlegende Fragen nach dem *Sinn* frei und machte sie drängender, als dass sie diese auf eine zufriedenstellende Art und Weise beantwortet hätte. Der ungeheure Nachdruck, der auf die Vernunft gelegt wurde, erwies sich als einseitig und provozierte eher den spirituellen Durst nach dem, was die Fähigkeiten der Vernunft übersteigt. Das ist wahrscheinlich eine der Ursachen für jene Erscheinung, die von Soziologen als die zeitgenössische »globale Rückkehr der Religion« bezeichnet wird. Dieses Schlagwort ist jedoch nicht weniger vieldeutig, als es der Begriff Säkularisierung war, und es scheint so, dass sich unter ihm eine ähnlich bunte Skala ganz verschiedener Erscheinungen vorstellen lässt. Sowohl für das Phänomen der Säkularisierung als auch für den zeitgenössischen »postsäkularen Trend« lassen sich verschiedenste Erklärungen und Ursachen finden. Mit dem Schlagwort von der »Rückkehr der Religion« meint man vor allem die globale Offensive der monotheistischen Religionen in die öffentliche, insbesondere politische Sphäre seit Mitte der Siebzigerjahre des zwanzigsten Jahrhunderts (worauf z. B. der französische Sozialwissenschaftler Gilles Kepel mit seinem Bestseller *Die Rache Gottes*[42] aufmerksam machte).

In diesen Zusammenhang gehört jedoch auch die Zunahme von »neuen religiösen Bewegungen« (innerhalb der existierenden Religionen und auch jenseits ihrer Grenzen) und ein starkes Interesse an »Spiritualität« im Westen. Neben den verschiedensten religiösen Neubildungen begegnen wir hier Strömungen, die sich zwar zu alten religiösen Traditionen bekennen (zum Hinduismus oder Buddhismus, zum keltischen Heidentum sowie zum Christentum), jedoch diese Traditionen durch den neuen Kontext erheblich verändern (einschließlich des Christentums in den verschiedenen »charismatischen« Ausprägungen oder »Erweckungs«-Gestalten) – eher können wir sie daher als postmoderne Variationen prämoderner Motive, denn als schlichte Fortsetzung jener traditionellen Religionen bezeichnen. Auch der gegenwärtige, einflussreiche und laute christliche Fundamentalismus, der sich gerne für die authentische Fortsetzung der Tradition ausgibt und für eine Rückkehr zu den Anfängen plädiert, ist in Wirklichkeit eine moderne Neubildung am Leib des Christentums, der als eine Reaktion auf die liberale Theologie des 19. Jahrhunderts entstand. Von der Moderne, die er ablehnt, übernahm er unbewusst eine typisch neuzeitliche Auffassung von Wahrheit (das Descartes'sche Ideal von »klaren und deutlichen Ideen«) – und das, wogegen er sich in Wirklichkeit am vehementesten stellt, ist die *Tradition*, die doch eine geschichtliche Bewegung ist, ein dynamischer Fluss von fortwährenden Re-Interpretationen, aber kein Museumssaal, in der Mumien einer längst vergangenen Vergangenheit ausgestellt werden.

Viele religiöse Waren von heute, besonders die beliebte Esoterik und der Okkultismus, sind weder christlich noch heidnisch. Für das Heidentum in seiner ursprünglichen Form ist der Sinn für die heilige Dimension der »natürlichen Welt« charakteristisch. In manchen Versuchen von Zeitgenossen, die heidnischen Traditionen (zum Beispiel die keltische Religion) wiederzubeleben, erkenne ich eine Nostalgie nach einer archaischen, unbefleckten Welt wieder, ähnlich wie in manchen religiösen und pseudoreligiösen Formen der ökologischen Bewegungen. Jedoch bin ich hier höchst skeptisch: Ich bin davon überzeugt, dass eine Rückkehr in eine archaische, prämoderne Welt unmöglich ist: diese Welt ist vergangen. Wir wurden aus ihr (nicht erst durch die Moderne) vertrieben und auch die postmoderne Ablehnung der Modernität wird uns nicht in sie zurückbringen.

Es war vor allem das Christentum, das uns (durch die Radikalisierung der Motive aus der hebräischen Bibel) aus dem Paradies der ursprünglichen Heiligkeit hinausführte. Es überführte Gott aus der Welt der Natur in die Welt der Geschichte und des *Erzählens über die Geschichte* und überließ dem Heiligen nur den abgegrenzten Raum der Festtage; es lebte jedoch noch über Jahrhunderte an der Nahtstelle von Heiligem und Säkularem. Die weitere Entwicklung der säkularen Moderne, dieses ungewollten Kindes des Christentums, vollendete diesen Prozess. In ihrer Extremform bildet sie eine banale, eindimensionale Welt aus und im Prozess der Verdrängung von allem Festtaglichem als etwas Überflüssigem, Nicht-Austauschbarem, Aufhaltendem, gießt sie mitsamt aller Religiosität auch das traditionelle Christentum aus der Welt aus.

Die heutige »Rückkehr der Religion«, dieser Aufstand gegen die Säkularisierung, vollendet jedoch eher den Prozess der *Entchristlichung*, ohne dass jedoch »das neue Heilige« über die Kraft verfügt, die Geschichte in das archaische Zeitalter der ursprünglichen Heiligkeit zurückzubringen. Das heutige spielerische und kommerzielle postmoderne Neuheidentum weist nämlich noch stärker die Züge seines Vorgängers auf, nämlich die der modernen Welt des Kommerzes und der Manipulation, als einst das

Christentum das Erbe seines Vorgängers, das der mythisch-poetischen Welt der archaischen Heiligkeit, konservierte. (Wir übernehmen immer gewisse Züge unseres Vorgängers, den wir überwinden wollen.)

Wie soll sich der gläubige Christ und Theologe gegenüber der »Rückkehr der Religion« positionieren, wenn er die Verantwortung fühlt für die Kontinuität der Tradition (einschließlich der Tradition der Religionskritik vom Standpunkt des Glaubens aus)? Finden wir Christen in diesen heiligen Hainen von heute, auf einem immer bunteren und lärmenderen Markt mit religiöser Ware (auf dem man so viele Produkte sehen kann, die von Menschenhand, von der menschlichen Phantasie, von den Ängsten und Wünschen, gemacht sind) auch irgendeinen »Altar für den unbekannten Gott«, an dem wir mit den heutigen Heiden in Dialog kommen könnten, wie es einst in Athen der Apostel Paulus erfolglos versucht hatte? Oder sollten wir diese Götter lieber laut auslachen und lästern, wie der Prophet Elija auf dem Karmel die Baale und ihre Propheten auslachte und lästerte?

Lebendige religiöse Traditionen, vor allem die zwei mit uns in vielem verwandten Zweige des Abrahamitischen Monotheismus, das Judentum und der Islam, aber auch die uralten geistlichen Kulturen Asiens verdienen ohne Zweifel unseren Respekt und sollten für uns Christen – wie es die katholische Kirche mindestens seit dem Zweiten Vatikanischen Konzil betont – Dialogpartner sein. Ich bin jedoch immer mehr davon überzeugt, dass sich die Christen im Westen an die zeitgenössische »Rückkehr der Religion« sehr vorsichtig, nüchtern und kritisch annähern sollten. Jener neue religiöse Kontext, in dem sich heute unser Glaube und der Gott unseres Glaubens befinden, sollte gründlich untersucht werden – gewiss ohne Apriori-Vorurteile und Ängste, aber ebenfalls ohne ein naiv-unkritisches Vertrauen zu allem, was auf viele Menschen (besonders wenn sie auf den Boden herabgesunken sind, der aufgrund der säkularen Ablehnung der Religion völlig ausgetrocknet ist) wie ein erlösender, nach Heiligkeit duftender Tau wirkt. Das europäische Christentum hat zumeist gelernt, in einer säkularen Gesellschaft zu leben; wie dies dem Christentum gelingen wird, wenn es heute von vielen neuen oder alt-neuen Göttern umgeben ist, ist schwer abzusehen.

***

Religionswissenschaftler erinnern daran, dass wir beim aufmerksamen Lesen der Bibel und beim Studium der alten israelitischen Religion sehen können, dass der Glaube an einen Gott für die alten Israeliten nicht bedeutete, davon überzeugt zu sein, dass neben dem Gott Israels keine Götter und Dämonen »existierten«. Ja, es scheint, dass der Herr dies von ihnen auch nicht verlangte. Gott verlangte keinen Glauben in dem Sinne, dass man von seiner Existenz überzeugt sein musste (also keinen Glauben als *belief*), er dachte auch nicht, dass andere Götter nicht Bestandteil des Weltbildes sein durften, dass die Israeliten »ihre Existenz leugnen« mussten. (Die Existenz Gottes und anderer Götter war für die Juden nicht »problematisch« und kein Sachverhalt, der zu beweisen oder zu leugnen gewesen wäre.) Aus der hebräischen Bibel geht nicht zwangsläufig hervor, dass weder der Glaube der anderen an sich schlecht wäre, noch dass der Herr sein Volk zur Verachtung und zum Hass gegenüber Andersgläubigen und ihrer Religion zwingen würde (das ist bereits ein von menschlichem Eifer gefertigter Zusatz).[43] Der Herr des ursprünglichen Bundes (des Alten Testamentes) forderte jedoch unbestreitbar, dass sie ihn allein unter allen Göttern *auserwählen* sollten und dass sie ihm allein ihren Glauben im Sinne von *faith* – Vertrauen und Treue – schenken würden. Auf *dieses* war er sehr eifersüchtig.

Später erwiesen die Israeliten (und besonders die Propheten) Gott ihre Treue und ihre Wahl dadurch, dass sie andere Götter gering schätzten und diese auslachten, weil sie sie zu Produkten menschlicher Arbeit und Phantasie erklärten (z.B. Ps 115,4–8; Gal 4,8): Es sind tote Götter, »sie haben Augen und sehen nicht [...] eine Nase und riechen nicht«, sie sind absolute Nullen! (Der polemische Ton gegenüber den heidnischen Religionen wurde immer dann stärker, wenn sie für Israel verlockend geworden waren oder ihm, wie in der Zeit Alexanders des Großen, aufgedrängt wurden.)

Das gewöhnliche Lesen dieser Texte kann zu der Ansicht führen, dass diejenigen, die an den Herrn glaubten, die *anthropomorphe* Gestalt der heidnischen Götter und die Heiden als Dummköpfe auslachten, welche die Holz-, Stein- und Silberstatuen der Götter selbst für Götter hielten, für lebendige und unsterbliche Wesen. Die Heiden waren jedoch nicht so dumm, und auch die Juden waren nicht so dumm, dass sie diese für so dumm gehalten hätten und dass sie vielleicht das, womit sie sie karikierten und provozierten, wirklich über sie gedacht hätten. Wenn sich die Propheten und die Dichter der Psalmen mit dieser Rhetorik behalfen, die an antike und neuzeitliche Aufklärer und deren Religionskritik erinnert, sollten wir diese Glaubenszeugen nicht dadurch degradieren, dass wir sie mit »Aufklärern« verwechseln würden.

In Wirklichkeit hatte von allen Göttern der alten Welt der Gott Israels als einziger einen wirklich »anthropomorphen« (menschenähnlichen) Charakter – was die Bibel klar benennt: Gott schuf den Menschen als sein Bild, ihm ähnlich. *Ein wichtiger Aspekt des Glaubens an den Herrn war, dass sich Gott und Mensch ähnlich sind.*

Die prophetische Tradition ist sich jedoch auch des Risikos bewusst, welches diese Ähnlichkeit mit sich bringt. Deshalb verteidigt sie die Größe Gottes und die Tiefe seines alles übergreifenden Geheimnisses mit der Betonung der Unterschiedlichkeit von Mensch und Gott: »Denn meine Gedanken sind nicht euere Gedanken und euere Wege sind nicht meine Wege – Spruch des Herrn« (Jes 55,8).

Ich bin davon überzeugt, dass eine Meditation dieser Aussagen der Bibel eine klarere Inspiration auch für unsere Haltung zur religiösen Szene von heute geben kann. Der Christ ist dazu berufen, die Treue zum Herrn zu wählen. Das bedeutet jedoch weder, dass es andere Formen des Heiligen, andere Götter und Dämonen »nicht gibt«, noch dass es sie *hier nicht gibt*. Bei einem aufmerksamen Blick können wir sehen, dass es sie heute um uns herum immer gibt, dass sie sogar hier viel sichtbarer und nachweisbarer sind als der Gott der Bibel selbst – denn Er ist *ein verborgener Gott*, der immer wieder zu *suchen* ist, wie die Schrift sagt.

Wenn wir die Erben jenes *Atheismus* sind, für den (als Konsequenz der Treue zum Herrn) so viele christliche Märtyrer ihr Leben ließen, dürfen wir ihn nicht mit dem vulgären Atheismus der Aufklärer und der Materialisten verwechseln, mit einer Blindheit gegenüber dem Heiligen, mit der naiven Vorstellung, dass es Gott und die Götter »nicht gibt«. Auf eine ähnliche Weise müssen wir die gleich naive Überzeugung der Fundamentalisten ablehnen, dass es nur unseren Gott »gibt« – und andere nicht existieren, und wenn sie existieren, dann seien es Dämonen. (Sicher, so eine Meinung lässt sich mit Zitaten aus der Bibel stützen, aber nur, wenn man die Bibel naiv und eigenwillig fundamentalistisch liest, indem man Sätze aus dem Kontext reißt und nicht unterscheidet, ob es sich hierbei um provokative Spöttereien an die Adresse der Nachbarstämme handelt oder um ernste religiöse Behauptungen.)

Ich wiederhole: Auf dem »religiösen Markt von heute« sollten wir unbedingt darauf achten, dass wir nicht auf jeden x-beliebigen Altar einer billigen, oberflächlichen Frömmigkeit Weihrauch schütten, zu dem uns die Sirenen der suggestiven Angebote locken (ganz egal, ob die Seelentreiber in orientalische Gewänder gekleidet sind oder mit Transparenten mit der Aufschrift »Jesus liebt dich« winken); gleichzeitig ist es aber auch hier notwendig, sich umzuschauen, ob wir hier vielleicht nicht ähnlich »gottesfürchtige Heiden« oder »Gerechte unter den (heidnischen) Völkern« finden, denen die Getreuen des Herrn immer großen Respekt entgegenbrachten oder hier nicht ein *Altar für einen unbekannten Gott* zu finden ist, der dem ähnelt, an welchem der Apostel Paulus jenen damals unterbrochenen – und bisher nicht vollendeten – ernsten Dialog mit den Andersgläubigen begann.

Der Gott, an den wir glauben und den wir wählten, ist ein Gott der Überraschung: Wir können uns im Voraus nie sicher sein, wann, wo, wie, wodurch und durch wen er uns das nächste Mal ansprechen wird.

Gott und die Sternschnuppe

Der schwedische Psychologe Hjalmar Sundén erzählt die Geschichte von einer Frau, die unter großen religiösen Zweifeln litt. Einmal bat sie Gott, dass er ihr ein Zeichen geben möge, dass er existiert: Er möge, wenn sie am Abend hinausginge, eine Sternschnuppe senden. Als sie hinausging, sah sie nicht nur eine Sternschnuppe, sondern unzählige Sternschnuppen. Sie war sehr glücklich und dankte Gott. Aber am folgenden Tag sah sie die Sache anders: Das war ja ganz natürlich, da sich die Erde gerade in einem Meteoritengürtel befand. »Sie war also von einer religiösen zu einer mehr alltäglich-profanen Erlebnisweise übergegangen, wobei sie aber beide Deutungsmodelle beibehielt. [...] Die Fähigkeit, einander widerstreitende Erlebnisstrukturen auszuhalten, kann bei verschiedenen Menschen stark variieren.«[44]

Hier ist von etwas die Rede, was für unsere Zeit und unsere Zivilisation typisch ist: von etwas sehr Wichtigem für das Verständnis des Platzes der Religion in unserer Kultur und in unserem Leben und auch für jenen Dialog zwischen dem Glauben und dem Unglauben, von dem ich wiederholt behaupte, dass er nicht erst *zwischen* Einzelnen und Gruppen mit unterschiedlicher Überzeugung beginnt, sondern in jedem einzelnen menschlichen Herzen.

Als es im 18. und im 19. Jahrhundert so schien, als ob das Schiff des Glaubens am Sinken sei, stiegen viele Menschen in die Beiboote des Agnostizismus oder des Atheismus. Während des 20. Jahrhunderts wurden alle festen Sicherheiten in Schwingung versetzt, alle Dogmatismen – auch das Schiff jenes dogmatischen, selbstsicheren Atheismus begann zu sinken, und viele Menschen in Europa bestiegen wieder ein Wasserfahrzeug, nämlich das des Agnostizismus, das heute wahrscheinlich das am meisten besetzte ist. Als die existenzialistische Philosophie und Theologie (deren Vorgänger Pascal und Kierkegaard waren) es wieder ermöglichten, *mit Fragen zu glauben,* und seitdem auf dem Schiff des Glaubens nicht mehr kontrolliert wird, ob ein Reisender nicht ein wenig Zweifel mit an Bord genommen hat (man setzt sogar voraus, dass er ihn mit sich führt), haben wieder viele Leute (einschließlich mir selbst) dieses Schiff betreten. Die größte Bewegung ist heute auf dem schmalen Steg zwischen dem Agnostizismus und dem Glauben auszumachen; beide Gruppen haben Zweifel (im Unterschied zu den selbstsicheren Atheisten, die jedoch rapide weniger geworden sind); während aber der Gläubige trotz seiner Zweifel glaubt, verharrt der Agnostiker, auch wenn er gerne zu glauben beginnen würde, bei seinen Zweifeln.

***

Ja, in unseren heutigen Nächten regnet es viele Sternschnuppen und in unseren Tagen bieten sich viele Deutungsmöglichkeiten. Wenn die zeitgenössische Zivilisation irgendeine Fähigkeit stark ausgeprägt hat, dann ist es gerade jene »Fähigkeit, einander widerstreitende Erlebnisstrukturen auszuhalten«. Das, was diese Fähigkeit im menschlichen Geist verursacht, ist eine andere Sache: Sie kann einen Menschen zu einem reichen inneren Leben führen, zu einer weisen Toleranz und zur Fähigkeit, andere zu verstehen, auch »mit ihren Augen zu schauen« und Konflikte zu lösen; sie kann aber auch zur Herausbildung einer verwirrten, in keiner Weise ausgeprägten Persönlichkeit beitragen, die einmal das und ein anderes Mal jenes behauptet; sie kann einen billigen Konformismus befördern, der alles abnickt; sie kann zu einer inneren Schizophrenie führen, bei der in einem Menschen Jekyll und Hyde wohnen. Die Reaktion auf diese Neigung der zeitgenössischen

Seele sind ein Fundamentalismus und ein Fanatismus, die sich verzweifelt bemühen, vor allem in der eigenen Seele diesen Spannungen vorzubeugen, und um jeden Preis ein einheitliches, widerspruchloses Bild der Welt aufrechtzuerhalten; jedoch ist der Preis dafür sehr hoch und die Bemühung, vieles nicht sehen zu wollen, nicht zur Kenntnis zu nehmen, wird nie ganz gelingen; die Spannungen bleiben und wachsen. Deshalb übertragen Fundamentalisten ihre nie bewältigte innere Unruhe nach außen, sie müssen immer gegen jemanden kämpfen – und am meisten hassen sie diejenigen, die sie uneingestanden beneiden, weil diese offensichtlich mit diesen Widersprüchen, im Gegensatz zu ihnen, zu leben lernten.

Aber auch der fanatische »Kampf gegen die Fanatiker«, den wir schon seit den Zeiten der Französischen Revolution kennen, zeugt davon, dass auch im entgegengesetzten Lager kein Friede herrscht; viele, die sich zur Pluralität, Multikulturalität und Toleranz bekennen, hören auf, tolerant zu sein, wenn sie auf jemanden stoßen, der überhaupt fähig ist, fest hinter etwas zu stehen (und sie beneiden ihn vielleicht heimlich darum).

Jenes Schleifen der gegenseitigen Bastionen und Durchdringen der Welt der Menschen, die sich für Gläubige halten, und der Welt derer, die sich Ungläubige nennen (oder genannt werden), ist sicher eine Chance: Menschen, die früher als geschlossene und scharf getrennte Reihen und Formationen wahrgenommen wurden und auch sich selbst so wahrgenommen haben, können sich heute besser verstehen und auf ihre Art und Weise an der Erfahrung des jeweils anderen partizipieren. Aber es besteht hier auch ein Risiko, das, was begreiflicherweise die Menschen, die »im Glauben stark« sind, reizt (einschließlich des Glaubens an die Dogmen des traditionellen Atheismus) – nämlich, dass Menschen ihre eigenen Überzeugungen nicht ernst genug nehmen und nicht tiefgründig genug auffassen, mit ihnen unverbindlich experimentieren und sie leichtfertig aufgeben, mit Ansichten kokettieren und jonglieren, die – biblisch gesagt – weder heiß noch kalt sind. Und Laue, fügt das Buch der Offenbarung des Heiligen Johannes hinzu, speit Gott mit Ekel aus seinem Mund aus. Wenn muslimische Selbstmordattentäter sich und andere mit den Worten des Glaubensbekenntnisses töten, erschrecken wir vor einer solchen Religion; es ist aber wohl auch nicht ganz in Ordnung, wenn jemand unter keinen Umständen bereit ist, für seine Überzeugung und für die Verteidigung seiner Werte etwas zu opfern. Warum sollte jemand unseren Glauben ernst nehmen, wenn nicht einmal wir selbst ihn ernst nehmen – und warum sollte dann jemand uns ernst nehmen? Es gibt jedoch sehr unterschiedliche Arten und Weisen, wie man sich selbst und seine Überzeugung ernst nehmen kann!

***

Vehement lehnt Václav Bělohradský (tschechischer Philosoph und Soziologe, Anm. des Lektorats) in seinem Essay über die postsäkulare Zeit etwas ab, was er als ein Bemühen »kleronationalistischer Strömungen« ansieht, Europa eine feste Identität zu verleihen. Er behauptet, dass derjenige ein Barbar sei, der nicht fähig ist, einen ironischen Abstand gegenüber der eigenen kulturellen Tradition einzunehmen – unsere Zivilisation basiere wohl auf der Fähigkeit, diesen Abstand einnehmen zu können.

In diesem Zusammenhang kommt mir ein Traum in den Sinn, den einst C. G. Jung aufzeichnete und analysierte: Er träumte, dass er mit seinem Vater in dem Verhandlungssaal der indischen Festung Fatehpur Sikri war. Er sah eine geheimnisvolle Tür, die zu der »höchsten Gegenwart« führt; beide knieten nieder und verbeugten sich. Der Vater Jungs berührte dabei mit der Stirn den Boden. Jung selbst ließ jedoch zwischen seiner Stirn und dem Boden einen geringen Abstand. Dieses Traumbild verfolgt mich selbst über die Jahre: Ist es nicht im Grunde genommen ein archetypisches Bild für die Beziehung von (uns) westlichen Intellektuellen zur Religion und zur Tradition überhaupt?

Was bedeutet jener Millimeter der Distanz? Ist er Ausdruck des Stolzes, jener Lauheit, der Angst, sich spontan hinzugeben, uns auszuliefern, Ausdruck der Scham, *wie Kinder zu sein* – ist das etwas, was uns nicht erlaubt, »ganz zu glauben«, und was uns letztendlich nicht erlauben wird, in das Königreich der Himmel einzutreten? Nehmen wir uns selbst zu ernst? Oder ist gerade jene »Zurückhaltung«, jene *Spalte des Zweifels*, dieses gewisse Maß an Skepsis gerade die moralische Pflicht von Intellektuellen, ihr Dienst an der Gemeinde *(polis)*, damit in ihr die Freiheit nicht vor der Barbarei zurückweiche? Ist also nicht *gerade jene Distanz das schmale Tor, durch das hindurch schließlich Gott bei uns eintreten wird?*

Wenn es um die Skepsis gegenüber dem »Heiligen« geht, nach dem in der heutigen Welt eine derartige Nachfrage besteht, müssen wir uns auch und gerade als Christen und christliche Theologen die kritische Frage stellen: Was hat dieses heutige »Heilige« mit Gott zu tun? Braucht nicht Gott gerade in unserer Zeit mit ihrer merkwürdig glühenden Religiosität, die sich besonders in die Politik ergießt, vor allem ein paar Nüchterne, »die ihre Knie nicht vor Baal beugen«?

***

Wenn wir von der Rolle der Intellektuellen sprechen, dann sollten wir stets – und heute vielleicht noch mehr als früher – auf einen bestimmten Messianismus aufpassen, der sich hinter den Schlagwörtern der Toleranz, des Multikulturalismus, der Abwehr gegenüber dem Fundamentalismus und der Barbarei verbirgt, auf eine gewisse nicht eingestandene Voraussetzung, dass derjenige, der den »Relativismus aller partikularen Wahrheiten« verkündet, damit schon von der Pflicht befreit sei, auch diese seine Wahrheit zu relativieren. Fragen wir uns, ob dieser Relativist für sich selbst und seinen Relativismus und Partikularismus nicht eine Ausnahme von der Regel, die er verkündet, einfordert, ob er seinem Partikularismus und dem Kampf gegen den Universalismus nicht eine universale Gültigkeit zuschreibt.

Die Soziologen Peter L. Berger und Anton Zijderveld widmen dieser Felsklippe des Relativismus eine Reflexion in ihrem beachtenswerten Buch, die ich hier anführen, ausführen und kommentieren möchte.[45]

Den »Meistern des Verdachts«, Nietzsche, Marx und Freud, verdanken wir, dass sie die letzten Reste eines naiven metaphysischen Realismus zerstört haben, der schon von Kant und anderen infrage gestellt wurde. Sie zeigten, dass der Mensch die Welt nicht einfach so wahrnimmt, wie sie ist, dass die Welt unserer Gedanken und Ansichten die Welt »nicht fotografiert«, sondern, dass unser Sehen, Denken und unsere Deutung der Welt (was im Grunde genommen eine einzige Handlung ist) von einer Reihe von Faktoren wesentlich beeinflusst werden, die in unsere innere Welt mehr als in die »äußere Welt« eingeschrieben sind: Dies sind unsere Machtinteressen, unsere gesellschaftliche Situiertheit in einem bestimmten geschichtlichen Moment, die Kultur und die sozio-ökonomischen Verhältnisse und Strukturen und die Welt unseres Unbewusstseins, unserer nicht eingestandenen Wünsche, Ängste und Komplexe.

Aus dem Labyrinth jener Ruinen, die nach dem Zerschlagen der früheren verlässlichen Welt übrig bleiben, muss uns jedoch jemand hinausführen, wir können nicht im Verkatert-Sein solcher durchschauten Irrtümer und Selbsttäuschungen verbleiben; und daher findet sich auch in der Schule der Meister des Verdachts immer jemand, der sich selbst nicht verdächtigt, den Irrtümern zu unterliegen.

Berger zeigt dies anschaulich an der Geschichte des Marxismus. Marx enthüllte den Einfluss von Klasseninteressen auf die

Verzerrung der menschlichen Wahrnehmung, er beschrieb die Entstehung eines »falschen Bewusstseins«; jedoch gestand er dem *Proletariat* die Ausnahme von diesem Gesetz zu: Der Proletarier sieht als Folge seiner Stellung die Welt richtig, und deshalb verdient er es, die messianische Rolle des Trägers einer revolutionären Veränderung der Welt einzunehmen. (Marx, selbst Angehöriger der Bourgeoisie, der sein ganzes Leben lang von dem erfolgreichen Kapitalisten Engels finanziert wurde, beansprucht so unreflektiert die Rolle eines »Proletariers honoris causa« beziehungsweise eines Mose, den die Geschichte damit beauftragt, das auserwählte Volk aus der Gefangenschaft hinauszuführen.) Das Proletariat enttäuschte aber die Hoffnungen von Marx; im Westen ist es sehr gut im Kapitalismus heimisch geworden; die kommunistische Revolution, die durch die intellektuellen Bourgeois Lenin und Trotzki geführt wurde, siegte in einem Land, in dem es fast kein Proletariat gab; vielleicht begann die einzige wirkliche Arbeiterrevolution des 20. Jahrhunderts in den Werften von Posen und ließ die Bewegung Solidarność entstehen, die auf eine nicht unbedeutende Art zum Fall des Kommunismus in der Welt beigetragen hat. Lenin ersetzte das Proletariat mit seinem ideologischen Nachfolger, der kommunistischen Partei – und statt des versprochenen Königreichs der Freiheit kam ein totalitärer Staat.

Die marxistische Theoretikerin und Politikerin Rosa Luxemburg fand statt des Proletariats eine andere »epistemologische Elite« (diejenigen, die die richtige Erkenntnis haben) – und zwar die ausgebeuteten Kolonien (die später als »Dritte Welt« bezeichnet wurden). Berger erwähnt, wie dieser Gedanke, obwohl er zu Zeiten Luxemburgs unterging, später wunderbar Wurzeln schlug. »Im Namen der Welt der Armen« begannen sowohl Romantiker als auch Verbrecher aufzutreten und energisch zu handeln, die alte koloniale Welt zerfiel, aber viele ihrer Teile wurden zu Kolonien des sowjetischen oder chinesischen Imperiums oder zum Schauplatz von Genoziden vom Typ der kommunistischen Regierung in Kambodscha. Auch in der *Befreiungstheologie*, der einflussreichen Strömung des modernen Christentums, setzte sich der Gedanke durch, dass die richtige Hermeneutik bei der Verkündigung des Evangeliums mit der »Option für die Armen« steht und fällt.

Eine andere Variante des Marxismus dachte sich in einem italienischen Gefängnis Antonio Gramsci (italienischer Schriftsteller, Politiker und Philosoph, Anm. des Lektorats) aus. Ihm zufolge besteht jene epistemologische Elite aus den *Intellektuellen*. Der »Überbau« (das kulturelle, geistige, moralische Leben der Gesellschaft) ist für Gramsci (wie bei Lenin) nicht nur die »Widerspiegelung der ökonomischen Basis«, sondern er hat seine eigene Dynamik – und der Träger dieser Dynamik sind die Intellektuellen. Die Intellektuellen – und besonders die Studenten – sind die *wirklichen Revolutionäre*; Berger sieht hier die ideelle Basis für die dramatischen Ereignisse der sechziger Jahre, vor allem der Studentenaktivitäten des Jahres 1968. Ja, diese Ereignisse erschütterten das westliche und östliche Europa, sie artikulierten sich in Amerika und in Japan.

Aus meinen eigenen Studentenjahren erinnere ich mich gut, wie der »Euromarxismus« die Generation unserer Universitätslehrer, lauter marxistische Intellektuelle, weckte, die – obwohl sie ursprünglich Marxisten im Rausch der Nachkriegsjahre waren oder dem Konformismus der Zeit des Stalinismus entstammten – plötzlich ein neues einflussreiches Zentrum bildeten, ein *neues Magisterium* neben den Parteiideologen und Bürokraten des Machtapparates und in Konfrontation zu ihm. Nach der Unterdrückung der Reformbemühungen durch die sowjetischen Panzer im Jahre 1968 und in der darauf folgenden Welle der neostalinistischen Repression ernüchterten viele aus dem Marxismus überhaupt; es stellt sich jedoch die Frage, ob in manchen Kreisen der Dissidenten nicht eine neue Version des ursprünglichen Gedankens von Marx auftauchte, dass nämlich nur der Unterdrückte (»Proletarier«) das Privilegium der Erkenntnis der Wahrheit besitze. (Eine spezifische Gestalt der Philosophie des Dissenses finden wir im Spätwerk Jan Patočkas: Patočka verbindet seine Hoffnung nicht mit dem »Intellektuellen«, sondern mit dem »geistlichen Menschen«; er glaubt an die »Solidarität der Erschütterten«, zu denen zum Beispiel die Väter jener Erfindungen gehören, die zur Herstellung von Nuklearwaffen führten, Oppenheimer und Sacharow, Menschen, in denen das Gewissen und das Verantwortungsbewusstsein erwachten.[46])

Und wir können es wagen, in den Analogien noch weiter zu gehen: Kam nach dem Zweiten Vatikanischen Konzil, das das spätneuzeitliche päpstliche Monopol auf die Wahrheit (dem die Entwicklung rund um das Erste Vatikanische Konzil in die Hände spielte) mit der Betonung der Kollegialität der Bischöfe als Träger des Magisteriums (des Lehramtes) ausgleichen wollte, nicht ein neuer (oder eher fast vergessener) Ausdruck des Selbstbewusstseins der Intellektuellen in der Kirche zum Vorschein – das *Magisterium der Theologen*[47]?

Kommen wir jedoch auf die Überlegungen Bergers und Zijdervelds zurück. Während für Marx das Proletariat im auserwählten Volk bestand, dem die Geschichte die Schlüssel zur Erkenntnis und auch zur Verwirklichung der Wahrheit anvertraut hatte, ist für Nietzsche der Träger der Hoffnung die mystische Figur des »Übermenschen«. Es wird für immer Gegenstand von Auseinandersetzungen bleiben, wen sich Nietzsche in dieser Pseudo-Christus-Rolle vorstellte, ob das ein völlig nonkonformer Denker, ein origineller Schöpfer sein sollte ... Der Nationalsozialismus vulgarisierte diese Idee bis zur Unkenntlichkeit, als er in die Rolle des Übermenschen das Ideal des »Menschen der reinen Rasse« einsetzte, wieder ein auserwähltes Volk, das zu seinen Absichten einen totalitären Staat mit einem expandierenden Imperium brauchte. Die Analogie mit dem Kommunismus (bis hin zur Ikonographie des »Arbeiters«) bietet sich hier an.

Auch die psychoanalytische Einsicht hinter die Kulissen des *Scheins* arbeitet mit der selbstverständlichen Prämisse, dass hier jemand ist, der den Illusionen nicht unterliegt, nämlich der Psychoanalytiker und der Kreis der Eingeweihten. Und wie ist das mit den postmodernen Zerstörern jedes Anspruchs auf die Wahrheit? Erfreuen sich (ähnlich wie bei den Psychoanalytikern) dort nicht die *Eingeweihten* der Rolle einer »epistemologischen Elite« – diejenigen, *die die Sprache dieser Philosophie erlernten*? Diese können dann im Namen des Multikulturalismus zu den einzelnen Kulturen als jemand herantreten, der diese doch besser versteht, als sich jene selbst verstehen; sie können deren Anspruch auf Wahrheit und Gültigkeit als Ausdruck von Naivität, von »Barbarei« oder Arroganz entlarven – weil sie selbst in der Position der »bereits Erleuchteten« sind, auf die sich diese Charakteristiken und diese Einschränkungen nicht beziehen ... (Aber ist es dann nicht nur eine neue Variante jener aufklärerischen Einbildung, die die postmodernen Philosophen so verachten?)

Die Behauptung, dass das philosophische Fragen einen »subversiven Charakter« habe, und die Bemühung, gegenüber dem Monopol der einen Version auch jene partikularen Wahrheiten der unterdrückten Versionen zu retten, ist sicher eine wertvolle Frucht der »postmodernen Ära«. Der Rationalismus der Neuzeit war der Erbe des religiösen Universalismus und nun geht es darum, die Einstimmigkeit durch die Mehrstimmigkeit zu ersetzen, den bisher nicht hoch genug gewürdigten oder abgelehnten Minderheiten und Alternativen das Wort zu erteilen. Die Konzertsäle der gegenwärtigen Theologie hallen wider von einer bisher schwer vorstellbaren Mehrstimmigkeit: Die feministische Theologie, die Black Theology, die Öko-Theologie etc. Kein Wunder, dass Klassik-Liebhaber ihr Abonnement zurückgeben. Aber auch diejenigen, die viel aushalten, sollten sich anstelle eines unkritischen Verzaubertseins aufgrund der Neuheit bei jeder »neuen Stimme« die nüchterne Frage stellen: Bringt die neue Strömung ein demütiges »kurzes Innehalten« (eine Erinnerung an etwas, was nicht in Vergessenheit geraten sollte und was eine bestimmte Einseitigkeit ausgleichen kann), oder geht es um eine Ideologie, die uns »endlich sagen wird, wie es in Wirklichkeit ist«? Diejenigen, die der Begriff der *Universalität* stört und die die »Pluriversität« zum Ort der Bildung machen wollten, sollten nicht die alte universitäre Kultur vergessen, in der neue Stimmen als *questiones disputatae*, als Fragen zur Diskussion, angenommen wurden, nicht als »neue Offenbarungen«. Der Grundsatz, dass bei der Suche nach der Wahrheit die Stimme der übergangenen Minderheiten nicht überhört werden sollte, sollte vielleicht nicht durch die Apriori-Voraussetzung ersetzt werden, dass jede Minderheit infolge eines erlittenen Unrechts automatisch den Anspruch hat, als eine »epistemologische Elite« aufzutreten; eine »positive Diskriminierung« (eine umgekehrte Diskriminierung, der Ersatz der einen Ungerechtigkeit durch eine andere) führt tatsächlich nicht zu Gerechtigkeit.

»Objektivität« war ein Götze des neuzeitlichen Szientismus, und für viele Postmodernisten ist sie im Gegensatz dazu fast ein »politisch unkorrektes« Wort. Ich stimme den Postmodernisten zu, dass die neuzeitliche Vorstellung, dass man die »objektive Wahrheit« (ausschließlich) mit Kräften der wissenschaftlichen Rationalität entdecken kann, ein naives Vorurteil darstellt, von dem uns der »Perspektivismus« befreien kann; ich denke jedoch nicht, dass deswegen die Forderung nach Objektivität unsinnig ist. Objektivität ist nicht die Errungenschaft der rationalen Erkenntnis, sondern eine *Tugend*.[48]

In dieser Tugend üben wir uns durch den Dialog; nicht jedoch durch Übungen in argumentativer Schlagfertigkeit oder in der Kunst des Kompromisses, sondern durch Übungen in der Tugend der *Anerkennung*. Die Wahrheit tritt durch die Tür hinein, in der wir uns gegenseitig den Vortritt lassen, nicht nur aus Höflichkeit, sondern aus wirklichem Respekt. Oder lässt sich jene Anerkennung und jener Respekt (die ein aufmerksamer Mensch zur Reziprozität dieser Haltungen verbindet) auch »Nächstenliebe« nennen?

***

Die Fähigkeit, einander widerstreitende Erlebnisstrukturen auszuhalten, kann große Veränderungen in der Welt der Religion bewirken. Ich habe bereits zwei Extreme erwähnt, den Fundamentalismus und einen radikalen Relativismus. Berger und Zijderveld führen in ihrem Buch noch eine Reihe von weiteren Beispielen an. Eines davon ist eine freiere Beziehung zur eigenen Tradition (etwas, was Bělohradský freuen würde); wir hören häufig: »Er ist zwar Katholik, aber ...« Ein anderes Beispiel ist ein schlichtes Ablegen der Vorurteile gegenüber einer anderen Religion, das die Beziehung zur eigenen Religion in keiner Weise abschwächt. Die Autoren führen als Beispiel eine Freundschaft von zwei zehnjährigen Mädchen an, einer Katholikin und einer Jüdin: Jede weiß, dass sowohl ihre eigenen Traditionen als auch die Traditionen der anderen sich für ausschließlich erklären, das steht jedoch ihrer Freundschaft nicht im Wege; vielleicht verändert das jüdische Mädchen ihr früher negatives Verhältnis zu Jesus, ohne dass sie Christin wird; und die Katholikin gesteht zu, dass sich auch außerhalb der Kirche, also auch im Judentum, die Wahrheit finden lässt, ohne dass sie aufhören würde, zur Messe zu gehen, den Rosenkranz zu beten und den Papst wertzuschätzen.[49]

Die Forschung zeige, so behaupten die beiden Autoren, dass, auch wenn die typische Erscheinung der Moderne die Herstellung einer eigenen »religiösen Collage« aus Elementen verschiedener Traditionen sei, doch die Mehrheit der Menschen in der Religion verbleibe, in der sie erzogen wurde, allerdings, dass sie diese in gewisser Weise an »ihre eigene Konfektionsgröße« anpasse. Es nimmt jedoch auch ein anderes Phänomen zu, das die Religionswissenschaftler als *multiple religiöse Identität* bezeichnen.

Ich werde im Folgenden gegenwärtig beliebte Forschungsgegenstände beiseite lassen, wie die heutzutage anzutreffenden Kombinationen von Christentum und Hinduismus oder von Judentum und Buddhismus. Es scheint mir, dass sich das Christentum – die Religion der Inkarnation, der Menschwerdung – eigentlich immer »synkretistisch«, »multipel« – in verschiedene Kulturen inkarniert hat, die nie areligiös waren. Schon seit den ältesten Zeiten und über das erste Jahrtausend hinweg war das Christentum kulturell bunt – wir finden hier das Judenchristentum und das hellenistische Christentum, das Christentum der alten Griechen, Ägypter, Kelten, Slawen, Germanen u. ä. Obwohl sich der christliche Glaube darum bemühte, die ursprüngliche (»heidnische«) Schicht der Kultur auszumerzen, in die er sich *inkarnierte*, blieb er von diesen Komponenten offensichtlich nie völlig unbeeinflusst.

Hans Maier (deutscher Politikwissenschaftler, Publizist und Politiker, Anm. des Lektorats) macht zu Recht auf die Wichtigkeit der Entscheidung von Augustinus aufmerksam, nicht an die antike *politische* Religion (theologia civilis) anzuknüpfen, das heißt an die populäre »Religion des Volkes«, sondern an die *physische* »natürliche Religion« (theologia naturalis), das bedeutet, an die »Religion der Philosophen«.[50] Trotzdem kamen im Christentum auch Elemente der heidnischen Volksfrömmigkeit stets häufig zu Wort. Mancherorts wurden sie »getauft«, das heißt angepasst und integriert, an anderen Orten haben sie sich in bestimmte Formen des Christentums dadurch eingeschrieben, dass diese Formen des Heidentums negativ besetzt wurden (und sich das Christentum im Kampf mit bestimmten Formen des Heidentums zum entgegengesetzten Extrem hinreißen ließ – so führte z. B. die Sakralisierung der Sexualität in manchen heidnischen Fruchtbarkeitskulten die Christen, und vor ihnen schon manche Strömungen im

Judentum, vor allem die Essener, zu einem übertriebenen Puritanismus, welcher Sexualität beinahe dämonisierte).

Bemerkenswert ist jedoch die Symbiose des traditionellen Christentums mit der *einzigen Kultur in der Geschichte der Menschheit, die säkular zu sein scheint*, nämlich mit der europäischen Moderne (die »Religiosität« nicht suchte, weil sie selbst aus den Wurzeln der christlichen Religion erwuchs).

Das Christentum, das wir heute leben, ist nicht »rein« (wie es nie rein war und wahrscheinlich dem Wesen der »Inkarnation« gemäß auch nie sein kann) – es ist tief mit der säkularen Kultur des Westens vermischt. *Paradoxerweise hindert das Christentum diese säkulare Kultur daran, dass sie vollständig zu einer Religion wird.* Die säkulare Kultur des Westens ist insofern säkular, nicht religiös, inwieweit sie christlich ist.

Wenn das christliche Element aus der europäischen Kultur verschwinden sollte, wird diese Kultur nicht atheistisch, sondern religiös, religiös in einem unchristlichen (und häufig in einem antichristlichen) Sinne. Dann wird sogar ihr Atheismus zur »Religion«, wie sich an dem bereits erwähnten Beispiel des Marxismus sehen lässt.

Wenn das Christentum von heute an die erwähnte Tradition des christlichen kritischen Atheismus anknüpfen will, muss es die säkulare Komponente der europäischen Kultur in ihrem Säkularismus erhalten, *die Tendenz des Säkularismus, zur Religion zu werden, kritisieren.* Damit schützt es den Raum für das Christentum in Europa und verteidigt den wirklichen Charakter der europäischen Kultur, deren Identität schon seit einigen Jahrhunderten in der Kompatibilität von »Laizismus« und Christentum besteht.

***

Die christliche und die säkulare Komponente der europäischen Kultur können offenbar nie ganz verschmelzen, es wird zwischen ihnen immer eine bestimmte Spannung geben. Ob diese Spannung fruchtbar sein oder zu einem für beide Seiten erschöpfenden Stellungskrieg wird, hängt von vielen Umständen ab. Die Moderne kann wahrscheinlich nie vollständig christianisiert werden (und wir sollten auch nicht unter der gefälligen Parole einer »Neu-Evangelisierung Europas« versuchen, diese Utopie zu realisieren). Charles Taylor zeigte, warum das Christentum die Mission der heutigen Moderne nicht so angehen kann, wie zum Beispiel Pater Ricci die Inkulturation des Christentums in die Kulturen Asiens angegangen ist. Das liegt daran, dass die Moderne eine Kultur ist, die schon schicksalhaft vom Christentum durchdrungen ist, auch wenn man sie nicht ohne Weiteres eine christliche nennen kann. Das, was an ihr »unchristlich« ist, ist gegenüber dem Christentum oft nicht neutral oder potenziell offen, sondern *programmatisch antichristlich*. Manche tief christlichen Werte haben sich jedoch in der modernen Kultur erst nach dem Fall der machtpolitischen Hegemonie »christlicher Institutionen« und oftmals im Kampf gegen sie durchgesetzt.[51]

Sollte es zu einer Trennung von Christentum und Säkularismus kommen oder sollte eine Komponente total siegen und die andere verdrängen, würde Europa, so fürchte ich, sowohl seine Verpflichtung gegenüber seiner Vergangenheit als auch gegenüber seiner Zukunft verlieren. Egal, ob die eine oder die andere Komponente siegen würde, ob sich die eine von der anderen selbstständig machen würde: Letztendlich würden beide verlieren.

Wie ein Christentum aussehen würde, das sich vom Erbe der Aufklärung wirklich emanzipieren wollte, vom heutigen Säkularismus, sehen wir am zeitgenössischen christlichen Fundamentalismus und Traditionalismus. Wie Säkularismus und Laizismus aussehen würden, wenn sie dem Christentum ganz den Rücken kehren wollten, können wir aus Kundgebungen solcher missgünstiger und totalisierender Ideologien erahnen, wie zum Beispiel der Bemühung, dem ganzen Westen ein Neusprech der

»politischen Korrektheit« aufzudrängen oder unter der Parole des »Multikulturalismus« eine geistliche Kastration oder eine Lobotomie der eigenen Kultur durchzuführen.

Ich vermute jedoch, dass sich die Christen bei der nachvollziehbaren und notwendigen Verteidigung gegenüber diesen Tendenzen nicht in erster Linie im Kampf um äußerliche, sichtbare Symbole des Christentums verstricken sollten, um Kreuze an den Wänden von öffentlichen Gebäuden oder um die »invocatio Dei«, den Gottesbezug in der Verfassung – auch wenn ich die Rolle von Symbolen keinesfalls unterschätzen möchte –, sondern sie sollten sich in jener unsichtbaren Sphäre des Herzens und des Geistes engagieren und das Denken und die Sprache des Glaubens kultivieren, denn von dort kann die Art und Weise der Anwesenheit des Christentums in Europa emporwachsen, die am notwendigsten ist: hörbar und verständlich zu sein, jedoch vor allem eine glaubwürdige und kompetente Stimme in der Diskussion über moralische Schlüsselfragen unserer Zivilisation zu sein.

***

Heute provozieren sich diese beiden beunruhigenden Strömungen, der christliche Fundamentalismus und der militante Säkularismus, gegenseitig und stärken sich dadurch: Einer legitimiert sich durch die Existenz des anderen, und damit halten sie sich nicht nur gegenseitig am Leben, sondern radikalisieren sich durch ununterbrochene Konflikte. Auch wenn beide die Notwendigkeit des Ausmerzens des anderen proklamieren, brauchen sie sich notwendigerweise gegenseitig: Extremisten sind nicht in der Lage, ohne einen Feind zu leben. Beide haben darin Recht, wenn sie den anderen als eine Gefahr bezeichnen; die größte Gefahr geht jedoch von dieser gegenseitigen Dämonisierung aus.

Dort, wo die Menschen beginnen, in den politischen Auseinandersetzungen und in den Meinungsstreitigkeiten eine religiöse Rhetorik zu benutzen, wo sie in ihren Gegnern Dämonen (den Großen Satan, das Reich des Bösen usw.) sehen und damit häufig ihre eigenen Dämonen, »Schatten«, uneingestandene negative Eigenschaften loslassen und auf die Gegner projizieren, droht die Gefahr, dass das Aufeinanderprallen der Meinungen in tatsächliche, verheerende Konflikte ausarten kann. Gerade die moderne Welt, die die Religion unterschätzt (einschließlich ihrer potenziellen zerstörerischen Kräfte), spielt allzu leichtsinnig mit religiöser Rhetorik und mit religiösen Symbolen, besonders, wenn sie sie »nur als Metapher« in politischen Auseinandersetzungen benutzt. Derjenige, der etwas von der Macht der Religion, der Sprache und der Symbolik weiß, sollte auch verstaubte und scheinbar unschuldige religiöse Begriffe mit Warnaufschriften versehen, wie wir sie auf den Masten von Stromleitungen finden: »Berühren Sie auch nicht die auf den Boden gefallenen Drähte!« Gerade dort, wo die Gewissheit herrscht, dass »Gott tot ist«, sind nämlich die verschiedensten Götzen und Dämonen sehr lebendig.

Ja, hier ist es notwendig, sich auf die Tradition zu besinnen, die den alten »christlichen Atheismus«, nämlich den Exorzismus begleitete, die Austreibung von Dämonen. Nein, ich habe weder Praktiken im Sinn, die in Horrorfilmen geschildert werden, noch diejenigen, die manche christlichen »Charismatiker« aus dem Mittelalter wiederbeleben wollen.

Richard Kearney erinnert an den Rat eines Psychoanalytikers, dass man, wenn man im Traum wiederholt von Gespenstern verfolgt wird, noch im Traum versuchen solle, dem Gespenst ins Gesicht zu schauen. Man wird dann überrascht sein, wie sehr einem das Gespenst ähnelt. Für das Leben in der heutigen Welt voller »Dämonen« (in der sich die Gegner in den politischen, nationalen, sozialen und religiösen Konflikten mit Etiketten wie »der Große Satan« traktieren und sich damit dehumanisieren und dämonisieren) empfiehlt Richard Kearney, dass wir unseren Gegner, jenen Dämonen, wirklich aufmerksam ins Gesicht schauen.

Wir werden überrascht sein, dass sie uns nicht unähnlich sind, sagt er.[52]

***

Noch eine Anmerkung im Kontext unseres Gedankenganges. Zu den »kleronationalistischen Versuchen« würde Bělohradský unbestreitbar auch den Brief einordnen, in welchem der ehemalige Präsident des italienischen Parlamentes, Marcello Pera, ein enger Mitarbeiter Silvio Berlusconis, ein Anhänger der konservativen christlichen Rechten und der Politik des ehemaligen US-amerikanischen Präsidenten George W. Bush, in Reaktion auf den Vorschlag in Subiaco den damaligen Papst zur Unterstützung des Gedankens aufforderte, dass ein »überkonfessionelles Christentum« zur *civil religion* (in Wirklichkeit eine vereinheitlichende politische Ideologie) des zeitgenössischen Westens werden solle. Ich bin Joseph Ratzinger dankbar, dass seine Antwort auf diesen Vorschlag Peras zwar höflich entgegenkommend, nichtsdestotrotz zum Glück auch zurückhaltend genug war. Marcello Pera sah offenbar in dem ursprünglichen Vorschlag Ratzingers eine Annäherung an »die, die nicht gegen uns sind«; und er sah darin die Chance, das politische Lager der konservativen Rechten zu verbreitern. Ich denke nicht, dass die Kirche von heute ähnliche politische »Heilige Allianzen« – weder nach rechts, noch nach links – abschließen sollte.[53] Vor allem sollte es aber ihr Bemühen sein, sich bewusst zu machen und überzeugend aufzuzeigen, dass für das Christentum in der heutigen Zivilisation noch eine weitere Option existiert, als zum Beton für den Bunkerbau der Unwandelbaren zu werden oder sich im Cocktail des Multikulturalismus willig auflösen zu lassen.

Der Ruf nach Regeln und nach Ordnung wird in Zeiten des »Durchdringens der Welten« immer häufiger erklingen. In diesem Zusammenhang fällt mir eine Szene aus dem Schauspiel »Die

Mutter« von Karel Čapek ein. Auf die Frage, was das denn sei, eine Ordnung herstellen, antwortet der faschistische Konservative Kornel: »Man stellt die Dinge wieder dahin, wo sie waren«, während sein Bruder Peter, ein radikaler Sozialist, behauptet: »Man stellt die Dinge dahin, wo sie sein sollten.« Die Mutter hat jedoch eine andere Auffassung von Ordnung – Ordnung bedeutet »die Dinge dahin zu stellen, wo es ihnen gut geht«.[54]

Geben wir uns aber nicht allzu stolz der Illusion hin, dass wir wüssten, wo die Dinge sein sollen; verschwenden wir nicht die Zeit mit vergeblichen Versuchen, sie dorthin zu stellen, wo sie waren, weil das nicht mehr geht (wir wissen es ja gar nicht mehr richtig). Der Kirche würde eine mütterliche Weisheit stehen: still, demütig und ausdauernd für die Dinge (und für die Menschen) einen Platz zu finden, wo es ihnen wirklich gut geht.

Gott auf dem Vorhof der Heiden

Der polnische Philosoph Józef Tischner[55] beginnt seinen Essay über den Glauben in Zeiten des Umbruchs mit einer Erzählung über einen Konflikt zwischen einem Pfarrer und einem Künstler, der für die neue Kirche des hl. Albert Chmielowský ein Altarbild schaffen sollte. Nach den Vorstellungen des Pfarrers soll Bruder Albert einen Brotlaib über den Köpfen der Armen halten und Brotscheiben in die ausgestreckten Hände der Armen verteilen. Demgegenüber wollte der Künstler den Heiligen so malen, dass er sich vor einem Armen verneigt, aus dem Christus zu ihm hervortritt. In den Augen des Künstlers – und es ist ersichtlich, dass ihn Tischner versteht und mit ihm sympathisiert – verrät die Darstellung des Heiligen, der sich *zu dem Armen* beugt, und nicht *vor dem Armen*, den Triumphalismus der Kirche. Tischner setzt dann mit einer Reflexion über das Verhältnis von Amt und Glauben fort; wir begeben uns jedoch in eine etwas andere Richtung.

Die beiden Auffassungen des Bildes – Albert verteilt das Brot an die Armen oder Albert *entdeckt Christus in dem Armen*, dem er dient, und zwar gerade *dadurch, dass er ihm dient* – repräsentieren tatsächlich zwei Weisen des Verständnisses von Kirche und Christentum. Im ersten Fall nimmt die Kirche sich selbst als *Besitzerin* Christi, der Wahrheit und des Glaubens wahr – und deshalb kann sie »von oben« herab von dem geben, was ihr schon »gehört«. Dies scheint zunächst einmal logisch zu sein: Du kannst nur von dem etwas verteilen, was du besitzt. Das ist jedoch die »Logik dieser Welt«. Die »Logik des Reiches Gottes«, wie wir im Evangelium lesen, ist jedoch eine andere, sie ist paradox. Es gilt hier nicht nur »denn jedem der hat, wird gegeben [...] Wer aber nicht hat, dem wird auch das, was er hat, genommen« (Mt 25,29), sondern auch »wer nicht auf alles verzichtet, was er hat, wird nicht in das Reich Gottes gelangen«.

Eine Alternative gegenüber der Auffassung der Kirche als einer *besitzenden Kirche* ist das Ideal einer Kirche als einer »communia viatorum«, einer Gemeinschaft von Pilgern. Es ist ein Christentum, das *erst auf dem Weg ist*, das Christus immer wieder entdecken muss. Vor allem dann, wenn die Jünger Jesu nach dem Gebot und dem Beispiel ihres Meisters den Bedürftigen dienen, begegnen sie gerade in ihnen Christus. Sie entdecken ihn gerade in jenem Armen, *nichts* Besitzenden. Christus kommt gerade in jenem »Nichts«. Nichts, die Armut, das Nichtbesitzen, das Nichtfesthalten – erinnern wir uns an Meister Eckhart – ist jenes Tor, durch das jene Fülle in die Welt kommt, der nichts in der Welt gleicht.

In der Erzählung des Evangeliums sind die Apostel nach der Auferstehung vom leeren Grab auf ihre Heimat zurückverwiesen worden, auf Galiläa. »Dort werdet ihr ihn sehen« (Mk 16, 7). Heute sind wir Christen bei der Suche des lebendigen Christus von jenen bisherigen Formen des Christentums, die häufig an leere Gräber erinnern, an die »Grüfte und Grabmäler Gottes«[56], auf die Welt der Bedürftigen zurückverwiesen. Dort werdet ihr ihn sehen, dort werdet ihr ihm begegnen. Das ist das Galiläa von heute, wo man das Geheimnis der Auferstehung und des neuen Lebens erleben kann.

***

Christus, die Wahrheit, der Glaube »*geschehen*« in jener Begegnung, in jenem Akt des Gebens, des Dienstes, des Heraustretens aus sich selbst – die Kirche ist in der Situation dessen, der *erst erhält, wenn er gibt*. In Christus ist das Geben und das Annehmen untrennbar verbunden; es gilt nicht nur: »du hast nichts, was du nicht bekommen hast«, sondern noch radikaler: »du hast nichts, als das, was du verschenkt hast«. Erinnern wir uns an die Aussage Christi vom Schatz im Himmel.

Wenn ich von der »besitzenden Kirche« spreche, vom Eigentum der Kirche, denke ich nicht an das, was in der Geschichte so oft Gegenstand von Kritik war, nämlich an die reiche und mächtige Kirche, die viele materielle Güter besaß und mit der Macht eng verbunden war; das ist heute zum Glück im größten Teil der Welt unwiederbringliche Vergangenheit. Es geht mir um den wesentlichen *geistlichen* Reichtum der Kirche: Die Kirche »hat« das Evangelium, die Sakramente, die Charismen, die apostolische Sukzession, die Lehre, die Erkenntnis – sie hat Christus, sie hat die Wahrheit ...

Ich beabsichtige nicht einmal im Geringsten, der Kirche, dem »mystischen Leib Christi« diesen Anspruch abzusprechen. Es ist jedoch notwendig zu fragen: *Welchen Charakter hat dieses »Besitzen«?* Und wie gehen wir Christen mit diesem geistlichen Reichtum um?

Manchmal fällt mir ein, dass wir uns nicht genug vom Gleichnis über die anvertrauten Talente belehren lassen (vgl. Mt 25,14–30). Demjenigen, der alles, was ihm anvertraut wurde, ängstlich vergrub, der es nicht ausgeben wollte, es nicht einmal für einen Augenblick aufgeben wollte, der nicht riskieren wollte, dass er es verliert, dem wurde schließlich diese sorgfältig bewachte Sicherheit mit Schmach weggenommen. Nur diejenigen, die die anvertrauten Werte ausgegeben haben, »investierten« und auch deren Verlust riskierten, handelten richtig.

Ähnelt die Kirche nicht oftmals dem reichen Jüngling, der zwar alle Gebote einhielt, jedoch nicht in der Lage war, den Reichtum aufzugeben, den er hatte, seine Sicherheiten? An vielen Stellen des Evangeliums behauptet Jesus, dass nur derjenige, der alles verschenkte, was er hat, frei für seine Nachfolge wird. Vielleicht betrifft dies nicht nur die materiellen Güter; auch unser geistlicher Reichtum kann ein Teil jener Sicherheiten sein, die wir aufgeben müssen, damit wir *für den weiteren Weg frei* sind, frei für den Glauben, für den Weg der Nachfolge.

Ja, wir Christen geben sicher seit Jahrhunderten vieles – indem wir lehren und predigen, karitative und soziale Arbeit leisten, erweisen wir Gutes –, aber tun wir das häufig nicht ein bisschen, wie der Bruder Albert in der Vorstellung des Pfarrers, *von oben*? Wir geben »aus unserem Überfluss«. In den Augen Jesu findet jedoch nur eine arme Witwe Gnade, die *aus ihrem Mangel gab*.

Wenn wir arm sein werden, werden wir tatsächlich geben können; erst wenn unser Glaube und seine Sicherheiten so klein und unscheinbar wie ein Senfkorn sein werden, dann werden wir die großen Taten Gottes vollbringen können.[57] Die Kraft Gottes erscheint erst in der menschlichen Schwäche; erst wenn wir den Mut haben werden, unsere Schwäche einzugestehen und anzunehmen, öffnen wir dadurch die Tür für die Wirkung der Macht Gottes. Dies gilt offenbar auch für die theologischen Sicherheiten: Erst wenn wir mit dem Apostel Paulus eingestehen können, dass unsere Erkenntnis der göttlichen Dinge nur partiell ist, wie in Rätseln und in einem Spiegel, wird die Antwort auf jene Rätsel näher kommen und der Spiegel wird aufhören, blind zu sein. Erst wenn wir uns mit allen Konsequenzen bewusst werden, dass wir auf dem Weg sind, und nicht bereits am Ziel, wird unser Weg aufhören, ein Herumirren im Teufelskreis einer ausweglosen Wiederholung zu sein. Wenn das Weizenkorn nicht stirbt, trägt es keine Frucht.

***

Papst Benedikt sagte auf seiner Reise in die Tschechische Republik im September 2009 beachtenswerte Worte: »Hier fällt mir das Wort ein, das Jesus aus dem Propheten Jesaja zitiert hat: dass der Tempel von Jerusalem ein Gebetshaus für alle Völker sein solle

(Jes 56,7; Mk 11,17). Er dachte dabei an den sogenannten Vorhof der Heiden, den er von äußeren Geschäftigkeiten räumte, damit der Freiraum da sei für die Völker, die hier zu dem einen Gott beten wollen, auch wenn sie dem Geheimnis nicht zugehören konnten, dem das Innere des Tempels diente. Gebetsraum für alle Völker – dabei war an Menschen gedacht, die Gott sozusagen nur von ferne kennen; die mit ihren Göttern, Riten und Mythen unzufrieden sind; die das Reine und Große ersehnen, auch wenn Gott für sie der »unbekannte Gott« bleibt (Apg 17,23). Sie sollten zum unbekannten Gott beten können und damit doch mit dem wirklichen Gott in Verbindung sein, wenn auch in vielerlei Dunkelheit. Ich denke, so eine Art »Vorhof der Heiden« müsste die Kirche auch heute auftun, wo Menschen sich irgendwie an Gott anhängen können, ohne ihn zu kennen und ehe sie den Zugang zum Geheimnis gefunden haben, dem das innere Leben der Kirche dient. Im Dialog mit den Religionen ist es heute erforderlich, vor allem den Dialog mit denen zu integrieren, für die Religion etwas Fremdes ist, für die Gott unbekannt ist, aber die trotzdem nicht einfach ohne Gott bleiben möchten, sondern sich ihm wenigstens wie einem Unbekannten nähern wollen.«

Diese Worte haben mich anfangs mit einer begeisterten Zustimmung und einem Gefühl von Genugtuung erfüllt. Welcher Priester würde sich nicht darüber freuen, wenn er aus dem Mund des römischen Pontifex etwas hört, was er schon als seine tiefste Überzeugung viele Jahre in seinem Herzen trägt? Schon lange sehe ich den Sinn meiner gesamten Arbeit in der Kirche gerade darin, einen Raum für diejenigen zu schaffen, die nicht heimisch geworden sind und die aller Voraussicht nach nie ganz in den Kirchenbänken und kirchlichen Definitionen heimisch werden, jedoch nichtsdestotrotz mit uns zumindest ein Stück des Weges gemeinsam gehen können. Ich wiederhole, »ob man es hören will oder nicht«, dass sich die Kirche, wenn sie nicht zu einer Sekte werden soll, nicht nur um jene kümmern sollte, die sich »vollständig mit ihr identifizieren«, sondern auch für diejenigen den Raum öffnen sollte, die nicht vollständig ihren Glauben teilen: für Suchende, für solche, die »ihren eigenen Gott« eifersüchtig behüten und die von der Kirche, von ihrer heutigen Praxis und Lehre, von der ganzen »organisierten Religion« Abstand halten. Weisen die oben zitierten Worte von Joseph Ratzinger denn nicht in dieselbe Richtung wie meine Überlegungen über die heutigen »Zachäusse« (diejenigen, die sich Christus mit Interesse anschauen, aber gleichzeitig mit Distanz, bevor sie nicht »mit Namen angesprochen werden«) oder meine Metapher über die Basilika des hl. Peters in Rom, zu der nicht nur das Innere des Heiligtums gehört, sondern auch der Petersplatz mit seiner Kolonnade, sodass auch diejenigen, die nicht feierlich durch das Tor schreiten können, eigentlich in die offene Vorhalle des Tempels geraten, eigentlich »drinnen« sind, ohne sich dessen vollständig bewusst zu werden?

Nach einer gewissen Zeit überfielen mich jedoch in der Beziehung zu jener Metapher Joseph Ratzingers gewisse Zweifel. Es geht nicht nur darum, dass sein Bild des »Vorhofes der Heiden« etwas romantisch über der Realität des einstmaligen Tempels von Jerusalem schwebt, wie wir sie aus zeitgenössischen Quellen oder archäologischen Ausgrabungen ablesen können. Gewiss, Joseph Ratzinger benutzte das Motiv des »Vorhofes der Heiden« als *eine Metapher* – und wir können ihm das Recht auf eine gewisse poetische Lizenz nicht abstreiten.

Der Gedanke, dass die Kirche einen gewissen Kontakt mit Menschen braucht, mit denen, die an »einen unbekannten Gott« glauben, oder nur mit denjenigen, die sich nur diffus nach »irgendetwas« sehnen, »das uns übersteigt«, ist für die Zukunft der Kirche und auf eine gewisse Art auch für die Zukunft unserer ganzen Zivilisation unheimlich wichtig. Darüber hinaus sagt Joseph Ratzinger indirekt, dass im Tempel der Kirche – im Unterschied zum Tempel von Jerusalem – jener »Vorhof der Heiden« vom inneren Raum nicht durch Säulen abgetrennt ist, die mit der Aufschrift versehen sind, dass allen, die weitergehen wollen, der Tod droht. Im Gegenteil: Mit seinem Gleichnis äußert der Papst sowohl den Respekt vor ihrer geistlichen Freiheit, als auch die Hoffnung, dass sie früher oder später weitergehen werden, jedoch erst, wenn sie selbst es wollen werden, »den Zugang zu dem Geheimnis zu finden, dem das innere Leben der Kirche dient«.

Mein ernsthafter Zweifel lautet jedoch: Versteckt sich hinter der Metapher vom »Vorhof der Heiden« nicht doch ein ähnlich triumphalistisches Begreifen von Kirche, das Tischner und jener polnische Maler hinter dem Entwurf des Pfarrers für das Bild von Bruder Albert, der »von oben« das Brot verteilt, erspürten? Verbirgt nicht der gut gemeinte Vergleich der Kirche mit dem Tempel von Jerusalem etwas sehr Gefährliches? Soll die Kirche tatsächlich jenem hochstrebenden Bau ähneln, in dem sich die heilige Handlung »innen« abspielt, in einem sorgfältig bewachten Großheiligtum, das räumlich strikt getrennt ist, das nur für Priester, danach nur für Männer des auserwählten Volkes, dann für die Frauen und am Ende den »Nichtbeschnittenen« zugänglich ist? War denn nicht gerade dieser Typ von Religion, der durch den Tempel verkörpert wurde, Gegenstand der ständigen Kritik der Propheten und vor allem von Jesus selbst? Sagte denn nicht Jesus, dass von jenem Tempel, der dem frommen Auge so wohl tut, kein Stein auf dem anderen bleiben wird (auch wenn er gerade für diese harten Worte mit der Verurteilung zum Tode vor dem Hohen Rat bezahlte) – und erfüllte sich nicht schon längst diese Prophezeiung Jesu? Verließ nicht die »Herrlichkeit Gottes« wiederholt den Tempel – und zeigten nicht gerade schon Jesus und Paulus sowie der Autor des Hebräerbriefes, dass wir Gott nicht mehr im Tempel suchen sollen, dass er definitiv aus dem Tempel ausgezogen ist – und zwar noch viel weiter als auf den Vorhof der Heiden? Betont denn nicht das Evangelium, dass beim Tod Jesu der »Vorhang des Tempels entzwei riss«?

Ist die Kirche heute in einer Situation, in der sie es sich erlauben könnte, den »Vorhof der Heiden zu öffnen« – oder in der sie sich eher selbst demütig auf die verschiedensten »Vorhöfe der Heiden« begeben sollte, um dort zu versuchen, die »Heiden« in ihrer Sprache anzusprechen, wie es beispielsweise Paulus auf dem Areopag tat?

Nicht nur der Tempel von Jerusalem liegt heute – entsprechend der Prophezeiung Jesu – in Trümmern, sondern auch das Tempelgebäude des Christentums, jene »christliche Zivilisation«, die von Gold erglänzte und gut befestigt war, sodass sie einst eine derartige Bewunderung weckte. Demgegenüber ist es auf den heutigen Vorhöfen der Heiden lebhaft wie in früheren Zeiten, die Stände der Verkäufer und Wechsler sind belagert, die »religiöse Ware« findet schnell und billig einen guten Absatz, die Nachfrage ist groß und das Angebot bunt.

Sind wir heute nicht in einer Situation, dass uns von jener erhabenen »Tempel«-Form der christlichen Religion höchstens die »Klagemauer« übrig blieb?

***

Das zweite, meines Erachtens riskante Element jener Metapher des Papstes ist der Vergleich der heutigen religiös Suchenden, der Verehrer des »unbekannten Gottes«, mit den frommen Heiden der Zeit Jesu. Wer sind diejenigen, für die die Kirche heute den »Vorhof der Heiden« öffnen sollte?

Sind diejenigen, die heute einen »unbekannten Gott verehren«, fromme *Heiden* wie in der Zeit, als noch der Tempel von Jerusalem stand und als Paulus in Athen predigte? Oder sind es eher ehemalige Christen und »Postchristen« (also Kinder und Nachgeborene der »christlichen Kultur«), die die heutige Kirche nur nicht davon überzeugen konnte, wovon (wenn auch vergebens) Paulus seine Zuhörer auf dem Areopag zu überzeugen bemüht war – dass der »unbekannte Gott«, den sie suchen oder bekennen, uns Christen gut bekannt ist, dass er sich uns im Kreuz und in der Auferstehung Jesu von Nazareth in seiner Fülle offenbart hat und dass sie ihm bis heute in der Kirche begegnen können?

Papst Benedikt vergleicht in seinem anderen Text die heutigen Suchenden ausdrücklich mit jenen »Gottesfürchtigen«, die einst das auserwählte Volk umgaben. Unter ihnen waren auch viele antike »Intellektuelle«, die mit dem philosophischen Prinzip des »heiligen Einen« sympathisierten, denen das religiöse Angebot der antiken Mythologien nur noch wenig oder überhaupt nichts mehr sagte. Das Judentum war ihnen mit seinem Glauben an einen Gott nahe, jedoch war es aufgrund seiner vielen Gebote, Verbote und Rituale gleichzeitig schwer, es vollständig anzunehmen. Viele von ihnen haben in den folgenden Jahrhunderten das Christentum als einen Weg zu jenem einen einzigen höchsten Gott angenommen, der von Jesus, und vor allem von Paulus »aus dem Tempel« hinausgeführt worden war, »auf den Vorhof der Heiden«, hinter die Grenzen des jüdischen Kultes, und die Beziehung zu ihm von dem befreit hatten, was diese Sucher als Äußerlichkeiten empfanden und was für sie ein Hindernis darstellte.

Hat jedoch das heutige Christentum solche Sympathisanten, wie sie das Judentum zur Zeit Jesu hatte? Wer sind sie, wie soll man sie nennen, wie soll man sie verstehen, wie soll man mit ihnen kommunizieren?

***

Joseph Ratzinger fordert uns auf, dass wir heute diejenigen suchen, deren Vernunft und Gewissen »sich nach irgendetwas Echtem und Großem sehnen«; diejenigen, die mit ihren Götzen, Riten und Mythen nicht zufrieden sind – jedoch fügen wir hinzu: auch nicht mit den Riten und Mythen, in die sich die christliche Religion im Verlauf der Jahrhunderte kleidete.

Wenn wir sie aber wirklich ansprechen wollen, dann sollten wir das offenbar nicht wie diejenigen tun, die für sie großzügig den »Vorhof der Heiden« öffnen (denn sie selbst besitzen das Heimatrecht im Inneren des Heiligtums), wie diejenigen, die sich zu ihnen wie der Bruder Albert in der Version des Pfarrers gnädig hinunterbeugen. Wenn wir den Suchenden wirklich und glaubwürdig begegnen wollen, dann muss es eine *gegenseitige Begegnung von Pilgern* sein – nicht eine Begegnung von Besitzenden mit Hungernden, von Wissenden mit Suchenden, von solchen, die bereits am Ziel angelangt sind, mit solchen, die bislang herumirren. Wenn wir die anderen für »getrennte Brüder« halten, verraten wir oft, dass wir uns unbewusst zu der Rolle jenes älteren, braven und tugendhaften Bruders stilisieren – also zu der Rolle, vor der uns das Gleichnis Jesu vom verlorenen Sohn (vgl. Lk 15,11–32) warnt.

Von vielen biblischen Symbolen und Metaphern hat die Kirche, als sie sich auf dem letzten Konzil selbst definierte, vor allem das alttestamentliche Bild des »Gottesvolkes auf dem Weg« hervorgehoben. Jedoch sind nicht nur die Christen heute eine »Gemeinschaft von Pilgern«. Die einschneidenden Veränderungen der heutigen Welt relativieren alle Grenzen und zwingen eine große Menge von Menschen verschiedener Erdteile und verschiedener Weltanschauungen, ihr Zuhause zu verlassen und die Grenzen ihrer Traditionen zu überschreiten. Die Notwendigkeit, miteinander auszukommen und Konflikten vorzubeugen, haben wir seit der Zeit der Aufklärung mit dem Wort Toleranz verbunden; *heute ließe sich vielleicht von einer »Solidarität der Pilger« sprechen.*

Ich vermute, dass diese Solidarität von uns Christen auch verlangen kann, dass wir *das Monopol auf die Erkenntnis Christi aufgeben* – in dem Sinne, dass wir jene Apriori-Sicherheit aufgeben, dass wir Christus bereits vollkommen erkannt haben, dass wir ihn besitzen und ihn daher den anderen anbieten können. Gott ist ein unergründliches, unerschöpfliches Geheimnis. Der Glaube der Kirche, dass Jesus Christus »Gott ist«, »von göttlichem Wesen ist«, »mit dem Vater eins ist« usw. führt mich ebenfalls zu der Überzeugung, dass ich Christus in keinem Augenblick meines Lebens so »zur Verfügung« habe, dass nichts mehr übrig bleiben würde, was ich an ihm noch entdecken könnte, dass er aufhören würde, für mich ein unerschöpfliches Geheimnis zu sein, das zu einer immer neuen Begegnung und einer unendlichen Entdeckung einlädt.

Vielleicht kann auch für uns der »Vorhof der Heiden« der Ort sein, an dem auch wir Christus tiefer entdecken und ihm begegnen können – und das gerade *in den anderen*. Und dieser Weg kann noch viel weiter führen als nur auf den abgegrenzten »Vorhof der Heiden« des Tempels. Vielleicht führt dieser Weg vom zerrissenen Vorhang des Tempels und aus der Finsternis des Karfreitags *nach Emmaus*, wo es uns wie Schuppen von den Augen fallen wird und wo erst dann, wenn wir mit den anderen das »Brot brechen«, die Situation eintritt, in der »Christus geschieht«, in der wir ihn erleben können, sowohl die einen als auch die anderen (vgl. Lk 24,13–35). Auf dem Weg nach Emmaus tritt Christus in der Gestalt eines »unbekannten Pilgers« auf.

Christus in den anderen zu entdecken – diese Aufforderung betrifft nicht nur die Armen, die auf unser Brot warten. Dem Matthäusevangelium zufolge enthüllt Christus beim Letzten Abendmahl sein Inkognito mit diesen Worten: »Denn ich war hungrig und ihr habt mir zu essen gegeben; ich war durstig und ihr habt mir zu trinken gereicht; ich war fremd und ihr habt mich aufgenommen; ich war nackt und ihr habt mich bekleidet; ich war krank und ihr habt mich besucht; ich war im Gefängnis und ihr seid zu mir gekommen.« (Mt 25,35–36) Was kann die Aufforderung bedeuten, diejenigen, die fremd und obdachlos sind, aufzunehmen?

Vielleicht bedeutet dies auch, dass der andere, sei es ein »Andersgläubiger«, ein »Heide«, oder ein »Atheist«, für mich nicht nur ein »Objekt meiner Mission« ist, dem ich Christus und den Glauben als etwas übergeben kann, was ich – im Unterschied zu ihm – bereits vollständig »besitze«. Vielleicht kommt auch in demjenigen, der auf anderen Wegen als ich schreitet, der für mich ein »fremder Pilger« ist, Christus zu mir.

Über viele Jahrhunderte hinweg gab es für Christen nur ein einziges sinnvolles und wirklich erstrebenswertes Gespräch mit einem »Heiden«: Ein Gespräch, das mit dessen Bekehrung endete, das ihn zur Schwelle der Kirche brachte und im Dialog kulminierte, mit dem die Aufnahme in das Katechumenat beginnt:

»Was verlangst du von der Kirche Gottes?«

»Die Erkenntnis Christi.«

»Und warum willst du Christus erkennen?«

»Um sein Jünger zu werden.«

Aber stellen wir uns für einen Moment einen Rollentausch vor. Jetzt fragen die anderen, die »Heiden«, die Christen: »Was verlangt ihr von uns?« Und es sind die *Christen*, die ihnen dieses Mal antworten:

»Die Erkenntnis Christi.«

»Und warum wollt ihr Christus erkennen?«

»Um seine Jünger zu *werden*.«

Ohne Zweifel ist die Kirche verpflichtet, zu predigen, zu taufen, Sakramente zu spenden, das zu verschenken, was sie bereits von Christus bekam. Gleichzeitig ist sie aber auch dazu verpflichtet, immer wieder Christus zu *suchen*, ihn in den anderen zu suchen, ihm wie einem fremden Pilger zu begegnen, unaufhörlich über seine unaussprechliche Größe und über den unerschöpflichen Reichtum zu staunen, der sich in so vielen *Inkognitos* verbirgt – wir müssen unaufhörlich seine Jünger *werden*.

***

Die Christen haben im Verlauf der Geschichte gelernt, von den menschlichen, allzu menschlichen Vorstellungen von Gott Abstand zu halten; ist es jetzt nicht an der Zeit, die tradierten Vorstellungen und Bilder, die sich Christen von den anderen, von den »anders Gläubigen« machen, in Zweifel zu ziehen?

Der Gott, von dem die Bibel spricht, übersteigt radikal unsere Vorstellungen und Urteile, und über alle Grenzen hinweg erweitert er den Raum des Möglichen: »Denn für Gott ist nichts unmöglich« (Lk 1,37). Das Jüngste Gericht, das Gericht Gottes, wie es Christus schildert, wird der Augenblick einer großen Überraschung sein. Erst dort wird uns Christus zeigen, in wie vielen Gestalten er uns in den anderen, in den Fremden, begegnet ist. Erlöst werden diejenigen, die ihm gegenüber entgegenkommend waren, auch wenn sie ihn nicht erkannten. Vielleicht ermöglicht erst dieses Entgegenkommen den »Fremden« gegenüber die tatsächliche Erkenntnis Christi.

»Warum willst du Christus erkennen?«, fragt der Bischof im Namen der Kirche die künftigen Katechumenen. »Weil wir seine Jünger werden wollen«, klingt die vorgeschriebene Antwort, vielleicht können wir diesen Dialog noch anders wenden. Wir werden seine Jünger, wenn wir in der Beziehung »zu den anderen« *zu Nächsten werden*, wie er uns das selbst lehrte. Wir werden seine Jünger, wenn wir versuchen, nach dem Vorbild des Paulus, der »den Juden ein Jude und den Griechen ein Grieche« (vgl. 1 Kor 9,20) wurde, »allen alles« zu sein. Wenn wir *auf diese Art* seine Jünger werden, erst dann werden wir ihn wirklich erkennen und erst dann werden wir ihn so annehmen, wie er ist.

Christus ist das Brot, das verschenkt wird: Wenn wir ihm begegnen wollen, müssen wir gleichzeitig Gebende und Nehmende sein. Wir nehmen, indem wir geben und geben, indem wir das Besitzen aufgeben und uns demütig unter die Bedürftigen, unter diejenigen einordnen, die für Geschenke offen sind und sie dankbar annehmen.

(Anmerkung: Die ursprüngliche Version dieses Kapitels wurde vom Autor für einen Vortrag auf der Tagung von Józef Tischner in Krakau im April 2010 genutzt.)

Mehr als die Wächter
auf den Morgen

Im letzten Kapitel waren wir bei der Interpretation der Aussage Joseph Ratzingers vielleicht ein wenig zu kleinlich. Die Metapher des »Vorhofs der Heiden« und der Vergleich der heutigen Suchenden mit den »Gottesfürchtigen« der Zeit Jesu sind sicherlich mit Schwierigkeiten behaftet, letztendlich geht es jedoch um Metaphern; der Hauptsinn der Aussage Joseph Ratzingers besteht unbestritten darin, die Gläubigen zu Respekt und Entgegenkommen gegenüber den Suchenden im gegenseitigen Dialog aufzufordern. In einer ähnlichen Aussage anlässlich seines Besuchs in der Tschechischen Republik (im Flugzeug auf der Hinreise) räumt Ratzinger ausdrücklich ein, dass auch die Gläubigen in diesem Dialog einiges lernen können, dass auch sie nicht vergessen dürfen, dass sie selbst Suchende sind und Suchende bleiben, dass ein lebendiger Glaube stets ein tieferes Begreifen sucht.

Meine Bemerkungen betrafen eher die Ethik und die Psychologie des Dialoges: Wenn ich mit den Suchenden in einen *partnerschaftlichen* Dialog treten will (und jeder andere Dialog wäre kein *wirklicher* Dialog), dann nur aus der Position und in der Rolle eines Suchenden – und diese meine Rolle darf nicht nur vorgetäuscht sein, sie darf nicht eine bloße Höflichkeit oder ein Trick zum Erlangen des Vertrauens des anderen sein.

Vergessen wir jedoch nicht, so wie es Gläubige gibt, die davon überzeugt sind, dass sie die Wahrheit selbst verlassen und verraten, wenn sie ihre Position als Besitzer der Wahrheit verlassen würden, gibt es auch Gläubige, die kein Interesse daran haben, mit Suchenden zu sprechen. Lieber suchen sie gerade diejenigen, die ihnen feste und unerschütterliche Sicherheiten bieten. Viele sind vom rastlosen Umherirren auf der Suche nach der Wahrheit müde geworden und wollen nicht zur Kenntnis nehmen, dass derjenige, der über sich sagte: »Ich bin die Wahrheit« umgehend auch hinzufügte: »Ich bin der Weg und das Leben«; nicht wenige bisher Suchende hat bereits das Leben auf dem Weg verdrossen und sie sehnen sich nach der Wahrheit wie nach einem Hafen endgültigen Ruhens.

Ja, ich bin mir bewusst, dass gerade »in Zeiten des Umbruchs« die Zahl derer wächst, die von der Religion das genaue Gegenteil dessen fordern, wie ich den christlichen Glauben erlebe und ihn mir vorstelle. Sie fordern eine feste Sicherheit und klare Antworten. Sie wollen etwas Ewiges und Unveränderliches, und ihre Sehnsucht nach einer verlässlichen Regungslosigkeit ist so groß, dass sie sich nicht bewusst werden, dass nur eine tote Religion diese Ansprüche vollkommen erfüllen könnte. Eine Religion, die in einem bestimmten geschichtlichen Augenblick den Zustand, in dem sie sich gerade befindet, für endgültig und vollkommen *ansieht*, gibt das auf, was das Christentum nie aufgeben darf: die eschatologischen Hoffnungen, die Offenheit für jene absolute Zukunft, in der Gott das Ziel der Geschichte selbst ist. Keine geschichtliche Gestalt einer Religion oder eine religiöse Erkenntnis innerhalb der Geschichte kann Gott in seiner alles übergreifenden, geheimnisvollen Fülle erfassen. Wenn sie es versuchen würde, würde sie aus Gott einen Götzen machen, aus dem Glauben eine bloße Ideologie und aus der Familie des Glaubens, dieser »Gemeinschaft von Pilgernden«, eine bloße, starre Institution.

»Wir wollen Gott«, hörte ich Massen von Jugendlichen im Stadion während einer gigantischen Wallfahrt singen. Gut, ihr sollt ihn haben, sagte ich mir im Stillen – aber *welchen Gott* hättet ihr denn gerne? Und von wem fordert ihr ihn? Ist etwa die Kirche, die diese Massenversammlung organisierte und im Voraus Texte mit diesem Lied austeilte, mit den Worten Karel Čapeks gesprochen, eine »Gottesfabrik«? Auf eine derart emotionale Art und Weise (jedoch letztendlich vergebens) riefen die Propheten des Baal im Kampf mit dem Herrn auf dem Berg Karmel ihren Gott herbei (vgl. 1 Kön 18,26–29). Gott ist aber nicht zu haben – und wenn ihr ihn mit einer gegenseitigen Erwärmung eurer Emotionen und mit Suggestion »heraufbeschwören« wollt, halte ich das für eine ziemlich gefährliche Gotteslästerei.

Einen klar definierten Gott als einfache Antwort auf komplizierte Fragen den Menschen zu bieten, die nicht gewillt sind, mit ihrem eigenen Kopf zu denken, und den Gott eines ekstatischen Massenerlebnisses wie ein Medikament gegen Gefühle von Beklemmung, Angst und Vereinsamung zu bieten sind eine große Versuchung; eine solche Religion ist auf dem heutigen Markt gefragt und verschiedene »Vorhöfe der Heiden« sind überfüllt mit dieser Ware. Ich bin aber davon überzeugt, dass Jesus die Stände solcher Wechsler umstoßen und diese Händler mit der Zurechtweisung vertreiben würde: Macht das Haus meines Vaters nicht zu einer Markthalle! (vgl. Joh 2,16; Mt 21,12f.)

Das, was Jesus gegenüber aufdringlichen Unternehmern und ähnlichen Geschäftemachern in Sachen Religion verteidigt, ist der Tempel als ein Ort des Gebets. »Mein Haus soll ein Haus des Gebetes genannt werden« (Mt 21,13). Auch das, wozu Joseph Ratzinger mit dem Gedanken, einen neuen »Vorhof der Heiden« zu errichten, aufruft, ist – wie er ausdrücklich sagt, ein *Raum des Gebetes für alle Völker*: »Sie sollten zum unbekannten Gott beten können und damit doch mit dem wirklichen Gott in Verbindung sein, wenn auch in vielerlei Dunkelheit.«

***

Hier müssen wir die Worte Joseph Ratzingers genau unter die Lupe nehmen: Sind denn »der unbekannte Gott« und »der wirkliche Gott« *zwei* verschiedene Götter?

Oder ist das geheimnisvolle Unbekanntsein nur eines der beiden Gesichter ein- und desselben Gottes? Ist jener Gott in gewisser Weise ein Janusgesicht, der »nach außen« (für Suchende, für die Heiden) ein in den Schleier des Geheimnisses verhülltes Gesicht zeigt (er ist für sie ein unbekannter Gott), während wir in sein gehülltes Gesicht schauen können (ihn so erkennen, wie er ist – er ist *unser* Gott, unser *wirklicher* Gott)? Paulus applizierte jene Metapher des Schleiers, die er aus der Geschichte von der Hülle auf dem Gesicht des Mose entlehnt hatte, auf das Verhältnis des Judentums und des Christentums, der Synagoge und der Kirche (vgl. 2 Kor 3,14–18); an einer anderen Stelle gesteht jedoch derselbe Paulus, dass kein Mensch während dieses Lebens und in der Welt Gott anders erkennen kann als in Rätseln verhüllt, er kann ihn noch nicht »von Angesicht zu Angesicht« (1 Kor 13,12) schauen, ihn so sehen, wie er wirklich ist.

Schon früher gelangte ich während des Meditierens über die Predigt von Paulus am Altar des »unbekannten Gottes« auf dem Areopag in Athen (vgl. Apg 17,22–33) zu der Erkenntnis, dass gerade *nur der unbekannte Gott der wirkliche Gott ist*; »bekannte Götter« sind nur Götzen.[58] Als Paulus versuchte, den Athenern jenen geheimnisvollen Namenlosen vorzustellen, der trotzdem den Versen ihrer eigenen Dichter *nahe steht*, haben sie ihm noch zugehört; sie verloren jedoch das Interesse, als er begann, ihn ihnen als denjenigen zu schildern, der den Christen durch die Ostererzählung von Jesus bekannt ist. Damals sind sie offensichtlich zu der Ansicht gekommen, dass sie das alles doch schon kennen und es ihnen nicht von irgendeinem Juden aus Jerusalem verkündet werden muss: ihre Mythologien sind voll von getöteten und wiederbelebten Göttern. Sie haben Paulus nicht die Chance gegeben, zu erklären, dass es sich bei der Auferstehung Jesu um etwas *vollkommen anderes* handelt.

Paulus versuchte, den Heiden dasselbe Modell vorzulegen, das die Christen (meistens mit ähnlichem Misserfolg) auf die jüdischen heiligen Schriften anwendeten (und was viel später die Muslime mit der Bibel machten und machen): Wir verstehen eure Schriften anders und besser als ihr selbst! Was ihr nicht kennt, obwohl es in Griffweite eurer Hände liegt, kennen wir und legen es euch gerne aus. Paulus kennt den Gott, den die Athener als einen unbekannten verehren, Christen wissen im Unterschied zu den Juden, wer der Messias der Juden ist und auf wen sich die geheimnisvollen Stellen in der hebräischen Bibel beziehen; die Muslime wissen im Unterschied zu den Christen und ihrer Evangelien, wie es tatsächlich mit der Kreuzigung Jesu war. (Eine Re-Interpretation älterer Traditionen ist in der Religionsgeschichte eine gewöhnliche Erscheinung; es stellt sich jedoch die Frage, inwieweit diese Vorgehensweise im Dialog oder in der Mission gegenüber den Anhängern jener Traditionen positive Früchte bringen kann.)

Sollen wir heutzutage an den heutigen »Altären eines unbekannten Gottes« dasselbe tun, primitiv gesagt, von diesen Göttern den Schleier des Geheimnisses abnehmen und sagen: »Seht, das ist doch *unser* Gott – der wirkliche Gott«? Beschütze uns Gott selbst vor so voreiligem Handeln.

***

Als der Vorgänger Benedikts XVI., Papst Johannes Paul II., zum ersten Mal in der Geschichte einen *gemeinsamen Vorhof des Gebetes* praktisch organisierte und dazu Vertreter der verschiedensten Religionen 1986 nach Assisi einlud, um gemeinsam für den Frieden in der Welt zu beten (ohne die Adressaten ihrer Gebete im Voraus einem strengen Sicherheitscheck zu unterziehen), machte das christliche Fundamentalisten aller Denominationen rasend wütend, und diese Wut reichte über seinen Tod hinaus.[59] Johannes Paul II. machte damit einen unheimlich wichtigen theologischen Standpunkt unumkehrbar: »Unser Gott«, wenn er ein wirklicher Gott ist, ist nicht »nur unser« lokaler Götze, auf den wir das

Monopol haben und dessen Kompetenz durch unsere Grenzen begrenzt ist; er ist der Gott des Himmels und der Erde, aller Menschen – und deshalb ist Er sein eigentlichstes Ziel und der Adressat eines jeden aufrichtigen Gebetes eines Menschen, welches Bekenntnis er auch immer haben mag. Gott ist nicht durch die Grenzen unserer religiösen Kulturen determiniert.

Wenn wir die Worte Jesu ernst nehmen: »den Vater kennt niemand, nur der Sohn und der, dem der Sohn es offenbaren will« (Mt 11,27), dann fügen wir hinzu, dass niemand, nicht einmal wir, die Grenze kennt, die der Sohn nicht überschreiten darf, wenn er die Tür zur Erkenntnis des Vaters zumindest einen Spaltbreit öffnen möchte für diejenigen, zu denen die Predigt der Kirche bisher nicht vordrang (oder sie nicht so glaubwürdig und verständlich angesprochen hat, dass dies sichtbare Früchte hervorgebracht hätte). Der Vorschlag Karl Rahners, alle aufrichtigen Wahrheitssucher für »anonyme Christen« zu halten, ermöglichte es der katholischen Kirche, den naiven und arroganten Exklusivismus des schlecht verstandenen Satzes: »Außerhalb der Kirche gibt es kein Heil«, zu überschreiten und mit dem Konzilsdokument *Nostra aetate* das Heil der »Ungläubigen« auf immer in der katholischen Hoffnungslehre zu verankern[60]; und diese »nachkonzilare Offenheit« und der Wille zum Dialog wurden durch Papst Johannes Paul II. (und später auch durch Papst Benedikt XVI.) gerade durch die Gebetsbegegnung in Assisi öffentlich und feierlich vor den Augen der ganzen Welt demonstriert. Heute ist die katholische »Religionstheologie« schon weiter, und sie versteht die Theorie Rahners als Zwischenstufe zur Lehre von der Anwesenheit des Geistes Gottes auch hinter den Grenzen des Christentums (einer Lehre, die ebenfalls in den Konzilsdokumenten verankert ist).

Es ist jedoch kein Wunder, dass der »Geist von Assisi« die Gegner des Konzils so rasend machte; diese machen durch ihr Bekenntnis zum alttestamentlichen Bild eines eifersüchtigen Gottes (und durch die Dämonisierung aller anderen religiösen Wege außer ihres eigenen) de facto einen Schritt zurück zu dem bereits früher erwähnten *Henotheismus* bestimmter Schichten der alttestamentlichen Frömmigkeit.[61] Im Alten Testament finden wir tatsächlich eine Reihe von Stellen, wo die Getreuen des Herrn zur Wahl zwischen den Göttern auffordern und wo der Glaube in der eindeutigen Entscheidung besteht, nur und nur dem Herrn zu vertrauen, »nicht auf beiden Seiten zu hinken«; wir finden dort Gebote, andere Kulte als Götzendienst, als Sünde und »Ehebruch«, als blasphemische Konkurrenz des wirklichen Glaubens leidenschaftlich abzulehnen.

Fragen wir, ob wir die damalige Situation auf die unsrige, gänzlich unterschiedliche einfach und unkritisch übertragen können, ob wir uns so verhalten können, als ob die Heilsgeschichte in den alttestamentlichen Zeiten stehen geblieben wäre, noch vor der Ankunft Christi und vor der Relativierung aller bisherigen Grenzen durch Paulus, einschließlich jener kulturell-religiösen Grenzen zwischen Juden und Heiden, jenen Grenzen, die bis zu dieser Zeit für die Gläubigen des Herrn unüberschreitbar erschienen.[62] Können wir vielleicht ohne Weiteres die kanaanäischen Fruchtbarkeitskulte, mit denen sich Israel und seine Propheten und Richter konfrontierten, mit allen geistlichen Wegen von heute außerhalb des Christentums identifizieren, also auch mit dem Judentum und mit dem Islam, mit denen wir den Glauben an denselben einzigen Gott Abrahams, Moses und Jesu teilen, oder mit den Spiritualitäten des Fernen Ostens? Sicher gibt es auch heute Götzen, die Menschen versklaven und die man als solche entlarven muss (aber dies sind eher Auswüchse der gegenwärtigen säkularen Gesellschaft, als dass wir sie mit alten geistlichen Kulturen vergleichen könnten); sicher gibt es auch heute auf dem »religiösen Markt« kleine Altäre, auf die ein Christ keinen Weihrauch streuen darf, wenn er nicht seinen Glauben verraten möchte (das sind insbesondere die »politischen Religionen«, die

Analogien zum römischen Staatskult, der religiös und politisch nonkonforme Christen als Atheisten verurteilte).

Nein, es geht nicht um eine billige Toleranz, um einen leichtsinnigen Ausverkauf der eigenen Identität und Tradition, es geht auch nicht um ein naiv gutmütiges (und dabei eigentlich arrogantes) Übersehen der Unterschiede, um eine Gleichschaltung, um ein Überführen des Fremden in das Eigene, des Anderen in das Gleiche (wovor Emmanuel Lévinas warnte), es geht nicht darum, sich frech anzumaßen, die Rolle Gottes einzunehmen und über allen Traditionen zu stehen (also eine andere Version jener Überzeugung zu vertreten, dass wir, und gerade nur wir wissen, wie das ist). Es geht eher darum, was wir im letzten Kapitel die »Solidarität der Pilgernden« nannten.

Als sich Johannes Paul II. auf dem Vorhof der Basilika in Assisi nicht nur neben Repräsentanten anderer christlicher Kirchen stellte, sondern dort auch Hand in Hand mit dem tibetischen Dalai Lama, mit Rabbinern, Imamen, Bekennern des Shintoismus, Konfuzianismus usw. stand, wollte er damit sicher nicht das Signal in die Welt senden, dass »alle Religionen gleich sind«, dass »alle nur mit anderen Worten über dasselbe sprechen«, dass »es nicht darauf ankommt, woran ein Mensch glaubt«; er wollte mit seiner Autorität nicht diese und ähnliche heute populären billigen Phrasen eines unverbindlichen Kaffeehausgeschwafels über die Religion unterschreiben.

Dieses Heraustreten (oder wenigstens der erste symbolische Schritt) aus dem Gestrüpp gegenseitiger Vorurteile zu einer wirklichen Begegnung, zu einer gegenseitigen Erkenntnis und zu einem ehrlichen Dialog, zeigt sich im Rückblick als wahrhaft prophetische Tat, als ein Schritt dahin, was nüchtern und verantwortlich denkenden Menschen gerade heute als noch viel notwendiger erscheint als in der Zeit der ersten Begegnung in Assisi Mitte der Achtzigerjahre. Heute sind wir wieder Zeugen des Missbrauchs von Religion und religiöser Unterschiede nicht nur zum Anfachen des Hasses gegen andere, sondern auch zur religiösen Legitimation von Gewalt. Wir sind jedoch auch Zeugen davon, dass die Taten der Terroristen, die den Islam missbrauchen, propagandistisch durch bestimmte christliche Kreise ausgenutzt werden, die sich davon eine Stärkung des Christentums (z. B. »des christlichen Charakters Europas«) versprechen, oder eher eine Stärkung ihres eigenen politischen Einflusses aufgrund der Angst vor dem Islam als solchem, durch die romantische Belebung einer Kreuzrittermentalität – also durch eine mentale Rückkehr in jene Zeit, in der weder die Christen noch die Muslime richtig wussten, woran die anderen glauben, jedoch davon überzeugt waren, dass sie Gott erfreuen würden, wenn sie der größtmöglichen Anzahl von ihnen die Kehle durchschneiden. Auf Fanatismus mit Fanatismus zu antworten und auf Schwarz-Weiß-Malerei mit Weiß-Schwarz-Malerei ist gefährlich und eines Christen unwürdig. Vergessen wir nicht die Worte Jesu, dass das Gebot »Du sollst nicht töten« nicht erst derjenige bricht, der Blut vergießt, sondern schon derjenige, der sein Herz von Hassgefühlen beherrschen und aus seinem Mund verletzende, missachtende Worte dringen lässt.

Es wäre ein schlechtes Zeugnis für das Christentum, wenn es ihm in den zwei Jahrtausenden seiner Existenz wenigstens in den Reihen seiner Anhänger nicht gelingen würde, das Bewusstsein zu erwecken, dass »Gott größer ist« als die Vorstellungen, die unseren Urahnen die Angst vor den anderen diktierte, die Angst vor dem Unbekannten.

***

Der Dialog zwischen den Religionen wurde – auch in Folge des 11. Septembers 2001 – eines der großen Schlagworte unserer Zeit. Dieser Dialog mit Religionen, die uns fern sind (auch wenn sich in der heutigen Welt alle Entfernungen verringern), sollte nicht dazu führen, dass wir den Dialog mit denen aus dem Blick verlieren, die uns in unserer westlichen Zivilisation oftmals am nächsten sind, denen wir täglich an den Arbeitsplätzen, ja sogar in der eigenen Familie begegnen: denen, die nicht glauben.

»Im Dialog mit den Religionen ist es heute erforderlich, vor allem den Dialog mit denen zu integrieren, für die Religion etwas Fremdes ist, für die Gott unbekannt ist, aber die trotzdem nicht einfach ohne Gott bleiben möchten, sondern sich ihm wenigstens wie einem Unbekannten nähern wollen«, sagte Papst Benedikt auf der Reise nach Prag, nachdem er den »großen intellektuellen Dialog mit den Agnostikern« als die erste und wichtigste Aufgabe der Kirche in Tschechien bezeichnet hatte.

Zur Ethik des Dialogs gehört es, auf das Monopol, auf die Wahrheit zu verzichten. Das Monopol auf die Wahrheit aufzugeben bedeutet aber nicht, die Wahrheit aufzugeben, sondern eher wahrheitsgetreuer zu werden; in Demut in die Tiefe der Wahrheit eintauchen zu können, zu erleben, dass sie tiefer ist, breiter, dynamischer als das, was wir bisher bei uns als die alleinige Wahrheit anerkannt haben. Zur Ethik des interreligiösen Dialoges gehört es, auf das *Monopol auf Gott* zu verzichten; das bedeutet aber nicht, auf Gott zu verzichten. Auf den Anspruch zu verzichten, das einzig wahre Begreifen Gottes zu besitzen, bedeutet, weniger *göttlich* und mehr *gotteszugehörig* zu werden: weniger sich wie Gott aufzuspielen und mehr sich ihm zu öffnen, sich ihm hinzugeben, ihm zuzuhören.

Das gilt gewiss für den Dialog zwischen den Religionen; aber inwieweit gilt das für den Dialog der Gläubigen »mit denen, für die Religion etwas Fremdes ist, für die Gott unbekannt ist«? Wenn ich aufmerksam zuhöre, wie ein Inder Gott versteht, der zu ihm auf Wegen schreitet, die durch Jahrtausende bestehende Wallfahrten von Asketen und Mystikern breitgetreten sind, kann ich von ihm über Gott bestimmt etwas erfahren – aber wodurch wird meine religiöse Erkenntnis bereichert von jemandem, für den Gott fremd ist? Kann hier überhaupt eine Symmetrie entstehen, die für einen ehrlichen Dialog unabdingbar ist?

Wiederholt habe ich – auch in diesem Buch – davon gesprochen, was meine tiefe Überzeugung und auch meine persönliche Erfahrung ist, was, wenn ich es so sagen darf, mein Evangelium ist, die gute Nachricht, die vorzutragen ich mich verpflichtet fühle: Auch *bestimmte Arten des Atheismus* stellen eine wertvolle *religiöse Erfahrung* dar. Die Erfahrung des Schweigens Gottes kann uns viel weiter in die Tiefe führen als eine geschwätzige Religiosität von »allzu wissenden« Gläubigen.

Papst Benedikt ermahnt uns nicht nur zu Gesprächen (zu einem Austausch von Worten und Ansichten) mit denen, für die Gott »ein unbekannter Gott« bleibt; durch unsere Begegnung sollte sich ihnen die Möglichkeit eröffnen, »zum unbekannten Gott beten zu können«, »irgendwie sich an Gott anhängen zu können, ohne ihn zu kennen und ehe sie den Zugang zum Geheimnis gefunden haben, dem das innere Leben der Kirche dient« – wenn auch »in vielerlei Dunkelheit«.

Hier wird ihnen noch etwas mehr geboten, als nur zu versuchen, zu *leben*, als ob es Gott gäbe (vorausgesetzt, dass damit ein bestimmter Lebensstil und eine bestimmte moralische Grundhaltung gemeint ist). Hier werden sie zu etwas aufgefordert, was – zumindest auf den ersten Blick – noch schwerer erscheinen kann, wenn gar nicht noch absurder: zu Gott zu *beten*, »als ob es ihn gäbe«. (Ich kann nicht anders, als mich hier an ein »Gebet eines Atheisten« zu erinnern: Ich bitte Dich Gott, dass Du bist.)

Wie können wir in dieser Angelegenheit unseren Freunden behilflich sein? Sicher nicht so, dass wir ihnen gleich bestimmte Anleitungen, Texte und *Techniken* des Gebetes und der Meditation anbieten würden. Auch hier erfordert es von uns die »Solidarität der Pilgernden« – vielleicht auch das Eingeständnis, dass auch für uns manchmal das Gebet ein »Rufen in die Stille«, in die (zumindest scheinbare) Leere ist, ein Warten, ein Verweilen nicht an einem sonnigen Platz der Sicherheiten im Glanz des Berges Tabor, sondern eher »in einer Wolke«. Heißt nicht eines der tiefgründigsten Bücher der christlichen Mystik und der meditativen Tradition »Wolke des Nichtwissens«? Und schrieb nicht eine der interessantesten religiösen Denkerinnen des zwanzigsten Jahrhunderts, Simone Weil – die ich persönlich für die heilige Patronin aller geistlich Suchenden und der im »Vorraum der Kirche« Sich-Aufhaltenden halte – ein Buch, das unter dem Titel *Warten auf Gott*[63] herausgegeben wurde?

»Meine Seele erwartet den Herrn, mehr als der Wächter das Morgenrot« (Ps 130,6), lesen wir in der wichtigsten Sammlung jüdischer Gebete, die vom Christentum übernommenen wurden, in den Psalmen. Kann jemand jenes Durchdringen *von heiliger Geduld und heiliger Ungeduld* und der Sehnsucht, die das christliche Glaubensleben und besonders das Gebetsleben charakterisiert, besser zum Ausdruck bringen?

***

»Ich halte es jedoch vor allem für wichtig, dass auch Menschen, die sich für Agnostiker oder Atheisten halten, uns als Gläubigen am Herzen liegen sollen. Wenn wir von einer Neuevangelisierung sprechen, löst dies vielleicht in diesen Menschen Angst aus. Sie lehnen es ab, sich als *Objekt der Mission* zu betrachten, und wollen auch nicht auf ihre Freiheit des Denkens und des Willens verzichten. Die Frage nach Gott betrifft jedoch auch sie, obwohl sie nicht an die Konkretheit seines Interesses an uns glauben können«, sagte Papst Benedikt und betonte: »Wir müssen dafür sorgen, dass der Mensch die Frage nach Gott als eine wesentliche Frage seiner Existenz nicht zur Seite stellt.«

Der evangelische Theologe Gerhard Ebeling schrieb: »Das, was das Wort ›Gott‹ meint, kann zunächst überhaupt nur als Frage aufgewiesen werden, nämlich als Hinweis auf die jeden Menschen als Menschen angehende radikale Fraglichkeit. Es geht um die jedermann zumutbare Erfahrung einer die Welt und mich selbst umgreifenden Fraglichkeit, auf die letztlich nicht mit diesem oder jenem zu antworten ist, sondern auf die nur mit der eigenen Person geantwortet werden kann, bzw. auf die man als Person die Antwort schuldig bleibt.«[64] Ebeling spricht weiter davon, dass jene radikale Ausgesetztheit gegenüber der Frage mit einer bestimmten schicksalhaften *Passivität* der menschlichen Existenz zusammenhängt: Der Mensch hat sich selbst nicht gegeben, er entscheidet weder über seine Geburt noch über seinen Tod und die Umstände und Zusammenhänge der Grenzen seines Lebens noch über vieles, was ihm zwischen ihnen begegnet; er wird jedoch *gefragt*, gefragt nach seinem Woher und Wohin. Wo bist du, Adam? »Das Wort ›Gott‹ ist diese radikale Frage nach dem ›Wo‹ des Menschen, die Frage, die ihn unbedingt angeht.«[65] Und Ebeling beendet diese seine Überlegung auf eine ähnliche Weise, wie wir die Überlegungen dieses Buches begonnen haben: »Gott begegnet uns als Anrede.«

Ich füge hinzu: Der richtige Platz (der Sitz im Leben) dieser Frage und Antwort, dieses Dialoges, ist der Dialog mit Gott – *das Gebet*. Und der »Lebensraum« des Gebets ist das Leben selbst. Das ist keine Serie von tiefsinnig klingenden Bonmots! Es geht mir darum, den »Verehrern des unbekannten Gottes« zu zeigen, dass mit dem Gebet nicht eine besondere Aktivität in einer frommen Ecke unseres Lebens gemeint sein muss, sondern dass das Leben selbst, das als Dialog erlebt wird, in dem sich Momente des Zuhörens, des Nachdenkens, des Wartens, der Stille und der Kontemplation mit der *Aktion*, das heißt mit der Antwort durchdringen, das Gebet ist. Das, was wir uns gewöhnlich unter dem Wort Gebet vorstellen, ist dann nur die *Artikulation*, nur eine der Äußerungen des Gebetslebens, genauso wie die körperliche Nähe zwischen Eheleuten oder Geliebten zwar eine wichtige, nicht jedoch die einzige und ausschließliche Form oder Artikulation

(Ausdruck) ihrer wechselseitigen Beziehungen ist. Das Gebet ist jedoch nicht nur eine »Schule des Zuhörens«, sondern auch des Antwortens, es ist auch und vor allem eine *Schule der Verantwortung*. Und ich beeile mich, unseren Freunden zu versichern, dass diese Schule nicht eine kirchliche Privatschule für Ausgewählte und Erprobte ist; Gott lässt ihr Tor für alle weit offen stehen.

Gott wohnt in der Freiheit

Wenn wir etwas argwöhnisch sein wollten, könnten wir den Vortrag des damaligen Kardinals Joseph Ratzinger, zu dieser Zeit ein »heißer Kandidat für den Stuhl Petri«, vom 1. April 2005 als eine Art programmatische »Vorwahlansprache« lesen – und seine an die Ungläubigen, Agnostiker und geistlich Suchenden adressierte Aufforderung, »so zu leben, als ob es Gott gäbe«, in Anspielung auf den von Barack Obama in seinem Wahlkampf gebrauchten Slogan ungefähr so auslegen: *You can!* – Du wirst es schaffen![66]

Aber so weit entfernt die Macht des amerikanischen Präsidenten vom moralischen Einfluss des Nachfolgers des Petrus ist, Washington vom Vatikan und amerikanische Präsidentschaftswahlen von einer Papstwahl, so sei eine solche Auslegung uns fern; so weit ist auch jenes aktivistische »Können, Schaffen« vom Leben des Glaubens entfernt, der – wie uns die Kirche lehrt – ein Geschenk der Gnade ist. Wenn jedoch die Gnade notwendig zum Glauben ist (wenn der Glaube letztendlich ein Geschenk, Gnade ist), wie ist das dann mit der Entscheidung, »so zu leben, als ob es Gott gäbe«? Liegt diese Entscheidung noch in der Ordnung unseres Wollens oder ist auch sie bereits ein Geschenk, ein Ausdruck der Gnade, von der die Theologie behauptet, dass sie »unsichtbar« ist?

Die Scholastiker unterschieden in ihrer Leidenschaft, oder in ihrer Besessenheit, zu klassifizieren (Qui bene dinstinguit, bene docet[67]), eine ungeschaffene Gnade (das göttliche Leben selbst) und eine geschaffene Gnade (die Gnade als Geschenk, das dem Menschen gewährt wird), diese wiederum in die heilig machende Gnade (*gratia habitans* – den Zustand der Gnade) und die helfende Gnade (*gratia adiuvans* – konkrete »Berührungen« der Gnade, die bestimmte Entscheidungen inspirieren, ein Wort oder eine Tat). Die *Ökonomie der Gnade* (und zwar besonders jener »habituellen Gnade«) ist ein Geheimnis, das Gott für sich behält. Wir wissen weder wem, warum, unter welchen Umständen und in welcher konkreten Gestalt oder in welchem Maß Gott diese Gnade gewährt; auch nicht, ob sich ein konkreter Mensch gerade im Zustand der Gnade befindet, niemand weiß das mit vollständiger Sicherheit, nicht einmal er selbst. Ein scholastisch ordentlich ausgebildeter Theologe würde wahrscheinlich nicht nur den Glauben selbst (den Akt, in dem man zu glauben beginnt), sondern auch die »gottgefällige« *Art und Weise der Lebensführung und der Ausrichtung des Lebens* und bereits auch die Entscheidung dafür selbst als ein Geschenk der Gnade bezeichnen. Weil aber die scholastische Theologie eine sorgfältig und unheimlich raffiniert ausgewogene Konstruktion ist (zu fast jeder Behauptung finden wir bei sorgfältiger Suche eine andere, die ihr scheinbar widerspricht, sie aber in Wirklichkeit ausbalanciert), sagt man auch hier über den Glauben, dass er *gleichzeitig* sowohl ein *Geschenk* ist (ein unverdientes Geschenk, Gnade) als auch eine *Tugend* (das heißt ein freier moralischer Akt des Menschen, denn ohne Freiheit gibt es keine Moral). Das, was Joseph Ratzinger vom Menschen fordert, der Schwierigkeiten mit der Anerkennung Gottes hat, setzt also streng theologisch genommen (ähnlich wie der Akt des Glaubens selbst) *die Gnade sowie die Freiheit* voraus, die Mitwirkung Gottes (obwohl anonym, vom Menschen nicht erkannt) sowie die freie Entscheidung des Menschen, der für sie seine eigenen persönlichen Gründe haben kann (zum Beispiel, dass er mit seinem Leben Kardinal Ratzinger eine Freude machen will).

Verlassen wir jedoch jene erhabenen, stillen (von der konkreten Empirie des Lebens unberührten und ungestörten) Sphären scholastischer Spekulation. Begeben wir uns lieber auf den unsicheren und schwer klassifizierbaren (da lebendigen, das heißt beweglichen, schwankenden und vieldeutigen) Boden des konkreten Lebens, der Geschichten eines lebendigen Glaubens, jenes verschlungenen Weges von »Versuch und Irrtum«, um hier eine Antwort auf die Frage zu suchen, was wir uns unter jener Berührung Gottes vorstellen können, die einen Menschen zu einem »gottgefälligen Leben« (wenn wir den Kant'schen Begriff entleihen dürfen) inspiriert. Wenn jenes *Überspringen des Funkens* eine gänzlich freie Initiative Gottes ist und demnach den Glauben seitens eines Menschen nicht im Voraus als eine gewisse *Überzeugung von Gott* (belief) voraussetzt – und im Gegensatz dazu der Glaube in dem vollen traditionell theologischen Sinne des Wortes »das zuvorkommende und helfende« Geschenk der Gnade voraussetzt –, wird für uns jedoch schon wieder jene Grenze zwischen den »Gläubigen« und den »Ungläubigen« komplizierter. Jedoch gerade dort, wo Komplikationen entstehen und geläufige Schulmeinungen versagen, beginnen die Sachen interessant zu werden.

***

Ist schließlich derjenige, der *lebt, als ob es Gott gäbe*, nicht einfach ein *Glaubender, ohne davon zu wissen* und ohne sich das einzugestehen – ist er nicht (schon) ein Glaubender *aufgrund seines Lebens*, aufgrund *seiner* »*Praxis*«, wenn auch (noch) nicht aufgrund seiner bewussten, rationalen, *theoretischen* Überzeugung?

So würden viele Gläubige sicher gerne ihre geschätzten »Ungläubigen« sehen und bewerten – und werden etwas überrascht und fast schon beleidigt sein, wenn ihre ungläubigen Nächsten eher aufgebracht sind, sobald man ihnen mitteilt, dass man sie unter diesem großzügig entgegenkommenden Blick betrachtet. Auch diese netten Ungläubigen, jene »gottesfürchtigen Heiden von heute«, müssen nämlich nicht notwendigerweise begeistert sein, wenn ihnen ein gläubiger Freund oder Partner mit der angeblich großzügigen Verleihung des Ehrentitels eines »anonymen Christen« de facto das Recht abstreitet, die eigene Position auf eine eigene Art zu definieren. Vielmehr können sie dieses Entgegenkommen eher als manipulierenden »zärtlichen Missionsimperialismus« wahrnehmen, der mit einer naiven und uneingestanden arroganten Selbstverständlichkeit beansprucht, den anderen besser zu verstehen, als er sich selbst versteht. Ein seelsorgerlicher Rat an die Missionare ihrer Nächsten: Passt darauf auf! Versuchen wir, uns nicht so sehr am eigenen Edelmut zu berauschen, versuchen wir lieber, die Situation auch »mit den Augen der anderen« zu betrachten!

Die Voraussetzung für den Glauben ist die Freiheit und die Biosphäre der Konversion ist eine *wirkliche* Liebe – nicht jene bombardierende Manipulation von Sektierern (»love bombing«); eine wirkliche Liebe erweisen wir eher *mit dem Respekt vor der Andersartigkeit des anderen* als mit einer überstürzten und nicht empfindsamen, wenn auch »gut gemeinten« *Überführung des Fremden in das Eigene.*

Ich selbst bin Konvertit; und als Mensch, der bereits viele Hunderte von Konvertiten auf ihren geistlichen Wegen begleitete, halte ich es für notwendig, die Geduld Gottes hervorzuheben; Gott gibt dem Menschen die Zeit zu reifen, er respektiert seine Zeit, seinen Rhythmus des Lebens und des Begreifens, seine Freiheit. Gott wohnt nicht im Eifer derer, die den Prozess der *metanoia* (»der Verwandlung des Herzens«) nervös beschleunigen wollen, die den Glauben mit emotionalen Rufen und Gesten verwechseln, die ihre möglichen Schäfchen in im Voraus vorbereitete Gehege treiben und dann nur noch am Eingang mit ihren Kässchen, Abzeichen und Propagandamaterial warten. Ich glaube, dass Christus diese Unternehmer in Sachen Religion, diese Wechsler, die den Glauben in eine Ideologie oder »Parteizugehörigkeit« umtauschen, noch erboster rügen und verjagen würde, als er die

Händler aus dem Tempel vertrieb und ihre Tische umstürzte; ich gestehe ein, dass ich meine Lust oftmals stark zügeln muss, es ihm gleichzutun.

***

Gott ist originell und schöpferisch nicht nur bei der Erschaffung und bei der Schöpfung der »Welt«, sondern auch im Erwecken des Glaubens in jedem einzelnen menschlichen Herz und Geist. Deshalb sollte man sich vor jeder Vereinfachung und jedem Denken in Schablonen hüten! Die tausendjährige Geschichte der Konversionen kennt Augenblicke einer blitzartigen Erleuchtung (erinnern wir uns an die Verwandlung des Saulus in Paulus auf dem Weg nach Damaskus oder an die Erinnerungen Claudels oder André Frossards, »ich habe als Ungläubiger *zufällig* die Kirche betreten und bin nach einer Weile als Gläubiger hinausgegangen«). Sie kennt aber auch Konversionen als einen jahrelangen Prozess mit vielen Pausen und Rückschlägen. Die Geschichte kennt die Umkehr in der Stille des Gartens (wie die Umkehr von Augustinus, bei der es reichte, dass ein anonymes Kinderverschen »Tolle, lege« in die Stille und Einsamkeit erklang), sie kennt jedoch auch eine Unzahl von Beispielen, wo der Unschlüssige tatsächlich von außen durch andere zu diesem Schritt aufgefordert werden musste (»Monsieur Marcel, warum sind Sie nicht schon längst einer von uns?«, schrieb François Mauriac an Gabriel Marcel nach dem Lesen eines seiner Texte und »brachte« so endlich seine Entscheidung für die Taufe »in Schwung«. »Knien Sie nieder, beichten Sie und Sie werden zu glauben beginnen«, forderte ein energischer Priester den jungen Offizier Charles de Foucald auf, der zu ihm kam, um mit ihm nur ganz unverbindlich über Religion zu sprechen – und brachte damit den Verwandlungsprozess eines Lebemanns in einen Einsiedler und einen Heiligen, in einen Ordensgründer in Gang).

Es stellt sich jedoch die Frage, ob auch scheinbar schockierende Augenblicke einer schlagartigen Bekehrung nicht schon lange durch einen Reifungsprozess irgendwo in der Tiefe des menschlichen Unterbewusstseins vorbereitet wurden. (Hat sich zum Beispiel Saulus nicht schon vor jener denkwürdigen Reise nach Damaskus, bei der er dort Jagd auf die Christen machen wollte, in der Tiefe seines Herzens und Gewissens damit beschäftigt, wer diesen jüdischen Häretikern die Kraft für ein derartiges Bekenntnis gibt, seitdem er Zeuge des Märtyrertodes des Diakons Stephanus geworden war? Oder sollten wir dem hellen Augenblick von Augustinus in jenem Garten eine derart ausschlaggebende Stellung im Rahmen einer jahrelangen, intensiven intellektuellen Suche, des Studiums und des Nachdenkens, sowie des Einflusses von Bischof Ambrosius von Mailand und seines Kreises u. ä. zugestehen?)

Ja, es sind Konversionen bekannt, in deren Folge der Mensch den Stil seines Denkens, Lebens und Verhaltens vollständig verändert, bei denen der Augenblick des Glaubens, der in der Regel aus einer großen Lebenskrise geboren wird, eine wirklich dramatische Wende bedeutet; der Mensch erinnert sich mit Abscheu und Scham daran zurück, wie er früher gelebt und gedacht hat, er wird *zu einem neuen Menschen* und kann fast nicht begreifen, dass er so verzweifelt anders sein konnte, dass »er seine Blindheit nicht sah« und sich damit zufrieden gab, was er heute verachtet, oder sogar Gefallen daran fand.

Um seine Umkehr zum Ausdruck zu bringen (obwohl er sowieso ahnt, dass es sich um eine Erfahrung handelt, die demjenigen verschlossen bleiben muss, der etwas Ähnliches nicht durchgemacht hat), greift er zu Metaphern wie Erwachen, Erleuchtung, Durchschauen, Genesung, Rettung, Auferstehung. Viele dieser Metaphern wandern über die Grenzen von Kulturen und Religionen, und ein Gründungsmythos der Philosophie ist ihm nicht unähnlich, nämlich das Höhlengleichnis Platons. Vielleicht konnten sich auch deshalb der »bios philosophikos« und die radikale religiöse Existenz (das Mönchtum) in der Geschichte gegenseitig inspirieren, ja sich sogar in einem einzigen Lebensstil bestimmter Personen verbinden; vielleicht konnte auch deshalb Nietzsche das Christentum spöttisch als »Platonismus für das Volk« bezeichnen.

Hierher gehört bestimmt – wenn wir uns an die Dichotomie der religiösen Erfahrungen im Werk des Klassikers der Religionspsychologie, William James[68], erinnern – die Konversion jener »sick souls«, jener schwermütigen, melancholischen Seelen (die James deutlich mehr schätzte als die optimistischen »healthy minds«, denn offenbar gehörte er selbst zu den Melancholikern), bei denen die Konversion, die jene Nacht der Trauer und des Schmerzes durchbricht, wie eine »zweite Geburt« erlebt wird.

Es gibt jedoch nicht wenige Menschen (und ich selbst begegne ihnen wiederholt in den Kursen zur Taufvorbereitung), die bei der Begegnung mit dem Christentum (am häufigsten in der Form einer Begegnung mit imponierenden Gläubigen, aber manchmal auch durch das Studium von christlichen Autoren im Rahmen ihrer Ausbildung) mit einer gewissen Überraschung zu der Feststellung gelangten, dass hier das gelebt wird, was sie selbst schon eigentlich längst leben, dass hier das benannt wird, was sie schon lange fühlten. Ihre Konversion erinnert dann eher an die Freude, die ein Mensch bei einem Vortrag oder beim Lesen eines philosophischen oder künstlerischen Werkes erlebt, die Freude darüber, dass der Autor nur genau das ausgedrückt hat, was ich selbst schon gefühlt hatte und »irgendwie immer schon wusste«, aber *nicht in der Lage war, es zu benennen*, zum Ausdruck zu bringen oder in einen größeren Zusammenhang zu stellen. Die Konversion ist in diesem Fall einfach ein Bestandteil des Lernens und der Bildung im starken Sinne des Wortes.

Für das Thema, das wir in den Überlegungen dieses Buches verfolgen, ist jedoch dieses Mal gerade dieser (weniger dramatische) Typ der Konversion relevanter und interessanter. Können wir diesem Augenblick des »Überspringens des Funkens« irgendwie entgegenkommen? (Platter gesagt: Ist es notwendig, ist es wünschenswert, ist es überhaupt möglich, für dieses Feuer das Holz in unserem Kamin im Voraus vorzubereiten?)

Und kann dieses »Feuer im Kamin« zum Beispiel die Entscheidung sein, »das gottgefällige Leben zu leben« noch bevor der Funke des Glaubens herausgeschlagen wird? Kann man den »Glauben« irgendwie *im Voraus einüben*, kann man jener gläubigen Zustimmung zu den »Wahrheiten des Glaubens« zuvorkommen, oder sie sogar mit dieser Lebensart vertreten? Kann man den Glauben durch die Annahme der Idee Gottes als einer Hypothese *ausprobieren* (wie ein Experiment)? Kann im Glauben die »Praxis« (das moralische Handeln) der »Theorie« (der Einsicht, dem Begreifen, der rationalen Zustimmung) vorausgehen? Kann diese Lebenspraxis jene »Zustimmung der Vernunft« und das »Bekenntnis mit den Lippen« eventuell (zumindest als eine vorübergehende »Krisenlösung«) vertreten oder ersetzen? Wenn wir im Neuen Testament lesen »Denn wenn du mit deinem Mund Jesus als den Herrn bekennst und in deinem Herzen glaubst« (Röm 10,9f) – können wir eventuell nur bei dem Ersten bleiben und das Zweite (wenn auch nur vorübergehend) »in Klammern setzen«?

***

Schon sehe ich Freund Luther und seine Anhänger, wie sie ihre Stirn runzeln. Keine »Werkerei«! »Sola fide«, »sola gratia«, nur der Glaube selbst und die bloße Gnade führen dich zu Gott, dieser Weg ist unvertretbar und unvermeidlich, alle Versuche, ihn zu umgehen, zu ersetzen, zu vertreten führen direkt in die Hölle! Meiden wir die Irrlehre des Pelagianismus, die schon vom heiligen Augustinus verurteilt wurde, bemühen wir uns nicht, die Revolution des Paulus umzustürzen, seine Befreiung vom Gesetz, vom Judentum, bemühen wir uns nicht, das Christentum zu »rejudaisieren«, zur pharisäischen »Werk-Gerechtigkeit« zurückzukehren, hüten wir uns davor »das Kreuz Christi auszuleeren«, das heilbringende Opfer Christi zu verachten, das ich mir nur und nur durch den Glauben aneignen kann, bemühen wir uns nicht, den Glauben durch die Moral, die Gnade durch die Gebote, die Tat Gottes durch die eigene Aktivität zu ersetzen!⁶⁹

Eine Stelle in der Schrift, die wir gegen den Standpunkt Luthers zur Verteidigung eines *impliziten Glaubens* nennen könnten, nämlich »der Glaube ohne Werke ist tot« und »ich zeige dir meinen Glauben aufgrund der Werke«, finden wir im Brief des Apostels Jakobus (vgl. Jak 2,14–26); aber gerade deshalb nennt Luther diesen »unpassenden Text« spöttisch eine *Stroh-Epistel*.

Was aber Luther in seine theologische Konstruktion nicht passt, muss deshalb noch nicht den Hunden hingeworfen werden. Ich begreife, dass jenes dreifache »sola« zur Zeit Luthers den Pathos des Glaubens von der Verwässerung der spätmittelalterlichen Theologie sowie der kirchlichen Praxis befreien sollte. Unser Kontext ist jedoch ein anderer. Gegen das lutherische »nur« (sola), können wir das katholische »nicht nur, sondern auch« setzen.

Wenn wir der prophetischen Tradition und der jesuanischen und besonders der paulinischen Revolution gegen eine *legalistische Religion* (eine Einkerkerung des Glaubenslebens in ein System von Geboten und Verboten, Belohnungen und Strafen) treu bleiben – und lassen wir jetzt die Frage beiseite, inwieweit das Judentum zur Zeit Jesu oder auch nur die Lehre und die Praxis der Pharisäer tatsächlich von diesem Legalismus (einem juristischen Verständnis von Religion) durchdrungen waren –, dürfen wir wirklich nicht die Frömmigkeit mit einer rituellen Praxis und auch nicht mit einer Anhäufung persönlicher Verdienste verwechseln. So ist auch ein Christentum, das aufgrund einer übertriebenen Betonung des »moralischen Lebens« den Primat der

Gnade vergisst, kein Christentum, sondern höchstens eine vom Christentum inspirierte Ethik.

Im Unterschied zu vielen Kommentaren der Aussage Ratzingers (zum Beispiel in der erwähnten Interpretation aus der Feder Marcello Peras) denke ich nicht, dass Joseph Ratzinger von »unseren ungläubigen Freunden« nur und vor allem eines will, nämlich dass sie sich auf den Weg eines »anständigen Lebens« begeben und dass sie sich von einer vom Christentum inspirierten Ethik leiten lassen. Es gibt Gott sei Dank in unserer Welt immer genug anständige, aufrichtig lebende Menschen, welche die »Hypothese Gottes« dazu nicht notwendigerweise brauchen, das weiß Joseph Ratzinger mindestens genauso gut wie die meisten von uns.

Zu leben, als ob es Gott gäbe, schließt sicher die ethische Dimension mit ein – und damit begegnet dieses Leben dem Leben vieler moralischer Menschen, die »diese Hypothese nicht brauchen« – aber darin erschöpft es sich nicht. Den Vorschlag Ratzingers, wenn ich ihn richtig verstehe, lässt sich nicht auf den guten, aber etwas trivialen Rat reduzieren: Ihr Menschen, ob ihr Gläubige seid oder nicht, haltet euch an den Dekalog!

Da müsste dann tatsächlich ein neuer Luther aufstehen, sein Gewand zerreißen und empört ausrufen: Gerade haben wir abermals vom Stuhle Petri eine Gotteslästerung gehört! Hier steht ein Papst, der das Kreuz Christi entleert, der den Weg der Erlösung zu einem billigen Preis anbietet, indem er behauptet, dass *eine Hypothese den Glauben ersetzen kann* und ihre Einbindung in das Leben bereits einen *gewissen Lebensstil* darstellt – also eine Zusammenstellung menschlicher Werke, menschlicher Bemühungen (»sich zu leben bemühen und sein Leben auszurichten«)! Ich protestiere; gegen ein solches Angebot stehe ich auf mit allem Ernst – und kann nicht anders!

***

Versuchen wir jedoch, den »Luther in uns« zu beruhigen: So hat Joseph Ratzinger seine Worte bestimmt nicht gemeint, und niemand zwingt uns dazu, sie so zu begreifen und auszulegen.

Wenn wir den Nachdruck Luthers auf den *bloßen Glauben* ohne Werke ins Extremum führen würden, würden wir den Glauben entweder als irgendwas ganz Unmenschliches, »vom Himmel Gefallenes«, oder als eine bloße Überzeugung (belief) begreifen, oder umgekehrt als irgendein Gefühl der Hingabe (und so würden wir in einen gehaltlosen Fideismus verfallen) – damit würden wir jedoch deutlich den Boden des Neuen Testaments verlassen (und sicher auch den Boden der Theologie Luthers, die sich nicht auf ein paar aus dem Kontext herausgerissene provokative Ausrufe reduzieren lässt). Ein Glaube ohne Werke (und mit dem Ausdruck *Werke* ist hier nicht eine ängstliche Erfüllung ritueller und anderer Vorschriften gemeint, sondern die Praxis der Nächstenliebe) wäre eine Heuchelei, die Jesus noch mehr als die »Selbstgerechtigkeit« der Gesetzeslehrer geißeln würde. Für diesen Standpunkt können wir eine Unzahl biblischer Aussagen nennen, nicht nur den Satz aus dem Brief des Jakobus, dass man den Glauben an seinen Werken erkennen (beweisen) kann. So, wie der göttliche Logos ins Fleisch kam, muss sich auch der Glaube in der Praxis einer wirksamen Liebe inkarnieren, sonst ist er eine sentimental-idealistische Karikatur des Glaubens oder eine bloße Ideologie.

Eine unheimlich wichtige Antwort ist hier die jesuanische Schilderung des Jüngsten Gerichtes (Mt 25). Es ist nicht nur eine weitere Bekräftigung dessen, dass der Glaube nicht nur im Bekenntnis durch Worte (»Herr, Herr!« – vgl. Mt 7,21–23) bestehen kann, sondern es ist ein klares Wort darüber, dass diejenigen gerechtfertigt werden, die »den Geringsten« eine wirksame Liebe erwiesen haben. Sie erwiesen sie damit »Jesus in ihnen«, obwohl sie Ihn in ihnen *nicht erkannten*: Ihre Werke hatten also keine ausgesprochen »christliche« oder »religiöse« Motivation, es ist sogar möglich, dass es nicht einmal Christen, nicht einmal »Gläubige« waren. Und wenn sie den *Glauben* hätten (und die Schrift sagt »ohne Glauben aber ist es unmöglich, Gott *zu gefallen*«, Hebr 11,6), dann war das jener *implizite* Glaube, ein Glaube, der nicht in »Ansichten« und »Überzeugungen« besteht, sondern der sich ausschließlich in Werken, in der Lebenspraxis zeigt. Sie hatten jenen Glauben, von dem der Jakobusbrief spricht: nicht nur, dass er »*sichtbar*« *und beweisbar nur* in den Werken ist, sondern er *besteht nur in den Werken.*

Im Jakobusbrief werden zwei Menschen verglichen, die beide einen »Glauben mit Mangel« haben, der eine hat die »Überzeugung«, aber diese wurde nicht in das Leben, in die Werke inkarniert, der andere kann seine Überzeugung als Überzeugung nicht zeigen, wahrscheinlich deshalb, weil er keine solche »besitzt«: den *Glauben* hat er aber doch – er kann ihn aufgrund der Werke zeigen. Die »Mängel« dieser beiden sind jedoch nicht symmetrisch; nur der zweite ist wirklich gläubig, der erste ist ein Heuchler. Der Glaube des ersten – der aus einer bloßen Überzeugung besteht, aus guten Absichten und frommen Ratschlägen: Geht in Frieden, wärmt und sättigt euch! (vgl. Jak 2,16) – ist *tot*, nicht wirklich, fiktiv, vor Gott wiegt er nichts. So weit der Apostel.

Der Mensch eines »praktischen (lebendigen) Glaubens« ist nicht nur *Erfüller von* (vornherein gegebenen) *Geboten*, auch wenn sie in so heilige Tafeln wie die Tafeln des Dekalogs eingemeißelt wurden – darin steht Luther mit seinem Toben gegen die Werkerei und Nietzsche mit seinen Aufforderungen, die alten Tafeln aus Stein zu zerbrechen, in einem gewissen Sinne auf dem Weg, der durch das paulinische NEIN zum Gesetz geöffnet wurde –, der Mensch des lebendigen Glaubens richtet sich »nach dem Gesetz der Freiheit«; nicht danach, was in die Steintafeln eingemeißelt wurde, sondern danach, was in sein Herz geschrieben wurde (vgl. 2 Kor 3,3); er wird von dem Geist geführt (also »in-spiriert«). *Er ist ein freier Mensch* und in dieser Freiheit muss er verharren, er darf sich nicht wieder »das Joch der Knechtschaft« auferlegen lassen (Gal 5,1), und vor allem *darf er nicht die Freiheit mit der Willkür verwechseln* (vgl. Gal 5,13). »Liebe – und dann tue, was du willst« überspitzte Augustinus diesen Grundsatz (im Vertrauen darauf, dass der Zuhörer von der Verantwortung weiß, die inbegriffen ist in der wirklichen Liebe und der wirklichen Freiheit).

Versuchen wir also im Licht des gerade Gesagten den Ratschlag Ratzingers, »sein Leben zu führen, als ob es Gott gäbe«, so zu dechiffrieren: *Verhalten Sie sich wie wirklich freie Menschen.*

***

Der Apostel sagt uns: Wo der Geist des Herrn wirkt, da ist Freiheit (vgl. 2 Kor 2,17). Prüfen wir, ob das auch umgekehrt gilt: Wo die wirkliche Freiheit ist, dort ist Gott immer schon »am Werk«, dort weht Sein Geist. Das würde bedeuten, dass *das Stehen in der Freiheit mit aller Verantwortung* (wenn dieses jenes »gottgefällige Leben« sein soll, sein Leben so zu führen, als ob es Gott gäbe) gleichzeitig bedeutet, tatsächlich *in Gott zu sein* – auch wenn Gott in so einer Lebensgeschichte vielleicht nur unreflektiert, »anonym«, unbenannt anwesend wäre; zum Beispiel nur als eine Hypothese, eine Möglichkeit …

Über den Glauben, die Untreue und die Macht, zu vergeben

»Die Sünde als einen moralischen Verstoß zu begreifen, wäre eine Verzerrung dessen, was die Bibel mit ›Sünde‹ bezeichnet«[70], schreibt Gerhard Ebeling, und diese äußerst wichtige Behauptung ergänzt er an einer anderen Stelle: »Alles, was man, an moralischen Maßstäben messend, Sünde zu nennen pflegt, ist bloß Folge dessen, was die eigentliche Sünde des Menschen ist, und diese eigentliche Sünde ist gar nichts anderes als der Unglaube, als Sünde gegen das erste Gebot.«[71] Sagte übrigens nicht schon Jesus selbst, dass er gekommen ist, um die Welt der Sünde zu überführen und aufzudecken, dass diese Sünde darin besteht, dass du nicht an ihn glaubst? (vgl. Joh 16,8f)

Das ist also das Ende des Dialogs, sagen jetzt wahrscheinlich »unsere ungläubigen Freunde«: Ihr haltet uns für die schlimmsten Sünder und darüber hinaus jongliert ihr mit den Begriffen Unglaube und Untreue. Ich muss daher erklären, warum ich das *so* wirklich nicht meine, obwohl ich der zitierten Behauptung Ebelings völlig zustimme. Vielleicht ist die Unterscheidung jener verwandten Worte Unglaube und Untreue gerade ein guter Ausgangspunkt für die weiteren Überlegungen. Glaube in einem tiefen, existenziellen Sinne schließt immer Vertrauen und Treue mit ein. Deshalb ist sein Gegenteil die *Untreue*. Der Gegensatz des Glaubens, der als bloße »Überzeugung« (als Zusammenstellung von Ansichten) plus eventuell der Zugehörigkeit zu einer bestimmten Gruppe verstanden wird, ist der *Unglaube*. Wenn unser »ungläubiger Freund« ungläubig in jenem Sinne ist, dass er aus irgendeinem Grund »unsere religiöse Überzeugung« nicht teilt und dass er »uns nicht nachfolgt«, wäre es hochmütig, ihn deshalb als Sünder zu bezeichnen (der darüber hinaus mit der Sünde aller Sünden sündigt), als einen »Untreuen«. Ein solcher »Ungläubiger« kann für seine Haltungen und Ansichten, auch wenn wir mit ihnen nicht einverstanden sind, *subjektiv* gute Gründe haben. (Wenn wir seine Gründe nicht akzeptieren und nicht respektieren, sollten wir nicht vergessen, dass wir gemäß der traditionellen katholischen Lehre von der Verbindlichkeit auch des »objektiv irrenden« Gewissens, die schon von Thomas von Aquin postuliert wurde, zumindest *hoffen* können, dass Gott selbst dessen Gründe beim Jüngsten Gericht respektieren wird.)

Kommen wir wieder zu Ebeling zurück. Ebeling behauptet, dass zu *glauben* bedeutet, von der Botschaft des Glaubens *betroffen* zu sein.[72] Es geht nicht darum, dass der Mensch diese Aussagen des Glaubens annehmen muss, dass er sie sich aneignen müsste – in dem Sinne, dass er sie zu den Ansichten hinzufügen würde, die er bereits »hat«. Dann würde der Glaube zu einem Gegenstand des Besitzens degenerieren; der Glaube betrifft jedoch nicht das, was der Mensch *hat*, sondern das, was *der Mensch ist*. (Was noch tiefer ist, als »*wie* er ist« – »wie er sich verhält« u. ä.) »Der Glaube trifft den Menschen primär und eigentlich in dem, was er ist.«[73] Der Glaube ist nicht irgendein *Etwas*, sondern er ist ein Geschehen. Er ist jedoch von mir weder mit der Erklärung richtig zu fassen, dass *ich Glauben habe*, noch dass *ich gläubig bin* – sondern nur damit: *ich glaube*.

Gehen wir jedoch über Ebeling hinaus. Glaube ist also ein existenzieller Akt. Dieser Akt ist also, wenn er nicht damit gleichzusetzen ist, »Ansichten zu haben« und »formal zugehörig zu sein«, kein Monopolbesitz derer, die gerade nur in jenem Sinne »gläubig« sind, weil sie bestimmte religiöse Ansichten haben und religiösen Institutionen angehören.

Gott wohnt in jedem Menschen, insofern ihn der Mensch nicht daran hindert, insofern der Mensch »in Wahrheit lebt«

und nicht in einer existenziellen Lüge (diese ist dabei nicht auf »Verstöße gegen die Moral« zu reduzieren, auch wenn das *Sein in der Wahrheit* mit dem moralischen Leben wesentlich zusammenhängt). Gott wohnt früher in einem Menschen, als dies der Mensch erkennt, bekennt, durch den Glauben annimmt. Es ist zunächst Gott, der den Menschen ruft und ihn mit Namen anredet, ihm eventuell einen »neuen Namen« gibt; in der Begegnung mit ihm entdeckt oder gewinnt der Mensch seine wirkliche Identität; der Mensch entdeckt Gott durch den Glauben, erschafft ihn aber nicht (er erschafft nur seine Vorstellung von ihm). Gott »wohnt« jedoch auch dort, wo er nicht »thematisch« explizit erkannt und mit Namen genannt wird; Gott hat seine Geschichte auch mit jedem »Ungläubigen«.

Zurück zu Ebeling: »Denn ›Gott und Mensch‹: das sind nicht zwei Themata, sondern ein einziges. Voneinander getrennt, werden beide verfehlt. Nur in der Beziehung zueinander werden Gott und Mensch erkannt. Gotteserkenntnis kann nur in der Weise sein, dass darin der Mensch zur Erkenntnis seiner selbst gelangt. Und Selbsterkenntnis des Menschen kann nur sein, wenn darin Gott zur Erkenntnis kommt.«[74] Ich stehe insofern im Erbe Karl Rahners, als ich darauf bestehe (oder es zumindest als Möglichkeit zulasse), dass diese Erkenntnis auch »unthematisch« sein kann. (In einem Kapitel dieses Buches widme ich mich tiefer dem »impliziten Glauben« – jenen Lebenshaltungen, die »Gott als Voraussetzung in sich einschließen«, auch wenn der Mensch, der diese Haltungen im Leben einnimmt, sich in einem außerchristlichen »Sprachspiel« befindet.)

All das, was ich gerade gesagt habe, kann bei bestimmten Lesern den Verdacht stärken (zu dem sie fast das gesamte vorliegende Buch verführen könnte), dass ich abermals die »Ungläubigen« zu entgegenkommend »begünstige«. Aber Vorsicht: Die Sache hat auch eine zweite Seite. Aus dem vorgelegten Glaubensverständnis ergibt sich, dass *auch der »Ungläubige« sich schwer gegen Gott versündigen kann* (und »Unkenntnis entschuldigt ihn nicht«) – er kann sich durch *Untreue* verschulden, die wir jedoch nicht mit »Unglauben« verwechseln dürfen. Für den »Unglauben« (dafür, dass er unsere Überzeugung nicht teilt, nicht in die Kirche geht usw.), kann er, ich wiederhole mich, seine nachvollziehbaren Gründe haben (zum Beispiel wurde er in diese Tradition nie eingeführt, bekam nie die Chance, sie in einer Form kennenzulernen, in der er sie aufrichtig hätte annehmen können u. ä.); dies unsererseits als Sünde zu bezeichnen, wäre zumindest voreilig. Aber ein solcher Mensch (ähnlich wie ein Mensch, der sich für einen »Gläubigen« hält, einen »Praktizierenden«) kann durch eine schwere Sünde gegen Gott schuldig werden – durch die Sünde der *Untreue* gegenüber dem, wie sich ihm Gott (wenn auch unthematisch, ungenannt und unerkannt) gibt.

Wenn zum Beispiel ein Mensch in seinem Egoismus gegenüber anderen verschlossen ist, ist er *gegenüber Gott verschlossen* (und seine »Unkenntnis Gottes« und die Unkenntnis der Gebote Gottes gewährt ihm kein Alibi). In der traditionellen christlichen Lehre ist diese Wahrheit in der Lehre von der »natürlichen Ordnung«, vom »natürlichen Gesetz«, von der Aufgabe des Gewissens u. ä. verankert. Manchmal scheint es mir jedoch, dass diese Lehre die grundlegende Wahrheit vom Menschen und von der Anwesenheit Gottes im menschlichen Leben – die immer geheimnisvoller, »größer«, intimer ist, als es sich der Mensch (und zwar sowohl ein gläubiger als auch ein ungläubiger) vorstellen kann – ein bisschen zu eng fasst (und unbewusst auch zu jenem engeren Verständnis von Moral hinstrebt).

Es geht nicht nur darum, was der Mensch tut, sondern wie der Mensch *ist* – die Menschen schauen auf die Oberfläche, auf die sichtbaren Taten, »der Herr aber sieht das Herz« (1 Sam 16,7), er nimmt die Gesamtheit des *Seins* eines Menschen in den Blick. Die sichtbaren und (scheinbar) eindeutig moralisch bewertbaren Akte »gehen« zwar »aus dem Herzen hervor« und prägen auch stets rückwirkend den Kern des menschlichen Wesens (auch eine Person ist ein Geschehen, ein Prozess), sie sind jedoch nur als die Spitze eines Eisberges anzusehen, dessen tatsächliche Größe und Form nicht einmal der Mensch selbst ermessen kann. Gott ist ein Geheimnis *für den Menschen*, aber er ist auch ein *Geheimnis des Menschen* (auch jedes konkreten Menschen) – und Gott selbst (und nur er) bewahrt das Geheimnis des Menschen (das Geheimnis, das dieser Mensch ist) in seiner Fülle bei sich. Dem Menschen offenbart er es erst allmählich, im Gespräch des Gebetes, das die Lebensgeschichte des Menschen begleitet und ihr das endgültige Gepräge gibt (der Mensch wird sich selbst erst angesichts Gottes vollständig erkennen, auch Gott selbst erkennt er erst von »Angesicht zu Angesicht«).

Die Sünde der *Untreue* ist mit der Sünde des *Unglaubens* weder identisch noch vergleichbar. Ich stimme mit der Lehre der Kirche überein, dass auch der *Unglaube* im Sinne eines Nichtakzeptierens einer Überzeugung eine Sünde sein *kann*, wenn er das Ergebnis dessen ist, dass der Mensch aus Stolz, aus Lässigkeit u. ä. die Belehrung nicht »annehmen will«, die Bildung in Glaubensdingen vernachlässigt. Das betrifft jedoch eher die Menschen, die bereits »drinnen« sind und durch eigene Schuld nach draußen hinausfallen können – darüber, ob ein Mensch tatsächlich ein *Gläubiger wird*, entscheiden selten wirklich in letzter Instanz jene »Belehrungen«, dies sind eher sekundäre Ursachen; das Entscheidende auf Seiten des Menschen ist seine *grundlegende Offenheit oder Verschlossenheit im Leben* gegenüber dem »Funken der Gnade«, egal, von woher er auf den Menschen überspringt.

Die Sünde der *Untreue* ist die Sünde der Verschlossenheit gegenüber Gott in der Gestalt, wie er sich mir zeigt. Ja, es gibt hier eine gewisse Analogie mit der menschlichen Erfahrung, aus der diese Metapher oder Analogie (denn was auch immer wir von Gott sagen: es ist immer Metapher oder Analogie) genommen wurde, mit den tiefsten menschlichen Beziehungen, besonders mit der Ehe. Ja, ich behaupte, dass Gott eine partnerschaftliche Beziehung mit jedem Menschen hat, auch mit dem »Ungläubigen«, und diese Beziehung, wie jede ernsthafte Beziehung, bringt auch Ansprüche und Verpflichtungen mit sich, lebt aus etwas, setzt etwas voraus – und wird auch durch etwas verletzt, verraten oder getötet. Der Ausdruck »Todsünde« besagt, dass der Mensch von seiner Seite aus die Beziehung zu Gott »töten« kann – und sie als den »Tod Gottes« erleben kann; übrigens war der Hauptsinn der Botschaft des *tollen Menschen* Nietzsches, den »Tod Gottes« (jenen Zustand, an den sich seine Zuhörer schon gewöhnt hatten, und deshalb Gott überhaupt nicht mehr suchten) als eine *Tötung* zu dechiffrieren, für die die Menschen die Verantwortung zu übernehmen haben (Wir haben ihn getötet, ihr und ich!).[75]

Auch der »Ungläubige« kann also *seine Beziehung zu Gott* verraten, töten – und zwar auf der Ebene und in der Gestalt, in der Gott (wenngleich nicht explizit) in seinem Leben anwesend war, zum Beispiel dadurch, dass er seine Verpflichtungen gegenüber seiner Familie verrät, dass er in der Zeit eines repressiven Regimes zu einem Denunzianten wird, dass er mit seiner Faulheit seine Begabung vergeudet, mit der er anderen dienen könnte und sollte usw. Jeder Mensch hat (von Gott, ob er sich dessen bewusst ist oder nicht) ein bestimmtes Maß an *Macht* bekommen, *das heißt die Freiheit, etwas zu tun*. Er kann etwas und deshalb kann er auch etwas dafür. Wer diese Macht missbraucht oder vernachlässigt, wer lieber nicht bereit ist, seine Freiheit zu entdecken und zu realisieren – weil er sich selbst nur als ein Opfer und Produkt der äußeren Verhältnisse sieht –, ist *schuldig*. Er ist jener wesentlichen Verpflichtung nicht treu, die die zweite Seite der menschlichen Freiheit ist.

***

Kommen wir zu Ebeling zurück: Der erste Schritt zu Gott ist ihm zufolge, sich die Ohnmacht einzugestehen, die *Ohnmacht gegenüber der Vergangenheit*. Was passiert ist, kann nicht ungeschehen gemacht werden. Die Schuld ist eine Last der Vergangenheit. Derjenige, der sich seine Schuld nicht eingesteht, diese Ohnmacht der Schuld, der sich von der Verantwortung dadurch befreit, dass er nicht zugibt, dass er *damals* die Freiheit hatte (die Macht, die Möglichkeit) etwas zu tun oder nicht zu tun, dass er etwas gekonnt hätte (und deshalb für etwas kann, Verantwortung trägt), verrennt sich *jetzt* noch immer tiefer in diese Schuld, in die Ohnmacht, in die Unfreiheit. Die Sünde arbeitet in einem Menschen. (Die Bibel benutzt an einigen Stellen ein treffliches Bild, indem sie zeigt, dass die Sünde nicht nur irgendeine »Sache« ist, eine »Causa in der Vergangenheit«, sie schildert die Sünde als ein gieriges Tier, als einen aufdringlichen Hund an der Tür, als ein herumschleichendes, hungriges Raubtier; die Personifizierung des Bösen als »Teufel«, als Lügner, Verleumder, als »Mörder von Anfang an« führt wahrscheinlich in dieselbe Richtung.) »Denn der Lohn der Sünde ist der Tod« (Röm 6,23) – die Schuld will den Menschen jeglicher Zukunft berauben. (In post-totalitären Gesellschaften – auch in Tschechien nach dem Fall des Kommunismus hinsichtlich dessen, was sich während jenes Regimes ereignete, beziehungsweise aber auch hinsichtlich dessen, was sich bei uns nach dem Ende der nationalsozialistischen Besatzung ereignete – wirkt sie verborgen auch in der Gegenwart weiter. Die über einen langen Zeitraum nicht therapierte Vergiftung des Organismus, wenn Schulden verdeckt, nicht ausgesprochen, nicht eingestanden, entschuldigt und rationalisiert, nicht bekannt, bagatellisiert, unterdrückt, verdrängt, vergessen werden – kann daher nicht vergeben und geheilt werden.) Ich muss mir zuerst selbst eingestehen, dass ich *damals* nicht gänzlich ohnmächtig, unfrei und demnach nicht verantwortlich und unschuldig war (dass ich vor allem dadurch schuldig geworden bin, dass ich damals meine Freiheit zum Guten nicht gefunden und sie nicht ergriffen habe), und dass ich deshalb *heute* ohnmächtig bin und durch die Last der Schuld an die Vergangenheit gefesselt. Inwieweit ich mir das eingestehe, insoweit kann ich mich öffnen – durch eine Umkehr, die Jesus *metanoia* nennt (Umkehr, Buße) – für das befreiende Geschenk der Vergebung.

Zwischen zwei finsteren Abgründen, zwischen dem unverantwortbaren Vergessen und der Rache, die das Böse *verdoppelt*, vervielfacht (wie du mir, so ich dir – und oft gebe ich noch etwas dazu), windet sich der anstrengende, schmale und lange Pfad der Versöhnung und der Vergebung. Wirklich *vergeben* (und diese Kunst sollte nicht mit dem billigen Vergessen, mit einem Abwinken verwechselt werden) kann wahrscheinlich nur derjenige, dem vergeben wurde, genauso wie die Kunst, zu lieben, die Erfahrung voraussetzt, dass wir geliebt werden.

Die Menschen, die daran Anstoß nahmen, dass Jesus Sünden vergab, hatten in einem Punkt völlig recht: Sünden kann nur Gott vergeben. Gegenseitige moralische Verstöße können sich Menschen untereinander vergeben, aber die echte *Sünde* zu überwinden (die Untreue gegenüber Gott als der Wahrheit *meines* Lebens), die Fesseln der Vergangenheit zu lösen, *aus der Sklaverei der Sünde zu erlösen*, die Freiheit gegenüber der Vergangenheit und der Zukunft zurückzugeben, eine neue Chance zu geben, von den Toten zu erwecken – das ist wirklich eine Rolle, die nur Gott einnehmen kann. In dem Moment, wenn man beginnt, an Jesus als an den *Erlöser* zu glauben, dann bedeutet dies, ihn in der Rolle dessen anzunehmen, der Gott *mit Vollmacht* auf Erden vertritt (er ist in Gott und Gott in ihm, er ist eins mit dem Vater), seine (göttliche) Macht anzuerkennen, die Sünden zu vergeben. Und im Evangelium lesen wir, dass Jesus diese Macht weiter delegiert: »Wem ihr die Sünden vergebt, dem sind sie vergeben.« (Joh 20,23)

Lassen wir uns nicht nur von der einen, wesentlich *engeren* Auslegung beeinflussen, die diese Bevollmächtigung nur darauf reduziert, was die spätere Theologie und das Kirchenrecht die »Schlüsselgewalt« nennen, und mit einer sakramentalen Handlung identifizieren; nicht weniger legitim ist eine weitere Auslegung, die darauf achtet, dass Jesus fortwährend die Jünger dazu auffordert, »nicht zu urteilen« und zu »vergeben«. Paulus fügt hinzu »Vergeltet niemand Böses mit Bösem! [...] sondern überwinde[t] das Böse durch das Gute« (Röm 12,17.21). Jesus zeigt sogar, dass wir mit unserer Bereitschaft zu vergeben das Maß der göttlichen Vergebung bestimmen, die wir erhalten werden (Vergib uns unsere Schuld, *so wie wir* vergeben unseren Schuldigern. Wenn ihr nicht aus ganzem Herzen denjenigen vergebt, die sich an euch verschuldeten, dann wird auch euer himmlischer Vater euch nicht vergeben ...). Deshalb spricht Jesus von den ersten Worten seiner Verkündigung des Reiches Gottes als der verheißenen Stunde der Buße (der Umkehr) und der Vergebung bis zu seinen letzten Stunden und letzten Worten auf der Erde (»Dies ist der Kelch des neuen Bundes, das Blut zur Vergebung der Sünden« vgl. Mt 26,28 – »Vater, vergib ihnen, denn sie wissen nicht, was sie tun« Lk 23,34) stets von der Vergebung.

Die Vergebung ist die göttliche Macht über die Vergangenheit, die uns die Freiheit gegenüber der Vergangenheit zurückgibt und uns dadurch für die Zukunft befreit – *zu glauben beginnen bedeutet dieses anzunehmen.* Der Weg vom Unglauben zum Glauben, die *Konversion*, führt nicht nur über die »Belehrung« (das wäre der Weg zum Glauben als Überzeugung), *der Weg zur Freiheit, die Gott gibt*, führt zur Vergebung und durch die Vergebung besteht sie in der Annahme und im Geben von Vergebung. Vergebt – befreit die anderen von der Last der Vergangenheit, und ihr werdet aufhören, ohnmächtig gegenüber der eigenen Vergangenheit zu sein.

Lebt so, als ob es Gott gäbe – das bedeutet nicht zuletzt: *Vergebt*, und es wird euch vergeben!

***

Noch eine Ergänzung: Wie schwer die Kunst ist, wirklich zu vergeben, und wie es fast unmöglich ist, dies aus eigenen Kräften, ohne Gott, zu tun, erkenne ich an den Fällen, die sich in den vergangenen Jahren meiner Praxis der seelsorgerlichen Begleitung so schnell vermehren, als würde es sich um eine ansteckende Krankheit handeln; es geht um eheliche Untreue. Der Verlauf ist erstaunlich gleich: In der Regel betrifft es einen der Partner – häufiger einen Ehemann, einen soliden, älteren, gläubigen Menschen und Vater einer ordentlichen Familie, der von einer jüngeren Frau fasziniert ist. (Vielleicht beginnen hier unbewusst die vorgefertigten Szenarien der Telenovelas »aus dem Leben der besseren Gesellschaft« zu funktionieren, wo es eine ungeschriebene gesellschaftliche Pflicht zu sein scheint, nicht nur ab und zu das Auto auszutauschen, sondern auch die Ehefrau gegen ein neueres und attraktiveres Exemplar.) Zunächst redet der Ehemann sich ein, dass *ihm* doch nichts drohe, dass er sich nicht zu sehr darin verfangen würde, dass er das doch schaffe. (Wie gut kenne ich dieses Sich-selbst-Belügen aus meiner vorherigen klinischen Praxis mit Menschen, die vom Alkohol und von anderen Drogen abhängig waren!) Später redet er sich ein, dass seine Ehefrau nicht darauf kommen werde. Ein kleiner Unterschied besteht lediglich in der Zeitspanne, bis alles ans Licht gerät; die Ehefrau »ahnt« zwar fast immer überraschend früh »irgendetwas«, aber manchmal entwickelt sie unbewusst diverse Techniken, dies »nicht sehen zu wollen« und »nicht glauben zu wollen«, was immer evidenter und auf Dauer nicht zu verbergen ist, weil sie intuitiv auch spürt, dass alle drei Beteiligten dabei sind, sich in das Epizentrum eines verheerenden Konfliktes zu stürzen. Dann verläuft das Szenario schon fast wieder klassisch, das heißt furchtbar; nur der äußere Verlauf weist subtile Abweichungen auf, die vom Temperament der Beteiligten abhängig sind (aber weder die betrogene Frau noch ihr Partner, kann oft abschätzen, welche Kräfte der Schmerz in ihrem Charakter und ihrem Verhalten zu erwecken vermag). Manchmal wird das Drama um angehängte Handlungen von Vergebung, des Versprechens einer Wiedergutmachung, eines erneuten Kollapses und einer erneuten Aufdeckung abwechslungsreich gestaltet; hier endet das Balancieren am Rande des Vulkans gewöhnlich schon mit dem Fall in den Krater. Dies geschieht häufig zu der Zeit, wenn der Mann zum ersten Mal aus dem rosaroten Traum von einer schönen Zukunft mit dem unlängst begeistert gefundenen neuen »Gefährt« bereits mit einem Kater aufwacht. (Den anderen, die die Ernüchterung erst nach Jahren erwartet, besonders dort, wo sich zeigt, dass die Untreue nicht das erwartete Elixier ewiger Jugend gebracht hat und der Altersunterschied dieses Mal die neue Partnerin dazu führt, ein neues »Gefährt« an seiner Stelle zu finden, ergeht es nicht besser.) Er würde gerne zurückkommen, schwört, erniedrigt sich, aber die Tür in die Vergangenheit ist schon geschlossen. Daran schließen sich weitere, noch schmerzhaftere Folgen an – der Zerfall des Familienlebens, der Verlust jeglicher Autorität bei den Kindern; der Mensch kann den Schmerz nicht übersehen, den er denjenigen zugefügt hat, die er doch liebte. Wiederholte Besuche beim Psychotherapeuten ändern in der Regel höchstens die Art, wie sich der Mensch psychisch mit dem faktisch irreversiblen Zustand abfindet; der Besuch bei einem Beichtvater kommt meistens zu spät, als dass ein radikaler Schnitt noch möglich wäre, der einen momentanen scharfen Schmerz verursachen würde, jedoch einen unvergleichlich kleineren als den, den der Unwille, rechtzeitig zur Besinnung zu kommen, mit sich bringt. »Herr Pfarrer, ich bitte Sie, sagen sie allen und immer, dass man mit Ähnlichem nicht spaßen sollte!« – diese Worte erinnern an die späten Klagen des reichen Mannes aus dem Gleichnis Jesu von dem reichen Mann und dem armen Lazarus (vgl. Lk 16,19–31).

Ja, es gibt Fälle, in denen solche Krisen mit einer Rettung enden, mit einer Genesung, ja sogar mit einer Vertiefung der Beziehung (wenn beide Partner die Leere gefunden haben, die in ihrer Beziehung herrschte und die Suche nach einem »Ersatz« erleichterte oder provozierte); aber in der letzten Zeit, so kommt es mir vor, sind diese Fälle verhältnismäßig selten geworden.

Es ist verwunderlich, welche Rolle in diesen Geschichten (ähnlich wie bei der Entstehung einer Abhängigkeit von Drogen) die Fähigkeit des Menschen spielt, sich selbst von seiner angeblichen Einzigartigkeit überzeugen zu können: Ich werde es im Unterschied zu allen, die in einer ähnlichen Situation waren, schaffen! In ähnlicher Weise vertieft bei der betrogenen Frau der Dämon der Eitelkeit den Schmerz und lähmt die Bereitschaft, sich zu versöhnen und zu vergeben: Ich weiß, dass das immer wieder vorkommt, aber wie konnte er *mir* das antun! (Danach kommen weitere Dämonen hinzu: Wenn die betrogene Ehefrau erfährt, dass ihr der Zustand der Schuldhaftigkeit des Ehemannes auch gewisse Vorteile bringt, wird die Geschichte noch weiter pathologisiert.)

Jeder Mensch ist einzigartig, er wurde von Gott als ein unverwechselbares Original geschaffen; das gilt jedoch nur dann, wenn der Mensch mit Gott zusammenarbeitet und auf seinen Wegen schreitet. Bei tugendhaftem Verhalten können wir einzigartig sein; in der Sündhaftigkeit ähneln wir einander auf eine derart traurige und langweilige Weise wie Chinesen in den Uniformen von Mao Zedong; Gott ist ein origineller Künstler, der Teufel dagegen ein erbärmlicher Plagiator. Das Reich der Verdammnis stelle ich mir (im Unterschied zum farbenfrohen Himmel) als eine graue Langeweile von höllischer Gleichheit vor.

Meine Beichtgespräche verlaufen immer so gleich, beklagt sich eine junge Dame; meine auch, seien Sie deshalb unbesorgt, beruhige ich sie; ich weißt nicht, warum der Mensch auf dem Gebiet der Sünde innovativ sein sollte, um sich beim Beichten immer mit einer Neuigkeit rühmen zu können wie eine eitle Frau mit einer Kollektion von neuen Frühlingskostümen. Bereiten Sie sich darauf vor, Herr Pfarrer, dass das, was Sie jetzt von mir hören werden, so entsetzlich sein wird, dass Sie so etwas wahrscheinlich noch nie gehört haben, prahlt eine andere; ich muss sowohl ein Lächeln als auch die Bemerkung unterdrücken: Wenn Sie, gnädige Frau, wüssten, wie oft ich fast dieselben Worte allein schon diese Woche gehört habe und wie hoch die Wahrscheinlichkeit ist, dass ich Ihnen schon im Voraus vortragen könnte, was ich Ihnen »an der Nase ablesen kann«! Die Nichtoriginalität der Sünde macht den bis zur Verzweiflung ermüdenden Dienst eines Beichtvaters zum Bestandteil seines Kreuzes; er kann es jedoch als eine mystische Partizipation am Prozess der Buße für jene Pönitenten annehmen, die wiederum nicht so aufrichtig Buße tun.

»Wie konnte *ich* nur so etwas tun!« Das sind Gefühle und Worte, die verraten, dass der Mensch noch nicht einmal den Daumen im Bad der Buße und der reinigenden Wiedergeburt mit Wasser benetzte; die alte Theologie bezeichnete dies als »natürliche Reue« (also diejenige Reue, die für die von Gott geforderte Umkehr im Großen und Ganzen nichts wert ist). In die wirkliche Tiefe der Buße einzutauchen, bedeutet, dort die Illusion von meinem Ich, von meiner Ausnahmestellung zu ertränken, davon zu befreien, dass ich etwas Besseres als die anderen bin, bei denen eine Sünde nichts Überraschendes ist. Schon mit meinem Stolz auf meine scheinbare Ausnahmestellung rutsche ich in den erwähnten grauen Schlamm der höllischen Gleichheit ab und mein Versagen ist dann ein ziemlich logischer, konsequenter Sturz. Das Gleichgewicht zu gewinnen und sich wieder zu erheben, setzt voraus, aus einer Sünde über sich selbst etwas zu lernen: Auch das bin ich, auch das gehört zu mir. »Ich bin ja nicht besser als meine Väter« (1 Kön 19,4), bekennt der Prophet Elija kurz nach seinen heroischen Taten, die mit der Massenhinrichtung der falschen Propheten endeten; hat es der einsame Held des Glaubens in seinem Eifer nicht übertrieben? Nun ist es genug, nimm mein Leben, jammert er und schläft erschöpft ein (vgl. 1 Kön 19,4–8). Doch schon eilt der Engel des Herrn mit Brot und einem Krug mit Wasser zu jenem Ort in der Wüste, damit er ihn für den weiten Weg zum Gottesberg Horeb stärke.

Wir müssen uns so manche harte Wahrheit über uns selbst eingestehen, damit wir von den Orten der Verirrung an jenen Ort geführt werden können, an dem Gott uns haben will.

Der Große Bruder ist der Vampir der Freiheit, Gott ist das Blut der Freiheit

Wir sind beim Schlüsselpunkt unserer Überlegungen angelangt. Diese Deutung der Worte Ratzingers habe ich angeboten: Zu leben, als ob es Gott gäbe, bedeutet, als wirklich freier Mensch zu leben. Ich beeile mich hinzuzufügen, dass dies sicher nur eine der vielen möglichen Interpretationen dieser Aussage ist, die vom Autor jener Worte in keiner Weise autorisiert wurde, und daher übernehme ich für sie sozusagen die volle Verantwortung. Versuchen wir, diese Deutung weiter zu durchdringen, zu Ende zu denken und zu verteidigen.

Als wirklich freier Mensch zu leben – das heißt, auch seine Freiheit zu behaupten, *in der Freiheit zu* stehen *und sich nicht von neuem das Joch der Knechtschaft auferlegen zu lassen* – bedeutet dreierlei: unabhängig zu sein (sich von Abhängigkeiten zu befreien), nicht willkürlich zu handeln (sich von der Willkür zu befreien), und vor allem: verantwortlich zu leben. Ein solches Leben »impliziert Gott«: zu leben und sein Leben *auf diese Weise* auszurichten bedeutet de facto, »sich der göttlichen Anwesenheit zu öffnen« – im Leben eines auf diese Weise lebenden Menschen »lebt Gott« immer. Die Freiheit ist sozusagen die eigentliche *Biosphäre* Gottes, Sein »Lebensraum«. Die Hauptbotschaft der Bibel sehe ich darin, dass Gott einen freien Menschen wollte, obwohl er wusste, welche Risiken mit der Freiheit verbunden sind und was der Missbrauch dieses Geschenkes alles mit sich bringen würde.

In Abwandlung einer Aussage Luthers könnten wir vielleicht sagen, dass Gott bestimmt »überall« gegenwärtig ist (der »Allgegenwärtige« ist eines seiner Attribute, einer seiner Namen), aber alle Orte außerhalb dieses »Reiches der Freiheit« scheinen nicht *sein eigener* Raum zu sein.[76] Wo die Freiheit vertrieben wurde, ist auch Gott »im Exil«. Erst dort, wo es wirkliche Freiheit gibt, im Haus eines freien Menschen, dort ist er »zu Hause«.

Er lebt dort, auch wenn vielleicht nicht erkannt, nicht benannt, nicht mit Namen angebetet und nicht namentlich eingeladen – »nonvocatus«, wenn ich an die Aufschrift am Grab Jungs und gleichzeitig an den Titel eines meiner Bücher erinnern darf[77] –, als ein verborgener Gott (Deus absconditus) oder als ein unbekannter Gott (wenn auch vielleicht vom Menschen »nur als eine Hypothese zugelassen«). Wir sind versucht, zu dieser Aussage »nur als eine Hypothese zugelassen« hinzuzufügen – aber hüten wir uns davor, dem Wort *Möglichkeit* das herabwürdigende »nur« anzuschließen. Erinnern wir uns an Richard Kearney: Gott kommt zu uns immer als Möglichkeit, *Gott ist Möglichkeit*; die »Möglichkeit« ist sozusagen sein Eigenname (erinnern wir uns an Nikolaus von Kues und seinen Namen für Gott: *Possest*). Weil die *Freiheit ein Reich der Möglichkeit* ist (nicht jedoch der Freizeitpark der *Möglichkeiten*, das wäre eher die Willkür, die Karikatur von Freiheit), drücken dann die Aussagen, dass Gott in der Möglichkeit wohnt, dass er als Möglichkeit kommt, sich öffnet und sich selbst als Möglichkeit gibt, dass Gott hier immer für uns als Möglichkeit ist, dass *Gott die Möglichkeit* ist, mit anderen Worten dasselbe aus: Gott gibt die Freiheit, kommt in der Freiheit, wohnt in der Freiheit, Gott ist die (wirkliche) Freiheit.

Die Betonung der Freiheit seitens der christlichen Theologie bedeutet jedoch keine romantische »Vergöttlichung der menschlichen Freiheit«, und schon gar nicht der Willkür. »Freiheit, Gleichheit, Brüderlichkeit« ist gewiss eine Parole mit christlichen Wurzeln, und so wurde auf den aufklärerischen Fahnen der Französischen Revolution auch an – von vielen Christen vergessene und vernachlässigte – authentische Werte aus den Evangelien erinnert; jedoch mahnen bereits einige Kapitel der Geschichte dieser Revolution, die auch den Begriff »Terror« erfand, vor einer zu schnellen Umkehrung des Satzes »Gott ist Freiheit« in die Form »Freiheit ist Gott«. Ein solcher Gott fordert dann nämlich oft blutige Opfer.

***

In der Freiheit zu leben, die Freiheit zu bewahren und zu verteidigen (als Geschenk Gottes, als Raum für Gott) bedeutet einerseits, dauerhaft der Versuchung der Abhängigkeit und der Willkür standzuhalten, andererseits, sich vor jenem bereits erwähnten *Gott als dem Großen Bruder* zu schützen, vor jenem »atheistischen Gott« – vor dem Gott, wie sich ihn viele Atheisten vorstellen und den sie (zu Recht) ablehnen. Wir haben gesagt, dass dieser Gott nur als Parasit lebt, nur dort, wo der Mensch seine Freiheit aufgibt: Der »Große Bruder« trinkt sozusagen das Blut unserer Freiheit, und wo wir ihm dies verweigern, wo wir unsere Freiheit behaupten, dort hat er keine Chance zu existieren.

Der »Große Bruder« wohnte oft in einer neurotischen Form von Religiosität, dort kämpfte Freud mit ihm und viele andere. Später, mit dem Verfall der Selbstverständlichkeit und der Macht der traditionellen Religionen, passte auch er sich an und »säkularisierte sich« – wir konnten ihm vor allem in den Ideologien und in der Praxis der totalitären Regime (einschließlich des marxistischen Atheismus als einer verpflichtenden Staatsreligion) begegnen. Heute, *in der Epoche der Rückkehr der Religion*, können wir wieder auf seine neuen religiösen Kleider warten, besonders aus der Werkstatt der »neuen Religionen« und der Modesalons einer Reihe von »neuen religiösen Bewegungen« – und es ist die Pflicht der Erben der christlichen Märtyrer, die von den römischen Kaisern des politischen Verbrechens des Atheismus angeklagt wurden, trotz aller Risiken zu zeigen, dass der Große Bruder in all seinen Verkleidungen der Kaiser der Lüge ist; praktisch vorzuführen (*wie ein Kind zu sein*, dieses Mal das Kind aus dem Märchen Hans Christian Andersens), dass auch seine frommsten und effektivsten Uniformen nur des *Kaisers neue Kleider* sind, die aus unseren Illusionen und Projektionen gewoben sind. Der König ist nackt.

Und wo der Mensch die Freiheit satt hat, wo er genug hat vom Tragen der Verantwortung, wo er sich, wie die Israeliten in der Wüste (und sehr viele Menschen in der »postkommunistischen Welt« unserer Gegenwart), nostalgisch nach der Sklaverei umdreht, aus der er kam, nach den *ägyptischen Töpfen* voll von Fleisch und Sicherheiten, geht dort schon der Große Bruder »umher wie ein brüllender Löwe und sucht, wen er verschlingen kann« (1 Petr 5,8), oder eher als ein raffinierter Verführer mit einem ganzen Set von Rattenfängerflöten. Ich habe die perverse Fernsehsendung mit dem nicht zufälligen Titel *Big Brother* erwähnt; ja, der Große Bruder eilt heute am liebsten in die virtuelle Welt der Medien, weil er richtigerweise ahnt, dass er dort seine sehr breite und großzügige Verwandtschaft findet.

Wenn jemand zu uns über Gott sprechen wird, seien wir wachsam, ob er uns nicht den »Großen Bruder« unterschieben will. Die Unterscheidung ist leicht und schwierig zugleich, sie besteht darin: Der Große Bruder ist der Vampir der Freiheit, der wirkliche Gott ist ihr Felsen, ihr Leben, ihr Blut. Die Schwierigkeit besteht darin, dass das tatsächliche Unterscheiden, wer das Haus seiner Freiheit auf Felsen und wer es auf dem fließenden Sand der Versprechen gebaut hat, erst in der kritischen Stunde des Sturms kommen wird.

***

Warum gehören Gott und die Freiheit so schicksalhaft zusammen? Die traditionelle Antwort heißt: Die Freiheit steht und fällt mit der Verantwortung und Gott ist jene letzte und höchste Instanz der menschlichen Verantwortung. Der Gedanke an Gott stärkt die menschliche Verantwortung, denn vor Gott werden wir uns letztendlich alle verantworten müssen.

Hinter dieser Formulierung und dem Hinweis auf das Jüngste Gericht verbirgt sich jedoch nicht selten der drohende Finger des Großen Bruders, jene durch das »schlechte Gewissen« wirkende verlängerte Hand der elterlichen oder der gesellschaftlichen Autorität, die diese Macht auch in ihrer Abwesenheit verlässlich vertritt. In der neueren Religionsphilosophie, die von Existenzialismus, Personalismus und besonders von der »Philosophie des Dialogs« beeinflusst wurde, die verbunden ist mit den Namen von Martin Buber, Franz Rosenzweig, Hans Jonas und Emmanuel Lévinas, begegnen wir deshalb einer anderen Auffassung. Gott ist der Horizont des ewigen Du, überall dort gegenwärtig, wo dem Menschen was auch immer (vor allem aber ein anderer Mensch) zu einem tatsächlichen Du wird, zu einem wirklichen Nächsten, dem unbedingten Gegenüber (nicht zum anonymen und manipulierbaren *Jenes*). Lévinas behauptet: Der Gedanke an Gott tauche dort auf, wo ich ins Gesicht des anderen schaue, das für mich mit seiner wehrlosen Nacktheit zum Gebot »Du wirst nicht töten« wird; es wird zu einer verbindlichen Aufforderung zur Verantwortung für den anderen und für alle, zu der Frage »Wer wird sich kümmern, wenn nicht ich?« Gott ist in dieser Auffassung weder der drohende Zeigefinger einer allgegenwärtigen moralischen Polizei noch die Instanz, auf die wir die Last der Verantwortung für den anderen und für die Welt von unseren Schultern abladen könnten (»Der Herrgott wird sich schon irgendwie darum kümmern.«), sondern er ist Quelle unserer Verantwortung. Wir begegnen ihm nicht hauptsächlich in den heiligen Institutionen und heiligen Büchern, die unser Gewissen erleuchten und uns daran erinnern, dass unsere Würde und Freiheit von der freiwilligen Annahme von moralischen Verpflichtungen und Pflichten abhängen, sondern direkt in dem bedürftigen Nächsten. Gott ist der Fremde in dem Fremden, er ist gerade wie er (und »durch ihn, mit ihm und in ihm«) auf unsere Bereitschaft angewiesen, *für den anderen der Nächste zu werden*.

Ja, gerade so kennen wir das doch aus den Evangelien: Gott ist nicht der mächtige Gott der Mächtigen, er ist in den Kranken und den Machtlosen. Der Glaube an ihn gibt den Gläubigen kein Alibi dafür, untätig zu sein, sondern beruft sie und ermächtigt sie zum Dienst. Gott ist die Liebe, Gott wohnt in der Liebe – in der menschlichen helfenden, solidarischen, wirksamen Liebe, die jenes *Salz* ist, ohne welches das Leben ungenießbar und unverdaulich ist. Der Ort, an dem sich die Liebe zeigt, sind nicht scholastische Definitionen oder sentimentale Verse, sondern raue Lebensgeschichten: Die Liebe hat das Gesicht von Maximilian Kolbe oder von Mutter Teresa. Es ist eine stets nicht unterbesetzte Rolle im Drama des Lebens; es werden ständig neue hilfsbereite Freiwillige benötigt. Die Freiheit ist eine stets geöffnete Bühne für dieses unvollendete Drama – und Gott steht kontinuierlich auf der Bühne. Suchen wir ihn nicht unter den Zuschauern, in der Kabine des Regisseurs oder in der Präsidentenloge, er ist *immer im Spiel*, hinter vielen Masken; er ist das Spiel selbst.

Die ganze Welt ist Bühne,
Und alle Frau'n und Männer bloße Spieler.
Sie treten auf und gehen wieder ab,
Sein Leben lang spielt einer manche Rollen,
Durch sieben Akte hin.[78]

Gott geht nicht ab. Er spielt nicht nur sieben Rollen, sondern vielleicht auch siebenundsiebzig ... Gott *geschieht* ununterbrochen.

Freundschaft mit dem Unbekannten

Wenn wir dem Ausdruck, »so zu leben, als ob es Gott gäbe«, den Sinn beimessen, *als ein freier Mensch zu leben*, so ist dies keine willkürliche oder nicht durchdachte Interpretation. Ihr seid Söhne[79] – diese wiederholte Zusicherung in der Bibel bedeutet: Ihr seid *frei*, ihr seid keine Sklaven (und sollt euch entsprechend verhalten). Auch einer der Schlüsselbegriffe der christlichen Botschaft, der Erlösung, lautet *Befreiung* (Erlösung aus der Sklaverei). Jesus geht noch weiter: Ich nenne euch nicht mehr Knechte[80], sondern *Freunde* (vgl. Joh 15,15). Dem Sklaven kann man Befehle erteilen, mit ihm gibt es keine Diskussion; wenn wir etwas von einem Freund wollen, respektieren wir seine Freiheit und setzen sein *Einverständnis* voraus. Die Freundschaft, die Freiheit und das Einverständnis gehören zusammen.

***

Wie wird sich (oder wie sollte sich) das Leben eines Menschen durch den Glauben an Gott verändern, durch den Glauben, wie ihn die Bibel versteht? Wie verändert sich wirklich sein *Leben*, seine praktische Beziehung zur Welt und zu den anderen, nicht nur seine »Überzeugung« (seine *Ansichten* bezüglich Gott, der Engel, Himmel und Hölle u. ä.)?

Wenn ich diese Frage gestellt bekomme (die häufig sehr persönlich gestellt wird), antworte ich: *An Gott zu glauben* bedeutet vor allem, frei zu sein – befreit zu sein von der Herrschaft der »Götzen«. Es bedeutet, bevollmächtigt zu sein (und gleichzeitig langfristig beauftragt zu sein), sich den Ansprüchen relativer Werte zu widersetzen, die in unserem Leben die Rolle des Absoluten einnehmen möchten.

Wenn ich vor dem Beichten den Dekalog durchgehe, dann überlege ich mir beim ersten Gebot (Du wirst an einen Gott glauben) nicht, von welchen Emotionen diese meine Überzeugung begleitet war (also ob ich *standhaft* geglaubt habe, ob ich nicht gezweifelt habe[81]), sondern, *welche Rolle Gott* in meinem Leben *spielte*. Was bestimmte mein Handeln, wem habe ich erlaubt, auf Platz eins zu stehen, wem habe ich die meiste Zeit und Energie gewidmet, was war mir *heilig*? Prätendenten auf den Thron Gottes in unserem Leben gibt es immer viele, wenn das nicht mehr wie früher die Partei, der Führer, der Wille des Volkes sind, kann es heute die öffentliche Meinung sein, das Bankkonto, die Karriere, die gesellschaftliche Anerkennung, »Gesundheit« und »Glück«, Ruhe und Ordnung, oder im Gegenteil dazu Unterhaltung und Aufregendes aller Art – ja, am häufigsten ist es das eigene sich aufblasende Ego, das sich schließlich auch unter vielem des Genannten verbirgt, beziehungsweise sich in viel raffiniertere, weil edel und uneigennützig wirkende Transfigurationen verkleidet hat. Alles, was mich abhängig macht oder was zur Inflation meines Ichs beiträgt, ist Götzendienst (und das nicht nur in den »weltlichen Angelegenheiten«, wo wir durch die tausendjährige Tradition der christlichen Askese zur Wachsamkeit gegenüber verschiedenen Formen von »Eitelkeit« erzogen worden sind, sondern auch in dem sogenannten »geistlichen Leben«, im Reich der frommen Altärchen).

Ja, die Worte »Ich glaube an den *einen* Gott« ernst zu nehmen, bedeutet, sie im Leben lebendig werden zu lassen, sich dauerhaft um *innere Freiheit* zu bemühen. Führen wir jedoch diesen Gedanken zu Ende, denken wir ihn weiter: Derjenige, *der sich um diese Freiheit ehrlich bemüht, der lebt, »als gäbe es Gott«*, auch wenn ihm bezüglich der Frage nach der Existenz Gottes mehr Fragezeichen als Ausrufezeichen in den Blick kommen.

Ähnlich bedeutet an Gott den *Vater* zu glauben nicht, in das unvorstellbare absolute Geheimnis die menschliche Idee der Vaterschaft oder Erfahrungen mit dem eigenen Vater hineinzuprojizieren (das wäre in vielen Fällen bei dem heutigen Zustand vieler Familien sogar unmöglich, wenn nicht gar kontraproduktiv), sondern aus dieser Metapher heraus ganz praktische Konsequenzen abzuleiten: Wenn Gott der »*Vater* aller Menschen« ist, dann sind alle Menschen – unabhängig von ihrer Natur, Rasse, Kultur, Überzeugung oder sozialen Gruppe – *Brüder*; sie sind sich gegenseitig Brüder und Schwestern, und damit auch für mich – und ich bin durch meinen Glauben gebunden, mich ihnen gegenüber genau so zu verhalten. Und umgekehrt könnten wir vielleicht sagen, dass derjenige, der in seinen Gedanken und durch sein praktisches Handeln sowie durch seine Lebenshaltungen die Mauern der Vorurteile und des Hasses zwischen den Menschen niederreißt, der sich gegen alle Formen der Unterdrückung und der Diskriminierung stellt, *dass solch ein Mensch lebt, als ob es Gott gäbe und als ob es den Vater gäbe*, auch wenn er über Gott und dessen Vaterschaft nicht nachdenkt.

An Gott als den *Erschaffer der Welt* zu glauben, bringt die Verpflichtung mit sich, sich ehrfurchtsvoll und verantwortungsvoll der Welt und der Umwelt gegenüber zu verhalten und jede rücksichtslose Manipulation der Natur (einschließlich der halsbrecherischen Nutzung wissenschaftlicher Entdeckungen z. B. in Fragen der Genmanipulation) sowie die rücksichtslose Ausbeutung der natürlichen Ressourcen abzulehnen. Den Glauben an den Schöpfer bezeuge ich nicht damit, dass ich an diesen oder jenen physikalischen, biologischen oder metaphysischen Theorien über den Ursprung und die Entstehung der Welt und des Lebens festhalte, sondern indem ich mich auf eine bestimmte Weise gegenüber der Natur und dem Leben, einschließlich des Lebens in seinen verletzbarsten Phasen – in der Phase des Anfangs und in den Endphasen – verhalte. Es lässt sich also vielleicht sagen, dass derjenige, der diese Ehrfurcht vor dem Leben und die Verantwortung für die Umwelt tatsächlich *praktiziert*, so lebt, als ob es Gott gäbe und als ob es den Schöpfer gäbe, den Spender allen Lebens, obwohl er sich mit den Fragen der »Erschaffung der Welt« nicht beschäftigt und besonders theologische Reflexionen dieser Fragen ihm fremd sind. Und so können wir bestimmt das ganze Credo bis zum letzten Artikel durchgehen: Wer an *die Auferstehung der Toten und das Leben der kommenden Welt* glaubt, der wird der merkwürdig morbiden Faszination des Todes in der heutigen Unterhaltungsindustrie widerstehen und er wird sich zum Beispiel auch nicht hektisch überlasten, neurotisch und auf Kosten von allem und von allen »aus dem Leben herausschlagen wollen, was geht«, weil es so kurz ist und der Tod das Absolutum und das Ende aller Hoffnungen ist. Es lässt sich also vielleicht sagen, dass derjenige, der angesichts der Endlichkeit des menschlichen Lebens weder der zynischen Skepsis und dem Nihilismus noch dem autodestruktiven Gebot »reiße an dich, was du kannst« verfällt, der *lebt, als ob es Gott gäbe* und dieser eine die Quelle der Hoffnung auch im Tod wäre, auch wenn für ihn alle Vorstellungen und Spekulationen über ein Leben nach dem Tod, über das *ob, wann und wie* einer »Auferstehung von den Toten« höchstens offene (nicht besonders verständliche und letztendlich nicht besonders interessante und irrelevante) Fragen bleiben.

Versuchen wir, einen Menschen mit einem »festen Glauben«, für den bezüglich dieser Glaubensartikel *alles klar* ist, von denen er felsenfest überzeugt ist, die er sowohl mit dem Glauben als auch mit der Vernunft annimmt, die er regelmäßig und ohne die kleinste Erschütterung durch Zweifel rezitiert, *aus denen er jedoch nicht jene praktischen Konsequenzen ableitet* (und es ihm auch nie einfallen würde, dass das Credo von ihm etwas mehr verlangt, als sich über diese »Wahrheiten des Glaubens« nur irgendetwas zu denken), mit einem anderen Menschen zu vergleichen, dem der

Text des Credo einschließlich des Wortes »Gott« nicht viel sagt, der sich überhaupt nicht für einen religiösen, gläubigen Menschen hält, für den jedoch alle *praktischen Lebenshaltungen*, die wir gerade als logische Konsequenzen jener Glaubensartikel bezeichneten, ein natürlicher Bestandteil seines Lebensstiles sind.

Würde Jesus nicht sagen (ähnlich wie er es am Ende des Gleichnisses über den Pharisäer und den Zöllner tat), dass der Zweite *gerechtfertigt weggeht*, der Erste aber nicht? Würde der Autor des Jakobusbriefes nicht sagen, dass der Glaube des Ersten tot ist, während der Zweite, »der Ungläubige«, *seinen Glauben aus seinen Werken zeigen kann*? Kann dann nicht ein Theologe oder ein gläubiger Freund einem »Ungläubigen« seinen unbewussten, unreflektierten, uneingestandenen, »anonymen« oder »impliziten« Glauben aus seinen eigenen Werken aufzeigen, aus seiner Lebensweise?

Joseph Ratzinger fordert unsere gläubigen Freunde auf, zu versuchen, so zu leben, als ob es Gott gäbe. Fügen wir hinzu, dass nicht wenige von ihnen das schon längst tun (auch wenn sie nicht auf die Aufforderung gewartet haben, diesen Lebensstil erst von dem Moment an zu praktizieren, in welchem sie »Gott zumindest als eine Hypothese annehmen«). Aber wir kennen nicht nur solche »impliziten Gläubigen« unter den Ungläubigen. Wahrscheinlich kennen wir alle auch »implizite Ungläubige« unter Christen – solche, die sich zwar zu Gott und zum Glauben bekennen, jedoch so leben, »als ob es Gott nicht gäbe«. Die Aufforderung »Leben Sie so, als ob es Gott gäbe« ist nicht nur an unsere ungläubigen Freunde, sondern auch in die eigenen Reihen gerichtet, in die Welt der Gläubigen, sie ist auf sich zu beziehen!

***

Die Grenze zwischen den Welten des Glaubens und des Unglaubens war wahrscheinlich nie ganz so undurchlässig, wie es denjenigen erscheinen mag, die an ihr gerne auch heute – ganz gleich, ob von dieser oder jener Seite aus – aufmerksam und streng Wache halten würden, die mit Definitionen bewaffnet wären und amtlich beglaubigte Identitätsnachweise verlangen würden. Heute ist es aber um diese Grenze ähnlich bestellt wie um die Staatsgrenzen in der Europäischen Union. Nostalgiker betrübt und empört neben der Sache mit den Identitätsnachweisen bestimmt auch die Tatsache, dass sich ein »Glaubender« nicht mehr so klar von demjenigen unterscheiden lässt, für den Gott eine (bloße) Hypothese und Möglichkeit ist. Schon mehrmals haben wir hier gesagt, dass auch für den Glauben eines Gläubigen Gott eher eine »Hypothese« der besonderen Art darstellt, die erst *in eschato*, in Ewigkeit vollständig überprüfbar ist, als eine *Tatsache*, die in seinem Geist wie eine Leberwurst auf dem Teller liegt; dass sich auch unserem Glauben *Gott als eine Möglichkeit gibt*, als ein Angebot, als eine Herausforderung, nicht als eine »fertige Sache«, die dem Menschen die Freiheit der Wahl abnehmen würde, zu glauben oder nicht zu glauben, sodass dann der Glaube nicht mehr das sein könnte, wofür ihn die Theologen seit Jahrhunderten erklärten, nämlich eine *Tugend*.

Schauen wir uns nun die Sache symmetrisch von der anderen Seite aus an, aus der entgegengesetzten Perspektive: Hat nicht derjenige, der »Gott als eine Möglichkeit zulässt«, nicht bereits das heilige Feld des Glaubens betreten? Vermutlich können wir dies bejahen – wenn für ihn diese Hypothese nicht nur ein bloßer Gedanke bleibt, mit dem man intellektuell bis ins Unendliche kokettieren kann, sondern wenn er versucht, die Hypothese »experimentell in der Praxis zu überprüfen«.

Das ist nämlich bereits die Arbeit des Glaubens und die Aufgabe oder das Schicksal des Glaubenden. Wie Ratzinger an einer anderen Stelle sagt: Zum Glauben gehört ein Lebensweg – woran ich glaube, wird auf ihm allmählich experimentell überprüft und in seiner Ganzheit als sinnvoll offenbart.[82]

Die häufig auftretende Frage, der ein gläubiger Mensch ausgesetzt ist – »Glaubst du das *wirklich*?« (oder sagst du das nur, weil es dich deine Eltern oder der Pfarrer gelehrt haben) –, ist oft (sei es von der Seite des Fragenden oder des Gefragten aus) als eine Frage nach der *Stärke* des Glaubens gemeint. Diese Stärke stellen sich die Menschen häufig wie die Intensität eines emotionalen Erlebnisses vor, das den (intellektuellen) »Akt des Glaubens« begleitet und eventuell mögliche »Zweifel« unterdrückt, zensiert. Wenn das so wäre, dann wäre auf dem Gebiet des Glaubens derjenige a priori begünstigt, der nur eine kleine Vorstellungskraft und eine beschränkte Fähigkeit des kreativen Denkens hat. Der ideale Held des Glaubens wäre dann ein geistesschwaches, unselbstständiges und durch Suggestion leicht beeinflussbares Individuum (und fügen wir hinzu: So stellen sich manche Ungläubige von außen einen Gläubigen vor – und leider werden sie von manchen »im Glauben Starken« und auf ihre Unerschütterlichkeit so Stolzen unbeabsichtigt in diesem vereinfachten »Feindbild« bestätigt). Zum Glück ist das nicht so: Die *Authentizität* des Glaubens und seine tatsächliche Kraft bestehen weder in den Emotionen, die den Glauben begleiten, noch in einer subjektiv empfundenen Sicherheit der Überzeugung, sondern in dem Maß, mit dem der Glaube die Ganzheit des Lebens verwandelt, den Stil des Denkens und des Handelns. Es geht um einen *Stil* des Denkens und Handelns, nicht nur um »gute Taten«. Einen Baum »erkennt man« sicher »an den Früchten«, aber es geht nicht nur um die Früchte, sondern um den Baum als Ganzes. Die entscheidende Grenzlinie bildet dabei nicht die Unterscheidung zwischen einem starken und schwachen Glauben, sondern zwischen einem lebendigen und einem toten.

***

Mit dem Gleichnis von dem Baum haben wir hoffentlich das Missverständnis vermieden, den Glauben pragmatisch auf die Moral, auf die Werke zu reduzieren. Gehört denn zum Glauben nicht auch vieles andere, das Gebetsleben und das ganze Gebiet der Spiritualität (die heute die Menschen besonders zum Glauben hinzieht), aber auch die Liturgie und die Familie des Gläubigen – die Kirche, nicht nur als »Institution«, sondern als eine Gemeinschaft des Erzählens und des Feierns, als Quelle des ununterbrochenen Anknüpfens an die Geschichte Christi mit den Lebensgeschichten von unzähligen, verschiedenartigsten Menschen, von denen zumindest manche die Kirche in ihrem Gedächtnis (zum Beispiel in der überreichen Galerie der Heiligen) bewahrt? Ja, zum Baum des Glaubens gehört nicht nur die Schale mit den Früchten, sondern gehören auch Blüten, Wurzeln, der Stamm, die Zweige und die Vögel, die sich auf sie setzen.

Falls ich mit der Betonung der Lebenspraxis die Grenze zwischen den Gläubigen und den Ungläubigen, respektive zwischen denen, die sich für die einen oder die anderen halten, ziemlich verwischt habe, ließe sich erwarten, dass in der folgenden Reflexion über das Gebet und die Spiritualität alles wieder in Ordnung gebracht wird, dass die alten Grenzschranken wieder heruntergelassen werden. Hier müsste doch alles klar sein: Gläubige beten, während Ungläubige dies nicht tun. Ist das jedoch wirklich so einfach?

***

Wahrscheinlich werden mir viele von denen, die die Möglichkeit haben, sehr vertraulich mit vielen gläubigen Christen über die Probleme ihres geistlichen Lebens zu sprechen, bestätigen, dass eine große Reihe von Gläubigen heute eine »Gebetskrise« durchlebt – vor allem des Gebets, das als »Gespräch mit Gott« begriffen wird.

Wir wurden seit den Anfängen unseres christlichen Lebens, seit unserer frühesten Kindheit oder den ersten Fußstapfen nach einer Konversion darin unterrichtet, im Gebet zu Gott »Du« zu sagen – und wahrscheinlich hatte jeder von uns das Glück, mindestens manchmal (besonders im Gebet) eine solche Intimität mit Gott tatsächlich authentisch (nicht suggeriert, »nicht angelernt«) zu erleben. Viele bekennen jedoch heute ihre Unfähigkeit (außer vielleicht in außergewöhnlichen Momenten oder Gegebenheiten) so zu beten, dass sie ein »Gespräch mit Gott« führen, dass sie ein Gespräch des menschlichen Ich mit dem Göttlichen Du erleben. Vielleicht gelingt ihnen ein »Gespräch« *wie* zwischen einem Ich und einem Du; häufig haben sie jedoch eher das Gefühl, dass »sie in einen stummen Hörer sprechen« – und nach wiederholten vergeblichen Versuchen, aus Angst, dass sie sich nur etwas einreden könnten, lassen sie das (und manchmal sogar das gesamte Gebetsleben) dann meistens sein. Es hinterlässt in ihnen jedoch Bedenken, Frustration, manchmal Schuldgefühle. Sie lassen das nicht ganz hinter sich, von dem sie vermuten, dass die Frage des Beichtvaters darauf abzielt, die sie in Verlegenheit bringt: »Und wie sieht es mit Ihrem geistlichen Leben aus?« Sie flüchten sich manchmal vom »klassischen Gebet« in die *Meditation*, in eine stille Versenkung.[83]

Ich vermute, dass man die »Schuld« an dieser Krise nicht einfach der geistlichen Faulheit der Gläubigen oder dem Lärm und der Eile des technischen Zeitalters zuschreiben kann. Die Ursachen liegen tiefer. Die Welt der ursprünglichen Unmittelbarkeit dem Heiligen gegenüber verging (und dies, wie wir erwähnten, nicht ohne das Zutun des Christentums), und mit ihr hat ein bestimmter Typ der Frömmigkeit seine Biosphäre, seine Wurzeln verloren. Wir zitieren ihn, *spielen* ihn *ab*, was an sich überhaupt nichts Schlechtes ist, aber zwischen der Handlung selbst und ihrer Inszenierung auf der Bühne besteht doch ein Unterschied, den wir nicht übersehen sollten.

Ein Bestandteil der Spiritualität und des Gebets der Christen wird bestimmt immer, auch in unserer Zeit, die »lectio divina« sein, die kontemplative und vergegenwärtigende Lektüre der Geschichten und der Gebete aus der Bibel, jenes »Gedenke!«, das der Herr seinem israelitischen Volk wiederholt verordnete und das wir mit Demut auch auf uns beziehen können, wenn – wie der Apostel Paulus sagt – wir durch den Juden Jesus, unseren Herrn und *Bruder*, auf diesen Stamm »aufgepfropft« wurden. (Geistlich sind wir alle Semiten, erklärte Papst Pius XI., als im Vorkriegseuropa der Antisemitismus begann, sein Haupt zu erheben).[84]

Ich habe bereits erwähnt, dass im geistlichen Leben vieler heutiger Christen an die Stelle der Versuche, im Gebet eine Begegnung mit Gott »in der Art eines Gespräches zwischen einem Ich und einem Du« aufzubauen, langsam das meditative Versenken in die Gegenwart ohne Worte, Vorstellungen, Bilder tritt. Nicht nur die Spiritualitäten des Fernen Ostens (vor allem das Zen), die in diesem Zusammenhang heute am häufigsten *zitiert werden*[85], sondern auch christliche Mystiker vieler Jahrhunderte stellten gerade diesen Typus des Gebets über das bloße »Lippengebet«, sie hielten es für den Ausdruck und für die Begleitung reiferer Phasen des geistlichen Weges. Ebenfalls entdecken nicht wenige Christen wieder die Tradition der »lectio divina«, des kontemplativen Lesens des biblischen Textes oder der christlichen Klassiker. Das bedeutet, dass sie Gott einerseits *in der Stille* suchen (wo sie ihm als einem unaussprechlichen und unvorstellbaren Geheimnis begegnen), andererseits *in der Geschichte*.

Sind jedoch gerade diese Formen des geistlichen Lebens nur den »Einheimischen« vorbehalten, sind dies zwingenderweise erst später gepflückte *Früchte* vom Baum des Glaubens – oder können sie bereits auch das »Einpflanzen der Setzlinge«, die ersten Schritte derer begleiten, für die Gott noch ein unbekannter Gott ist?

***

Joseph Ratzinger hat, wie wir schon gehört haben, die Kirche zur Eröffnung eines »Vorhofs der Heiden« aufgefordert, »wo Menschen sich irgendwie *an Gott anhängen können, ohne ihn zu kennen* und ehe sie den Zugang zum Geheimnis gefunden haben, dem das innere Leben der Kirche dient«, wo »sie *zu dem unbekannten Gott beten* können und damit doch mit dem wirklichen Gott in Verbindung sein sollten, wenn auch in vielerlei Dunkelheit«. Es fällt uns sofort die Frage ein: Wie machen sie das, wie können diejenigen, die »Gott nicht kennen«, zu ihm beten und sich an ihn anhängen?

Das Gebet ist doch eine vertrauliche Beziehung – kann jemand wirklich (wie es Joseph Ratzinger vorschlägt) *zum unbekannten Gott beten*? Wenn die Kirche der Inspiration Joseph Ratzingers folgen und den Raum öffnen wird, in dem diejenigen zu demselben Gott beten können, »für die Religion etwas Fremdes ist, für die Gott unbekannt ist, aber die trotzdem nicht einfach ohne Gott bleiben möchten, sondern sich ihm wenigstens wie einem Unbekannten nähern wollen«, *was kann sie ihnen aus ihren Gebetserfahrungen anbieten*?

Vielleicht gerade jene beiden Wege, die ich zuvor erwähnte: das stille Eintauchen in die Gegenwart des Geheimnisses – ohne Worte, Gedanken, Bilder, Stillwerden, Zuhören – und Nachsinnen über die Schrift. Zu beidem hat sicherlich jeder geistlich empfindsame Mensch Zugang, auch wenn er nicht über die Sicherheiten dessen verfügt, was die Kirche über Gott und über sich selbst lehrt.

Übrigens nimmt auch in der Familie der Kirche die Zahl der Menschen zu, die, »wenn auch in vielerlei Dunkelheit«, Gott eher als den Großen Unbekannten wahrnehmen. Nicht in dem Sinne, dass sie geringschätzen würden, was ihnen die Kirche über ihn sagte und sagt. Es ist möglich, dass jener erwähnte »Verlust der ursprünglichen Unmittelbarkeit« (oder besser das Bewusstwerden dessen, dass sie wirklich verloren gegangen ist, und folglich der Verzicht auf infantile Versuche, sie sich einzureden[86]) eher einen Gewinn als einen Verlust darstellt – wie es in der Welt des Glaubens häufig vorkommt.

Ein unbekannter Gott ist in diesem Fall kein *fremder Gott*, sondern ein Gott, der größer ist, als wir ihn uns bisher vorgestellt haben (Deus semper maior). Er ist *unser* Gott, aber *nicht nur unser*er – auch diese ganz wesentliche Erkenntnis macht ihn (in unseren Augen) wesentlich »größer«, als wir ihn uns vorstellten, als wir das Monopol auf ihn beanspruchten. Erinnern wir uns daran, wie wir die nachösterlichen Geschichten der Evangelien kommentierten: Der Auferstandene kommt zu den Seinigen als ein unbekannter Wanderer.

***

Zwei Formen eines »Gebets für diese Zeit« haben wir schon genannt. Es gibt hier aber noch einen weiteren Weg, den ich für sehr wichtig halte. Mit jener Offenheit des Herzens, mit einem ruhig gewordenen Geist, mit der Bereitschaft, zu warten und geduldig zuzuhören, mit dem Willen, zu verstehen, und mit der Bemühung, alle seine überstürzten »Vorverständnisse« und Vorurteile zu überschreiten (»in Klammer zu setzen«), kurzum mit alldem, was wir in den Momenten des kontemplativen Stillwerdens und des kontemplativen Lesens lernen, versuchen, *sein eigenes Leben zu lesen*.

Seine eigene Geschichte zu lesen – auch nach kleinen Teilen, wie ein Tag oder eine Woche, die gerade zu Ende gehen –, sie als einen Text zu lesen, als Botschaft, die für uns bestimmt ist. Also weder als ein reines Produkt unseres Bemühens noch als Folge äußerer Verhältnisse, noch als Stapel zufällig gemischter Karten noch als einen flüchtigen Traum, von dem wir doch aufgrund unserer Vernunft wissen, dass es keinen Sinn macht, sich mit ihm zu beschäftigen.

Es gibt Tage und Ereignisse, deren »Botschaft« wirklich schwer zu dechiffrieren ist. Unser Leben ist nicht einfach ein vom Himmel gefallener Brief, in jeder Lebenssituation vermischen sich verschiedenste Einflüsse. Bei der Kontemplation des eigenen Lebens geht es jedoch nicht um die Bemühung, alles aufzudröseln, zu benennen und richtig zu bewerten und alles zu ordnen, es geht auch nicht um eine psychoanalytische Fahndung nach den unbewussten Wurzeln unserer Schwierigkeiten, auch nicht um eine streng rationale Analyse der Erfolge und Misserfolge, die für die Planung weiterer Schritte nützlich sein könnte. Vielleicht können wir dieses Zuhören am ehesten mit einem lockeren, jedoch sehr aufmerksamen Eintauchen in ein musikalisches, literarisches oder ein Werk der bildenden Kunst vergleichen, das wir nicht nur für eine momentane ästhetische Freude »auskosten«, »konsumieren«, das wir nicht als Kunstkritiker bewerten, sondern von dem wir uns ergreifen, durchdringen, hinreißen lassen.

Vielleicht können wir uns ein Werk vorstellen, das mit seiner musikalischen, literarischen Sprache oder mit der Sprache der bildenden Kunst von etwas erzählt, das wir auch erlebt haben, von einer Landschaft, die wir besucht haben, von einem Schmerz oder einem fröhlichen Ereignis, die wir auch kennen, von einem geschichtlichen Ereignis, dessen Zeugen oder sogar Mitakteure wir waren. Und jetzt interessiert es uns, wie jemand anderes dieses Thema interpretiert, wie er es noch aus einem anderen Winkel beleuchtet, uns daran erinnert, was wir vergessen haben, was zu sehen wir nicht fähig oder bereit waren, in ihm noch einen weiteren und tieferen Sinn entdeckt. Wenn wir nicht wollen, müssen wir nicht über den Künstler spekulieren, wir brauchen von ihm gar nichts zu wissen, nicht einmal seinen Namen zu kennen; es genügt völlig, in sein Werk einzutauchen, aus unserer Welt hinauszutreten und für einen Moment an seiner Erfahrung teilzuhaben, mit seinen Augen zu schauen, mit seinem Herzen zu fühlen – soweit es geht … Es ist nicht notwendig, dass uns der

Künstler selbst oder irgendein Experte anschließend die Richtigkeit unseres Lesens bestätigt, damit unsere Interpretation (denn jede Wahrnehmung ist eine Interpretation) vom Erschaffer selbst »autorisiert« wird. Das Wesentliche ist, dass der »Funke übergesprungen ist«, dass uns die Wahrnehmung des Werkes in einem Punkt die Augen öffnete, den Horizont erweiterte; wenn wir über den Tod nachdenken werden, können wir wahrscheinlich aus unserer Seele nicht mehr das löschen, was sich bei einem wirklich aufmerksamen Hören des Mozart'schen Requiems oder des Choralvorspiels Johann Sebastian Bachs *Vor Deinen Thron tret ich hiermit* ereignete; unser Gedanke an das Jüngste Gericht (egal, ob wir bereits daran »glauben«, mit ihm zumindest als einer Möglichkeit rechnen oder überhaupt nicht), wird nicht derselbe sein, nachdem wir eine Stunde in Ekstase vor dem Fresko Michelangelos in der Sixtinischen Kapelle staunend verbringen durften.

Das waren alles Gleichnisse, die vielleicht etwas mitteilen, vielleicht etwas in die Irre führen, wie es bei Metaphern eben der Fall ist. Ich wollte damit sagen: Versuchen wir, in der Meditation unsere Lebensgeschichte oder einen ihrer Abschnitte »abzuspielen«. Nicht so, dass wir versuchen sollten, jedes Detail ins Gedächtnis zu rufen, es wie in einem Dokumentarfilm lebendig werden zu lassen. Eher so, als würden wir ein musikalisches Stück abspielen – und stellen wir uns vor, dass jemand anderes (der uns vielleicht unbekannt ist, aber dafür über die vollkommene Kenntnis unseres Lebens verfügt und das nicht nur hinsichtlich der Ansammlung von »Tatsachen«, sondern auch hinsichtlich des Begreifens des Sinnes, auch desjenigen, der uns selbst aufgrund unserer Unkenntnis des breiteren Kontextes entgeht) für uns unsere Geschichte in der Sprache eines Kunstwerkes umerzählen wird, es schaffen wird, sie schöpferisch und für uns bahnbrechend zu deuten.

Diese Art des Lesens des eigenen Lebens, die ich persönlich für die wertvollste Art des Gebetes oder der Meditation halte, ist natürlich anspruchsvoll. Wenn Menschen die »Gewissensprüfung« im Sinne einer kaufmännischen Abrechnung »Soll – Haben« oder als den Moment eines imaginären, unangenehmen Vorsprechens bei einem himmlischen Steuerkontrolleur ersetzten, kann dies zu einer selbstbefriedigenden Schlaftablette führen (ich tue doch niemandem etwas Böses, ich erfülle ordentlich meine Pflichten), oder im Fall eines Skrupulanten, eines Opfers des eigenen Masochismus oder einer rigorosen religiösen Erziehung, zur Selbstquälerei, zu einem schlechten Gewissen; es kann zur Vorbereitung einer Beichte dienen, die jedoch eher eine Karikatur der Buße darstellt: Nach einem mechanischen, selektiven Aufsagen einer Liste von Sachen, die ich meistens nicht ändern kann, bekomme ich mit der Lossprechung eine »Ermahnung«, von welcher der Beichtvater und der Pönitent wissen, dass sie über der Realität des Lebens wie der Morgennebel über einem Fluss schwebt.

Ist aber der Versuch, lieber ein *intelligentes* (*interlegere*, sorgfältig und gründlich lesen, auch zwischen den Zeilen lesen) Lesen des eigenen Lebens zu erlernen, es nicht wert, dass wir ihm ein bisschen Zeit, Mühe und guten Willen widmen? Ja, wir sind Theater für die Menschen, für die Welt und für die Engel, sagt der Apostel; versuchen wir für einen Moment, überhaupt nicht zu beachten, wie unsere Aufführung von »der Welt«, von »den Menschen« beklatscht (oder ausgepfiffen oder mit Buhrufen quittiert) wird. Versuchen wir, aus einer wirklichen Obenansicht zu schauen, uns vorzustellen, wie wohl »die Engel« (und ihr Herr) mich und mein Leben sehen – egal, was ich von den Engeln (und ihrem Herrn) denke, weiß oder glaube. Versuchen wir dabei, nicht zu betrügen (was ungemein schwer ist), weder das hineinzuprojizieren, was wir gerne hören würden, noch das, womit uns unsere Gewissensbisse oder die Ansprüche der anderen plagen.

Die Früchte einer solchen Übung (sofern wir sie uns mit den Jahren wenigstens ein wenig aneignen) sind unheimlich kostbar. Umgekehrt ist es jedoch unheimlich gefährlich, sich bei dieser Übung durch das Selbst-Belügen in den eigenen Lebenslügen, dem eigenen Größenwahn oder den eigenen Minderwertigkeitskomplexen zu bestärken – *nur die Wahrheit* macht frei und heilt! Aus dem Strom der Erlebnisse wird das Leben dann tatsächlich zu einer sinnvollen Geschichte, aus den Splittern von Ereignissen wird *Erfahrung*, wird allmählich eine wirkliche Lebensreife und Lebensweisheit geboren. Aus einem Leben, das wie ein Monolog gelebt wird, aus dem hochmütigen oder verzweifelten Hineinschreien in die Dunkelheit, wird ein *Dialog* – und schrieb ich nicht gleich am Anfang, dass *gläubig zu sein für mich bedeutet, das Leben als einen Dialog zu führen*?

Ja, gerade dadurch wird meiner Meinung nach der *Mensch gläubig* (aufmerksam zuhörend und demütig sowie tapfer antwortend) – er wird es hier eher als in den »Religionsstunden« oder als auf den emotionalen religiösen Paraden.

Und noch eine Sache, *last but not least*: Mit jenem »Künstler«, dessen Deutung meines Lebens ich aufmerksam zuhöre, *entwickelt sich* allmählich, fast unmerklich (und das auch dann, wenn er für mich in diesem und jenem ein geheimnisvoller Unbekannter bleibt) eine Freundschaft.

***

Wenn wir die heutigen »Sucher«, die den früheren »Gottesfürchtigen unter den Heiden« ähneln, auf den »Vorhof der Heiden« einladen, bereiten wir uns darauf vor, *dass sie dort auch vielen von uns* gläubigen Christen begegnen werden, die erlebten und zur Kenntnis nahmen, dass das innere Heiligtum des Tempels, das so oft zerstört wurde, auch heute leer steht. Lesen wir denn nicht im Neuen Testament, dass der Tempelvorhang definitiv entzwei riss, dass hier ein neues Heiligtum ist, zu dem uns Jesus den »neuen und lebendigen Weg, […] durch den Vorhang hindurch, das heißt durch sein Fleisch, bereitet hat« (Hebr 10,20)?

Dem Apostel Paulus zufolge machte Gott durch Christus die Fernen zu Nahen, er vereinigte das auserwählte Volk und die Heiden, *er riss den Damm ein,* er setzte der früheren Feindschaft ein Ende (vgl. Eph 2,13–18).

Man kann sicher einwenden, dass Paulus jedoch »ehemalige Heiden« meint, die durch die Umkehr zu Christus zu Christen wurden und dass erst »in Christus«, das heißt in der Kirche, diese *ehemaligen* Heiden und *ehemalige* Juden eins, ein Körper werden und zwischen ihnen die Mauern fallen. Aber was machen die Sucher und die »Verehrer des unbekannten Gottes«, von denen Joseph Ratzinger spricht? Sind sie wirklich Heiden im ursprünglichen Sinne des Wortes? Denn auch sie sind nur »ehemalige Heiden«, die – ähnlich wie die Mehrheit der heutigen Juden in Europa und Amerika – von der tausendjährigen Wirkungsgeschichte des Christentums nicht unberührt sein konnten.

Und es ist wahrscheinlich, dass viele jener Suchenden über sich sagen werden, dass sie »*ehemalige* Christen« sind. Manche Religionssoziologen behaupten, dass die »ehemaligen Christen« – diejenigen, die von den Kirchen enttäuscht wurden und sie verlassen haben, nichtsdestotrotz immer noch in beachtlicher Weise Züge der christlichen Kultur in sich tragen – eine der größten Gruppen des heutigen Westens bilden. In diese Gruppe wandert aus den Reihen der Kirche gerade momentan eine nicht geringe Anzahl von Menschen. Die religiöse Szene verändert sich ununterbrochen und wir sollten nicht in den Konventionen aus den letzten Jahrhunderten erstarren.

So wie man die Aufforderung, »leben Sie, als ob es Gott gäbe«, sowohl auf jene überhaupt nicht verankerten »Sucher« als auch auf gläubige Christen beziehen kann, so kann auch die Einladung zum Gebet zu dem Unbekannten im äußeren Hof des Heiligtums mit Recht auch viele Christen ansprechen, die sich auch »in vielerlei Dunkelheit« erinnern, dass die ursprüngliche Bezeichnung der Christen die »Menschen auf dem Weg« war. Das Neue Testament sagt uns, dass der Platz für uns Christen jenseits der Mauern des Tempels ist – hinter den Toren, hinter dem heiligen Bezirk Jerusalems: »Darum hat auch Jesus, um durch sein eigenes Blut das Volk zu heiligen, außerhalb des Tores gelitten. So lasst uns denn zu ihm *vor das Lager hinaus*gehen und seine Schmach tragen. Denn wir haben hier keine bleibende Stadt, sondern wir suchen die künftige« (Hebr 13,12–14).

In vielerlei Dunkelheit

Die Jünger forderten von Jesus, dass er einem gewissen Menschen verbieten solle, Wunder zu tun, »weil er uns nicht nachfolgt« (vgl. Mk 9,38–40). Jesus hat diese engstirnige Forderung (die sich dann durch die ganze Geschichte des Christentums zieht) strikt abgelehnt: Denn wer nicht gegen uns ist, der ist für uns. Das gesamte vorliegende Buch stellt einen Versuch dar, in den Fußstapfen der Großzügigkeit Jesu zu gehen.

Papst Benedikt sagte über diejenigen, die »uns nicht nachfolgen«, dass sie »zum unbekannten Gott beten können und damit doch mit dem wirklichen Gott in Verbindung sein [sollten], *wenn auch in vielerlei Dunkelheit.*« Wenn ich schon eine derart große Nähe und derart viele Ähnlichkeiten zwischen ihnen und uns genannt habe, bekenne ich auch diese Ähnlichkeit: Auch wir Gläubige glauben *in vielerlei Dunkelheit.*

Wenn wir ganz im Licht sein werden, wenn alles offenbar sein wird (wenn »Gott alles in allem ist« – 1 Kor 15,28), wird der Glaube nicht mehr nötig sein. Beim Propheten Jesaja findet sich das älteste, ursprünglichste Auftreten des Wortes »glauben« in der Bibel: »Glaubt ihr nicht, so bleibt ihr nicht« (Jes 7,9). Wir haben den Glauben bekommen, um in der Dunkelheit bestehen zu können, in vielerlei Dunkelheit.

***

Eine der dunklen Wolken unserer Zeit und unserer Zivilisation ist zweifellos die *Depression*, die sich auch von gläubigen Kommunitäten nicht fern hält.[87] Ich füge umgehend hinzu, dass ich ein weitaus breiteres Phänomen meine als dasjenige, das die Psychiatrie und die klinische Psychologie mit diesem Terminus bezeichnen. Ich will damit nicht den wissenschaftlich definierten medizinischen Begriff »breittreten« und respektiere alles, was die moderne Medizin bisher über Herkunft, Formen und vor allem über die Therapie von Depressionen als einer Erkrankung eines Individuums feststellte. Ich möchte nur darauf hinweisen, dass mindestens manche Formen der Depression eine Zivilisationskrankheit darstellen, einen Ausdruck und eine Konsequenz einer breiteren und tieferen Erscheinung der »Einstellung« unserer Zeit und unserer Gesellschaft, des Zustands unserer Welt, besonders der Zerstörung der Natur und der sozialen Umgebung.

Anselm Grün betont in seinem Buch über die Depression[88] auf einer Seite, dass es unverantwortlich wäre, wenn ein an Depression leidender Patient fachliche medizinische Hilfe einschließlich Medikamente ablehnen würde, andererseits zitiert er aber auch medizinische Koryphäen, die die rein physiologische Sicht auf dieses komplizierte Phänomen verlassen und um die Verbindung von Äußerlichem und Innerlichem, von Physischem und Geistlichem, von Individuellem und Gesellschaftlichem wissen. Es ist sicherlich irreführend, wenn Menschen ihre schlechte Laune, ihre Traurigkeit und ihre Müdigkeit mit dem Terminus »Depression« bezeichnen. Allerdings wäre es meiner Meinung nach auch sehr kurzsichtig, sich beim Nachdenken über die Depression nur darauf zu beschränken, wie die medizinische Wissenschaft sie als eine »nosologische Entität« definiert und weitere »nicht medizinische« Zusammenhänge dieser komplizierten, vielschichtigen Erscheinung ignoriert.

Die heutige Faszination, die Leistung und Erfolg auf die Menschen ausüben, und die Bemühung, das Leid zu verdrängen, tragen sowohl dazu bei, wie heute der Terminus »Depression« verwendet wird, als auch zu der faktischen Verbreitung dieses Phänomens. Grün zitiert eine Psychologin, die eine »Pathologisierung des menschlichen Leids« erwähnt: »Wenn Leid nicht mehr sein darf in einer Gesellschaft, die so sehr ins Gelingen und in den Erfolg verliebt ist, dann besteht das hohe Risiko, dass wir bald in einer depressiven Gesellschaft leben werden. Einer Gesellschaft, in der jeder Mensch, wenn er leidet, als depressiv oder ›psychisch angeknackst‹ bezeichnet wird.«[89] Ich verstehe es so: Wenn jeder Schmerz, der den Menschen vom Trubel der Unterhaltung und der Geschäftigkeit der Leistung abhält, den Status von etwas bekommt, wofür sich der Mensch schämen sollte, dann wird die überstürzte Bezeichnung jedes beliebigen leidenden Menschen als eines »Depressiven« zu einer selbst erfüllenden Prophezeiung. Wenn du kein Recht auf Trauer und auf Schmerz hast, wenn deine Trauer von den anderen (die dein Selbstwertgefühl beeinflussen) für eine »Störung« gehalten wird, dann wird sie letztendlich auch zu einer Störung.

Auch für einen Beichtvater, der über eine psychologische Qualifikation verfügt, ist es überhaupt nicht einfach zu entscheiden, wann er einem leidenden Menschen raten soll, dass er sein Leid als »Angelegenheit für einen Psychiater« interpretieren sollte. In den Fällen, in denen er das nicht tut (und den Menschen nicht von der Angst befreit, dass er vielleicht von diesem Augenblick an in den Augen der Gesellschaft, seiner Nächsten und häufig auch in seinen eigenen Augen vom Mensch zum »Irren« deklassiert werden könnte), kann er mitschuldig werden an einem sich unnötig hinziehenden Leid, das tragisch enden kann. In anderen Fällen, wenn er es tut (auch deshalb, um sich von der Last und der Verantwortung bei der Begleitung einer seiner vielen schwierigen Klienten zu befreien), kann er diesem Menschen den Weg vermauern, sein Leiden, sein Kreuz moralisch und geistlich anzunehmen, es zu verwandeln und zu verarbeiten. Ja, ein nicht angenommenes Leiden kann sich dann wirklich in eine Depression »verwandeln«. Leider schließen sich auch jene christlichen Gruppierungen dieser Gesellschaft an, die keinen Platz für Trauer und

Schmerz lässt, für die das Ideal eines Christen aus einem immer lächelnden, vor Selbstsicherheit strahlenden »vorbildlichen Individuum« besteht.

Ein depressiver Mensch bekommt in vielen christlichen Gruppierungen einen gutmütigen, jedoch unwirksamen Rat: Bete, der Herrgott wird dir helfen. Anselm Grün erzählt von einer Frau, die sich beschwerte, dass sie nicht mehr beten kann und auch nicht beten will, weil ihr das Gebet gegen die Depression überhaupt nicht half. Er fügt einen sehr wertvollen Kommentar hinzu: »Die Frau verstand Beten als Bitte, die Gott zu erfüllen habe. Wenn er ihre Probleme nicht ändert, dann kann sie sich auch nicht ändern. Sie schiebt letztlich Gott zu, was in ihrer Verantwortung steht. Gott soll ihr die Depression nehmen. Doch auf diese Weise wird sie immer wieder enttäuscht und will schließlich gar nicht mehr beten. Jesus versteht das Beten offensichtlich anders. Jesus hält Gott seine Angst, seine Ohnmacht, seine Traurigkeit hin. Und er bittet seinen Vater, ihm den bitteren Kelch zu nehmen. Doch zugleich betet er: ›Aber nicht mein, sondern dein Wille soll geschehen‹ (Lk 22,42). Beten – so wie es Jesus versteht – ist ein Ringen mit Gott. [...] Das Beten bewahrt uns nicht vor der Depression. Es soll uns vielmehr davor schützen, dass wir in der Depression verwirrt werden, dass wir an uns und an Gott irre werden. Das Beten nimmt uns nicht die Bedrängnis. Aber es will uns einen festen Stand in der Bedrängnis geben. [...] Viele Menschen verstehen das Gebet zu äußerlich. Sie warten auf ein Wunder von außen. Gott soll ihnen wie ein Zauberer die Depression einfach wegnehmen, ohne dass sie sich noch darum zu kümmern bräuchten. [...] Es geht nicht darum, dass Gott durch das Gebet die Belastungen wegnimmt. Es geht vielmehr im Gebet darum, zu verstehen, dass ich mitten in der Bedrängnis in Gottes Hand bin und dass in mir etwas ist, worüber die Depression keine Macht hat.«[90]

Ja, eines der wertvollen Geschenke der Erfahrung von einer Depression, die im Glauben erlebt wird, ist die Entdeckung, dass

Gott nicht nur auf der Sonnenseite des Lebens wohnt (dort finden wir ihn häufig nicht) und nicht deshalb hier ist, um uns aus der Dunkelheit so schnell wie möglich zurück auf die Sonnenseite des Lebens zu führen. Er wohnt auch in der Dunkelheit und in der Verborgenheit, er wohnt dort als ein Verborgener; auch dort ist er jedoch mit uns und kann unserer Erfahrung der Dunkelheit eine Sinn geben. Er kann uns nicht nur dabei helfen, sie auszuhalten, sondern durch diese Erfahrung auch zu reifen. Die Frucht dieser Erfahrung kann auch darin bestehen, dass wir dann fähig sind, auch andere (und es gibt überall um uns herum viele, sehr viele) zu verstehen und ihnen in einer ähnlichen Prüfung zu helfen – zumindest durch unsere stille Anteilnahme; wenigstens dadurch, dass wir sie nicht mit billigen frommen Phrasen verletzen (und damit den Glauben diskreditieren).

***

Ja, auch ein Gläubiger glaubt in vielerlei Dunkelheit. Man spricht in diesem Zusammenhang oft von der *dunklen Nacht* (des Glaubens, der Seele, des Geistes), und dieser Terminus der mystischen Theologie von Johannes vom Kreuz wird nicht zufällig in der zeitgenössischen spirituellen (aber auch philosophisch-theologischen) Literatur immer häufiger dekliniert; auch der Autor dieses Buches hat schon mehrmals von der »kollektiven dunklen Nacht des Geistes« geschrieben. Hängt diese Erscheinung mit der Depression zusammen, von der wir gerade gesprochen haben? Sicherlich ja, auch wenn wahrscheinlich nicht so einfach, wie sich das diejenigen vorstellen, die den Terminus des heiligen Johannes vom Kreuz schlicht und einfach für einen »vorwissenschaftlichen Blick auf die Depression« halten: Was er in seiner pastoralen Praxis herausfand und mit mystischen Termini beschrieb, ist doch *in Wirklichkeit nichts anderes als* das, was wir heute schon längst wissen, dass es diese und jene Ursachen und den Ablauf von diesen und jenen Prozessen, in diesen und jenen Teilen unseres Gehirns gibt ...

(Wenn ich die Arbeiten einiger Physiologen über die *wirklichen, das heißt die neurophysiologischen* Ursachen von geistlichen Erscheinungen lese, muss ich über die Naivität ihrer Selbstbezauberung und über die Selbstverständlichkeit schmunzeln, mit der sie den philosophischen Terminus »Wirklichkeit« in Beschlag nehmen; wann werden sie begreifen, dass sie – bei allen verdienstvollen Entdeckungen, die ich selbstverständlich schätze und sie als eine weitere bereichernde Stimme in der Diskussion begrüße – *nichts als* wieder nur einen Teilaspekt entdeckten, eine mögliche Perspektive, eine Interpretation in einem »Sprachspiel«, das beim Blick auf jene Phänomene um nichts mehr oder weniger »wahr« und legitim ist als die Aussage von Johannes vom Kreuz in einem anderen »Sprachspiel«?)

Das »Sprachspiel« der Medizin trägt bestimmt dazu bei, wirksame therapeutische Vorgänge zur Bewältigung gewisser Arten des seelischen und geistlichen Leids und der Krisen zu finden; das »Sprachspiel« der Mystiker ermöglicht es, aus ihnen einen verborgenen Sinn zu gewinnen, sie in die eigene Lebensgeschichte einzubauen und zu einem Instrument des Persönlichkeitswachstums und des geistlichen Wachstums zu verwandeln.

***

Romano Guardini hat in seiner bemerkenswerten Vision der bevorstehenden postmodernen Zeit in seinem schmalen Büchlein *Das Ende der Neuzeit* aus dem Jahre 1950 unter anderem geschrieben: »Was umgebende christliche Kultur und bestätigende Tradition heißt, wird an Kraft verlieren. [...] Die Einsamkeit im Glauben wird furchtbar sein. Denn die Liebe wird aus der allgemeinen Welthaltung verschwinden (Mt 24,12). Sie wird nicht mehr verstanden, noch gekonnt sein. Um so kostbarer wird sie werden, wenn sie vom Einsamen zum Einsamen geht; Tapferkeit des Herzens aus der Unmittelbarkeit zur Liebe Gottes, wie sie in Christus kundgeworden ist. Vielleicht wird man diese Liebe ganz neu erfahren: die Souveränität ihrer Ursprünglichkeit, ihre Unabhängigkeit von der Welt, das Geheimnis ihres letzten ›Warum‹«.[91]

Ist nicht beides bereits eingetroffen, fragte ich mich unlängst, als ich mich gezwungen habe, einen Teil der Fernsehsendungen *Big Brother* und *Frauentausch* anzuschauen und in dieser Zeit das posthum erschienene geistliche Tagebuch von Mutter Teresa aus Kalkutta las. Einerseits die Veranschaulichung einer freiwilligen menschlichen Selbstdegeneration, die ich mir nicht einmal bei meiner großen Phantasie bisher vorstellen konnte, ein öffentlicher Ausverkauf von Intimität und ein absolutes Bespucken der Werte der Liebe, Ehre und Treue; andererseits die lebenslange Treue einer Frau, die in absolute Dunkelheiten des Glaubens eingetaucht war, die ihren emotional überhaupt nicht erlebten Glauben, ohne die Stütze des »Trosts«, mit einer unermüdlichen, selbstverbrennenden Liebe *realisierte*, im Dienst für die Ärmsten und die Einsamsten. Ein »Unterhaltungsspiel« einerseits, das *mit* grundlegenden Säulen der menschlichen Würde unverantwortlich *spielt* und diese Würde verspielt, sie gegen den virtuellen Applaus eines anonymen Publikums und einen Gutschein für einen Luxusurlaub eintauscht; andererseits ein freiwilliges Aufopfern von allem, was die Welt schätzt, ohne Anspruch auf eine Belohnung, die sich die Welt gerade noch so vorstellen oder anerkennen könnte, nämlich die wärmenden *geistlichen Erlebnisse* der Nähe Gottes.

Ja, auch wir glauben in einer Welt, über der sich nicht immer ein blauer Himmel mit einer strahlenden Sonne wölbt, auch wir glauben in einer Welt, die ab und zu von dunklen Wolken verhüllt ist; auch manche von uns werden in diese Dunkelheit geführt und führen dort ihren Glaubenskampf. In einigen meiner Bücher habe ich meine Überzeugung zum Ausdruck gebracht, dass das christliche Zeugnis heute seine Hauptaufgabe *im Kampf um die Hoffnung* hat. Heute würde ich diese Überlegung gerne mit dem Vers von Charles Péguy beenden:

> Der Glaube sieht, was ist.
> In Zeit und Ewigkeit.
> Die Liebe liebt, was ist ...
> Gott und den Nächsten.
> So wie der Glaube sieht.
> Gott und die Schöpfung.
> Aber die Hoffnung liebt, was sein wird.
> Für Zeit und Ewigkeit ...
> Sie ist es, die Kleine, die alles mit sich reißt.[92]

***

Wenn ich die Worte »Hoffnung« und »Ewigkeit« ausgesprochen habe, fühle ich mich verpflichtet, noch eine andere Bemerkung hinzuzufügen, von der ich ahne, dass sie manche Leser erzürnen wird, anderen (und vielleicht später auch den zunächst erzürnten) jedoch vielleicht ein wenig behilflich sein kann.

Was die Ewigkeit betrifft, begegne ich heute drei Arten sehr kurioser Vorstellungen, die der alte Freud offenbar zu Recht als eine phantastische Projektion menschlicher Wünsche bezeichnen würde. Ich begegne wiederholt Menschen, die vermuten, dass sie *deshalb gläubige Christen* sind, weil sie sich eingeredet haben, dass sie nach ihrem Tod augenblicklich auf einer blühenden Wiese der Ewigkeit landen werden, wo sie ihre lieben Verstorbenen erwarten werden und mit ihnen einen wunderschönen Urlaub ohne Ende verbringen werden; Verstorbene, die ihnen zuwider waren, werden dort natürlich nicht sein oder werden von Gott in Engel verwandelt worden sein. Und sollten sie sich vielleicht in diesem unendlichen Urlaub langweilen, wird Gott ihnen erlauben, dass sie, ohne selbst gesehen zu werden, von irgendwoher auf diese Welt schauen und sich darüber amüsieren können, wie es hier zugeht. Es ist mir dann fast schon peinlich, ihnen mitteilen zu müssen, dass uns die Bibel und die christliche Lehre über die Letzen Dinge, die Eschatologie, nichts Derartiges versprechen.[93] Verstehen Sie mich recht: Ich behaupte nicht, dass es sicher nicht so sein wird oder nicht sein kann, ich behaupte nicht, dass ich über das Leben nach dem Tod *mehr weiß* als jeder andere; auch glaube ich, dass die Liebe »stärker ist als der Tod« und dass nicht einmal der Tod uns für alle Zeiten von denen trennen kann, die wir liebten. Ich konstatiere nur bescheiden, dass alles, was ich über solche Sachen in der »heiligen Wissenschaft« studiert habe, mir kein Mandat dazu gibt, dass ich diese in die Details gehenden Vorstellungen vom Heil, denen wir manchmal auch in christlichen Predigten begegnen, wem auch immer im Namen des christlichen Glaubens versprechen oder aufdrängen würde.

Andere haben sich eingeredet, dass sie nach dem Tod wiederholt in diese Welt in anderen Körpern zurückkehren werden, und halten sich deshalb aus einem unbekannten Grund für »Buddhisten«; Buddha würde lachen, bis er sich vor Lachen sein rundes Bäuchlein halten müsste, dass jemand diese phantastische Touristik mit seiner Lehre verwechseln kann. Und dann gibt es eine dritte Gruppe von Gläubigen, die sich für Realisten und *wissenschaftliche* Materialisten halten mit ihrer felsenfesten Überzeugung, dass der Mensch eine Maschine sei, die mit dem Tod nicht nur zu funktionieren aufhört, sondern einfach »nicht ist« (diese Menschen verwechseln im Fall Gottes und des Menschen das Sein mit dem Funktionieren). Ich will ihnen ihren *Glauben* nicht nehmen, nur bitte ich sie, dass sie so ehrlich sind und sich nicht unter den Schirm *der Wissenschaft* stellen – die Kompetenz der Wissenschaft endet mit der Beschreibung des Sterbeprozesses bzw. des Zersetzens des Körpers und wir sollten von ihr nicht mehr verlangen. Die Wissenschaft weiß vom Leben nach dem Tod ungefähr so viel wie die Raupe über das Britische Museum – und das, dass sie von ihm nichts weiß, sagt etwas (und zwar nichts Schlechtes) über sie und ihre Grenzen aus, ganz und gar nichts jedoch über das Leben nach dem Tod.

Der christliche Glaube sollte uns zu dem demütigen Bekenntnis Mut machen, dass auch wir genauso wie alle anderen Sterblichen über das Leben nach dem Tod *nichts wissen*, er sollte unsere Neugier zähmen, dass sie diesen leeren Raum des Nichtwissens mit infantilen Phantasien verunkrautet, und er sollte mit allen Kräften der Hoffnung diesen Raum für eine große Überraschung offen lassen, die nur derjenige bereiten kann, der sagte: Ich bin die Auferstehung und das Leben. Er allein (weder wir noch unsere Theologie oder fromme Vorstellungskraft) hat die *Schlüssel des Lebens und des Todes*.

Lasciate ogni speranza[94], liest Dante am Höllentor. Vielleicht ist gerade dieses – *ohne Hoffnung zu leben* – bereits die Hölle selbst (es ist nicht notwendig, sich Kessel mit siedendem Öl dazu zu denken). Denn wenn wir leben (wenn wir wirklich leben, nicht, wenn wir nur überleben), dann leben wir aus der Hoffnung. Wir leben auch aus der Hoffnung, dass unsere Hoffnung uns überleben wird, nicht wir unsere Hoffnung; dass uns unsere Hoffnung nicht enttäuschen wird, dass uns auf unserem Lebensweg nichts ihrer berauben wird. Ja, wenn Er unsere Hoffnung ist, dann haben wir die Hoffnung, dass unsere Hoffnung nicht mit uns sterben wird.

Ich trete in das Spiel ein

Wirst du bereit sein, Rechenschaft von deiner Hoffnung abzulegen?, fragt der Apostel (vgl. 1 Petr 3,15). Sollte ich das am Ende des Buches nicht auch tun, und zwar sehr persönlich?

Meine Antwort wird sicher nicht originell klingen: Christus ist meine Hoffnung. Ich glaube, dass Er der Weg ist und dass Er der Weg zu Gott auch für diejenigen sein kann, deren Weg »zur Annahme Gottes« oftmals mit den dornigen Disteln des Zweifels zugewuchert ist und in vielerlei Dunkelheit liegt.

»Wer an mich glaubt, glaubt nicht an mich, sondern an den, der mich gesandt hat«, sagt Jesus im Evangelium nach Johannes (Joh 12,44). Wir haben im vorliegenden Buch oft vom impliziten Glauben an Gott gesprochen. Ist nicht auch dies in gewissem Sinn so ein »impliziter Glaube«? Wer den Zugang zu Gott nicht finden kann, kann dem Menschen Jesus vertrauen – und durch dessen Menschsein Gott begegnen: Und wer mich sieht, sieht den Vater (vgl. Joh 12,45). »Ich und der Vater sind eins« (Joh 10,30).

Ganze theologische Bibliotheken und eine Unzahl von Traktaten über die Trinität bemühen sich, uns zu zeigen, worin diese Einheit besteht: dass Jesus weder sein eigener Vater ist noch eine Verkleidung des Vaters noch ein »zweiter Gott« neben Gott noch ein Halbgott oder ein Mensch, der zu den Göttern erhöht wurde. Um die Einzigartigkeit Jesu hervorzuheben, benutzten die ersten Generationen der Christen, einschließlich der Autoren des Neuen Testaments, der ältesten Hymnen und Bekenntnisse und sogar der Dogmen der ersten Konzilien oftmals Ausdrücke (Begriffe, Metaphern, Analogien), die nicht nur aus der eigenen theologischen Werkstatt, sondern vor allem aus der jüdischen Tradition und aus der heidnischen (hellenistischen) Philosophie, Mythologie, Dichtung und der Sprache des Theaters entliehen (und häufig jedoch umgedeutet) wurden, bzw. Wendungen aus der Alltagssprache, die jedoch einen anderen, metaphorischen oder analogen Sinn bekamen – »Sohn Gottes«, »Messias«, »prä-existent« (von jeher lebend), »eines Wesens mit dem Vater«, »geboren von der Jungfrau«, »hinabgestiegen in die Hölle«, »er wurde auferweckt« (d. h. durch die Macht des Vaters), »er ist auferstanden« (d. h. durch eigene Macht), »aufgefahren in den Himmel«, »er sitzt zur Rechten des Vaters« u. ä. Für einen heutigen Menschen, der außerhalb der christlichen Tradition steht, sind diese Begriffe häufig unverständlich, sie sind für ihn oftmals mehr Hindernis als Hilfe beim Begreifen. Er versteht sie ohne die Kenntnis des ursprünglichen Kontextes oft nicht oder versteht sie verzerrt. Meistens stellen sie für ihn eine Last dar, von der er vermutet, dass es erforderlich ist, dass er sich anstrengen muss – »sacrificium intellectus« – und es ist traurig, zu beobachten, wenn zum Beispiel ein naiv begeisterter Konvertit (ein Fundamentalist aufgrund eines Missverständnisses und aufgrund guten Willens) ungewöhnlich stolz auf sich selbst ist, dass er es geschafft hat, die Einwände seiner Vernunft zum Schweigen zu bringen und all das »glaubt«. (In Wirklichkeit übernimmt er jedoch oft nur Metaphern, ohne ihren Sinn zu verstehen.)

Jedoch kann man diesem Konvertiten auch nicht wohlwollend raten, dass er alle diese Ausdrucksweisen beiseite lassen und sich auf den »Menschen Jesus« konzentrieren solle, auf den irdischen Jesus als eine historische Person und auf seine Lehre, die noch nicht durch weitere Auslegungsschichten umgedeutet wurde. Versuche, einen solchen »reinen Jesus« zu finden (von den Romanen der Romantiker über die »Archäologen« der wissenschaftlichen Materie über die theologischen Schulen bis hin zu Albert Schweitzer, der das endgültige Scheitern dieser Versuche erklärte) erwiesen sich als Utopie und Illusion; in das Wenige an

»historischen Fakten«, die wir aus den Ausdrucksweisen des Neuen Testaments herausarbeiten können, haben sie sich stets ihre eigenen, selbst ausgemalten Ideale naiv hineinprojiziert. Keines der Zeugnisse, die uns die Vielstimmigkeit des Neuen Testaments über Jesus weitergibt, ist eine Zusammenstellung neutraler »Fakten« von der Art einer photographischen, magnetophonischen oder protokollarischen Dokumentation, sondern sie sind jeweils Glaubensbekenntnisse, die in einem bestimmten geschichtlichen, kulturellen und sprachlichen Kontext entstanden sind und einem bestimmten Zuhörerkreis zugedacht waren. Trotzdem brauchen wir ob der scheinbaren »Armut« der Evangelien nicht zu verzweifeln; wir müssen uns damit nicht quälen, brauchen nicht zu resignieren oder in Skepsis zu verfallen; wie die gegenwärtige »postkritische Theologie« betont, gibt uns die Schrift einen ausreichenden Boden für unsere Theologie und den Glauben. (Der Weg zum Sinn der biblischen Texte schließt jedoch stets eine verantwortliche Arbeit der theologischen Interpretation und Re-Interpretation ein, auf die zum Beispiel kein ehrlicher Prediger des Evangeliums oder Lehrer des Glaubens verzichten kann.)

Der nette Lehrer der Liebe und der Moral, als den sich die Aufklärer und die Romantiker Jesus vorstellten und an den viele unserer Zeitgenossen »glauben«, ist eine moderne Fiktion; im Kern der Botschaft des Evangeliums steht nicht ein guter Mann aus Nazareth, sondern die Verkündigung der österlichen Geschehnisse, des Todes und des Sieges Jesu über den Tod. Diese Botschaft fordert von uns nicht, dass wir uns die »Auferstehung«, dieses wirkliche Herz und den Grundstein des christlichen Glaubens, irgendwie konkret vorstellen. Ebeling behauptet sogar, dass das Beste, was wir hier tun können, darin bestehe, sie sich überhaupt nicht vorzustellen, und sie vor allem nicht mit einer bloßen »Wiederbelebung« zu verwechseln, sondern dass wir sie als eine Herausforderung annehmen, die unser Leben und durch unser Lebenszeugnis auch die Welt verwandeln soll: Und wie Christus von den Toten auferweckt wurde, so sollt auch ihr als neue Menschen leben (vgl. Röm 6,4). Beachten wir genau: Für Paulus ist die größte Frucht der Auferstehung Jesu nicht die Zusage eines Lebens *nach dem Tod* für uns (auch wenn er diese selbstverständlich in keiner Wese leugnet, im Gegenteil), sondern *Art und Weise unseres Lebens hier auf der Erde*.

***

Ich bekenne, dass für mich persönlich – und vor allem, nachdem viele meiner eigenen Vorstellungen über Gott allmählich zusammengebrochen sind – kein anderes Fenster übrig bleibt, durch das ich »Gott schauen« kann, als der Gekreuzigte. Ich kann mir nicht helfen, alles andere kommt mir wie (wenn auch oft sehr edle und schöne) Früchte des menschlichen Idealismus und der Phantasie vor. Die ganze überreiche religiöse Kultur der Menschheit ist interessant, aufregend, anregend; aber für meine persönliche Beziehung zu Gott, für mein »Heil«, reicht mir die Ostererzählung.

Ich kann mit großem Interesse und mit Respekt die überreiche Galerie der Weltreligionen durchgehen, und ich tue dies auch häufig. Die Bilder, die ich hier sehe, können mich inspirieren (der menschliche Idealismus trägt sicher Funken des Geistes in sich), aber ich kann mir nicht vorstellen, dass sie *für mich* wirklich eine heilende und erlösende Macht hätten. Für mich sind das Kreuz Christi an der Wand und die Eucharistie auf dem Altar, die hier beständig in der Eckkapelle des einzigen Raumes der Einsiedelei, in der ich dieses Buch schreibe, aufbewahrt wird, und die Ikone über der Schlafstelle ein dreifaltiges Fenster in das für die Sinne unfassbare Geheimnis. Besonders wertvoll ist mir die Eucharistie, die weiße Scheibe des heiligen Brotes des österlichen Abendmahles, die an den Mond im Vollmond erinnert. Irgendwo habe ich gelesen, dass gerade der Mond mit seinem Abnehmen bis zu seinem Untergehen in die Finsternis und mit seinem Wiederauferstehen, der Mond, der das Licht der Sonne widerspiegelt, die Einsiedler in der Wüste an Christus erinnerte, aus dessen Gesicht das Licht der Ehre des Vaters strahlt (die Sonne selbst ist in der Wüste eher mörderisch). Auch wenn ganze Schwärme von Sternschnuppen am dunklen Himmel sein sollten, ich suche immer das sich wandelnde Gesicht des »silbernen Planeten«.

Der Blick auf das Kreuz sagt mir: Dieses ist der Gipfel, jedoch ist es nicht das Ende. Heutige Darstellungen des Kreuzweges schließen in der Regel den traditionell vierzehn Stationen noch eine fünfzehnte an – die Szene der Auferstehung. Mir ist aber jene alte, traditionelle Darstellung näher. Es scheint mir, dass sie sagen will: Ja, es gibt hier noch ein weiteres Bild, die wichtigste Station, das Lösungswort der ganzen Geschichte. Aber gerade dieses kann nicht auf Holz gemalt oder in Steintafeln gemeißelt werden (und es ist wichtig, dass die Evangelien im Unterschied zu den Apokryphen davor warnen, die Auferstehung selbst »darzustellen«, zu schildern) – du musst es auf die »Tafel deines Herzens« schreiben lassen, du musst es selbst mit deinem Leben »vergegenwärtigen«, mit deinem Zeugnis.

Es war die Passionsgeschichte, die mich vor die Wahl gestellt hat: Entweder gestehe ich dem Tod seine göttliche Qualität zu, mit allem, was daraus folgt, oder ich verzichte nicht auf die Hoffnung, dass der Tod nicht das letzte Wort haben wird, dass er selbst nicht Gott ist. Die Frucht dieser Wahl ist nicht, wie es vielleicht scheinen könnte, irgendeine Ansicht, irgendeine Überzeugung oder eine bestimmte Vorstellung über das Leben nach dem Tod – das, was »danach« sein wird, überlasse ich völlig Gott, es ist sein Geheimnis, in das ich mit keiner meiner »Überzeugungen« einzubrechen wage. Die Frucht dieser Wahl ist jedoch die Kraft, die mein Leben verwandelt.

Mein Glaube basiert heute nicht auf *Vorstellungen* über Gott und hat mit der »Existenz von übernatürlichen Wesen« und ähnlichem Ungeziefer nichts zu tun; das Zentrum meines Glaubens ist die österliche Botschaft über die Auferstehung Jesu. Ein Gott, *der auch nicht sein könnte*, der in irgendeiner seltsamen Sphäre der zufällig Seienden wohnen würde, über die sich diskutieren ließe, ob sie »sind« oder »nicht sind« – das ist nicht der Gott meines Glaubens. Ich glaube nicht an einen Gott hinter der Wirklichkeit oder außerhalb der Wirklichkeit, sondern an Gott als die Tiefe der Wirklichkeit. Wenn Gott *zu mir* als »Möglichkeit aus dem Reich der Unmöglichkeit« kommt, als die Offenheit der Wirklichkeit in der Tiefe und Breite, die meine Möglichkeiten überschreitet (einschließlich der Möglichkeit, sie sich vorzustellen, sie vor sich zu stellen), dann stehe ich vor der Wahl, dieses Angebot anzunehmen oder mich ihm zu verschließen, aber nicht vor der überflüssigen und irreführenden Spekulation, ob (und »wo« und »wie«) diese Herausforderung (oder irgendein ihr zugehöriger »Gegenstand«) »ist«.

Allein die Frage nach der »Existenz« dieser herausfordernden Möglichkeit (auch wenn sie vielleicht noch irgendwo anders sein sollte als dort, wo ich sie erlebe) kommt mir als eine etwas absurde, abstrakte Spekulation vor. Ich bin durch die Geschichte Jesu angesprochen und getroffen und jetzt kommt es darauf an, was diese Aufforderung mit mir machen wird, wie ich auf sie antworten werde. »Hinter« Gott, den ich als eine Aufforderung erlebe, noch etwas anderes (irgendein gegenständlich greifbares »Subjekt« dieser Aufforderung) zu suchen, würde meiner Meinung nach bedeuten, zum Opfer von versachlichenden Vorstellungen von Gott (einschließlich von anthropomorphen Projektionen, die vergessen, dass auch der Begriff »Person«, der in Bezug auf Gott verwendet wird, ein *analoger*, kein beschreibender Begriff ist) zu werden.

Ich brauche keine solchen Spekulationen, die österliche Erzählung der Evangelien über den Tod Jesu und den Sieg Gottes über den Tod (»die Auferstehung«) reicht mir. Gerade in Bezug auf diese Botschaft, das Herzensgeheimnis des Christentums, in

Bezug auf diese geheimnisvolle Tat Gottes, die über alles Denken hinausreicht, verborgen vor den Möglichkeiten unseres Begreifens und unserer Vorstellungen, würde ich das sagen, was der tolle Mensch Nietzsches in Bezug auf die entgegengesetzte Botschaft sagt: »Dies ungeheure Ereignis ist noch unterwegs und wandert – es ist noch nicht bis zu den Ohren der Menschen gedrungen. Blitz und Donner brauchen Zeit, das Licht der Gestirne braucht Zeit, Taten brauchen Zeit, auch nachdem sie getan sind, um gesehen und gehört zu werden.«[95] Ich muss jetzt nicht das wissen, sehen, hören und begreifen, was jenen äußersten Kontext des Lebens (den meiner Geschichte sowie der Geschichte der Welt) bildet und was dessen wirklichen Sinn offenbart; dem Glauben, der Hoffnung und der Liebe steht hier Geduld gut zu Gesicht.

Die Nacht, die Hölle, der Tod, die Schuld – und mit welchem Namen wir noch die Kräfte der Negation bezeichnen wollen – schauen mir immerfort über die Schulter und verführen mich zur Hoffnungslosigkeit, suggerieren mir die Überzeugung, dass letztendlich nichts einen Sinn hat. Die österliche Erzählung von Jesus sagt mir im Gegensatz dazu, dass hier das Wort Ende keinen Sinn hat, nicht jenen dunklen Sinn, den wir ihm mit unserer Kleingläubigkeit zuschreiben und zugestehen. Und dieser Zusicherung jener Geschichte – auch Dem, von dem sie erzählt – glaube ich.

***

Glauben jedoch bedeutet – in das Spiel einzutreten.

Die Welt ist ein Theater und ich kann ewig im Zuschauerraum sitzen und warten, bis mir Gott und die Engel, die Funktionäre der Kirche oder meine gläubigen Freunde genügend Argumente für den Glauben hinuntertragen und vorführen werden. Aber das werde ich nie erwarten. Das Leben ist kein einfaches propagandistisches Agitationsgedicht, das im Voraus eine klar gegebene ideologische These suggeriert, die zunächst bei Leichtgläubigen

Erfolg ernten würde und dann auch schwerfällige, nicht bereitwillige Menschen oder Nörgler allmählich bekehren würde. Das Leben ist kein Theaterstück, das ich von außen, aus dem Abstand einer bequemen Zuschauerloge aus begreifen könnte, die Menschen sind keine Schauspieler, die leicht dechiffrierbare Botschaften wie in einem schlecht geschriebenen kitschigen Stück deklamieren; die Botschaft ist in ihnen, ohne dass sie sie meistens selbst vollständig verstehen, das Stück entwickelt sich ständig weiter, es geht um »experimentelles Theater«, die Grenze zwischen der Bühne und dem Zuschauerraum fällt, ich muss in das Spiel, auf die Bühne, wenn ich wirklich begreifen will, worum es geht.

Ich habe gesagt, dass für mich der Gekreuzigte noch das einzige übriggebliebene Fenster ist, das in das blendende Licht des göttlichen Geheimnisses hinein offen steht. Warum? Weil in mir nichts so eine radikale Frage nach Gott und den Durst nach Gott erweckt wie der Augenblick und der Ort seiner vollkommenen Verborgenheit im Ausschrei der Verlassenheit Jesu. Diese Frage erfordert eine Antwort: Jetzt macht es keinen Sinn mehr, nach Gott hinter den Kulissen dieses Geschehens zu fragen, er ist mitten drin, er zeigt sich nicht Jesu, sondern in Jesus, der alles gibt, nicht mal die »Gewissheit über Gott« belässt. Gott *geschieht* dort, wo wir ihn nicht auffangen können, uns nicht an ihm festhalten und ihn nicht besitzen können; Gott ist ein sich ergießendes Gutes (bonum diffusivum sui), lehren uns die heiligen Väter der kirchlichen Tradition. Ein sich ergießender, sich ausgebender Gott »verlässt« den Menschen Jesus dann und dort, wenn er am umfassendsten in sein Schicksal eintritt, wenn er ihm »seine Rolle anvertraut« und sich in ihm zeigt; er wird hier weiterhin mit uns und für uns nur »durch ihn und mit ihm und in ihm« sein. Und Jesus teilt diese Aufgabe, diese Berufung mit uns; glauben bedeutet, diese Berufung anzunehmen, in das Spiel einzutreten in der Rolle eines *Zeugen*; nicht eines unbeteiligten Zuschauers, sondern eines Mitspielers.

Aus dem bequemen Abstand des Zuschauerraumes aus kann ich das immer ambivalente, vieldeutige Drama des Lebens nie aufdröseln. Mühsam schaffe ich Beweise für den Glauben herbei, aber ein Konflikt im nächsten Akt zerschlägt sie mir wieder; ich mache es mir in der Gewissheit des Unglaubens bequem, aber wenn ich nicht einschlafe, werde ich Sachen hören und sehen, die meinen Glauben an die Dogmen des Atheismus wieder ins Wanken bringen; das Leben wird mir, wenn ich aufmerksam bin, immer genug Stoff zum Nachdenken bieten, damit ich schließlich an meinen Zweifeln zweifeln kann.

Zu glauben beginnen bedeutet nicht, sich auf Gewissheiten auszuruhen, sondern setzt den Mut voraus, die Einladung anzunehmen und selbst auf die Bühne zu treten, in die Geschichte einzusteigen. Was die Regie anbetrifft, ist es ein gut inszeniertes, wenn auch nicht immer ein gut gespieltes Drama; es gibt in ihm keine flachen, schwarz-weißen Figuren; bis zum letzten Moment müssen wir aufmerksam und gespannt sein; es gibt keinen Augenblick, in dem wir uns sicher sein könnten, dass wir schon ganz und definitiv begriffen haben, worum es dem Autor geht. Das Schlachtfeld des ewigen Konfliktes zwischen Glauben und Unglauben sind die einzelnen Charaktere, der Kampf verläuft weniger zwischen ihnen als in ihnen; ihre Botschaft vermitteln sie mir nicht mit dem, was sie deklamieren, sondern dadurch, wie sie sind. Sie legen mir keine Beweise vor, sie werden jedoch selbst zu Verweisen und Hinweisen. Ich beginne in dem Augenblick zu glauben, wenn ich aufhöre, auf Beweise von außen zu warten, aber für mich selbst und für andere – gerade mit der ganzen Last meiner Fragen und Zweifel, mit dem Wissen, dass weder ich eindeutig ein »positiver Held« bin noch mein Zeugnis jemanden zum Glauben zwingen oder ihn von der Verantwortung für die eigene Wahl befreien kann – zu einem ähnlichen Hinweis werde …

Geschrieben im Sommer 2010 in einer Einsiedelei im Rheinland. Ich danke allen, die das Manuskript vor der Herausgabe gelesen und mir mit wertvollen kritischen Bemerkungen geholfen haben, und ich danke den Patres jenes kontemplativen Klosters dafür, dass sie mir wieder einen stillen Zufluchtsort in ihrer Nähe geboten haben und mich diskret mit Speise und der ausdauernden unterstützenden Macht ihrer Gebete gesättigt haben.

Anmerkungen

1 Vgl. Habermas, Jürgen/Ratzinger, Joseph: *Dialektik der Säkularisierung. Über Vernunft und Religion.* Freiburg i. Br. 2018.
2 Vgl. Nietzsche, Friedrich: *Die Geburt der Tragödie aus dem Geiste der Musik.* [Leipzig 1872]; Patočka, Jan: *Kacířské eseje o filozofii dějin.* Praha 1990 (deutsche Übersetzung: Ders.: *Ketzerische Essays zur Philosophie der Geschichte.* Berlin 2010).
3 Jan Patočka behauptete in den Kommentaren zu seinem Buch *Kacířské eseje o filozofii dějin* [Ketzerische Essays zur Philosophie der Geschichte], vor allem im gewichtigsten Kapitel »Die Kriege des 20. Jahrhunderts und das 20. Jahrhundert als Krieg«, dass der »Erste Weltkrieg eigentlich nie zu Ende ging«. Falls viele von uns dachten, dass er mit dem Fall des sowjetischen Imperiums (das eines der Früchte jenes Krieges war) definitiv endete, erinnerten uns die Terrorangriffe an der Schwelle des 21. Jahrhunderts daran, dass die Welt immer »in die Nacht des Nichtseins hinausgelehnt ist«, dass die »Regierung des Tages« (der technischen Rationalität) nicht über die Kräfte des Chaos siegte, die sie in einem beträchtlichen Maße selbst in Gang gesetzt hatte.
4 Zweites Vatikanisches Konzil: *Pastorale Konstitution Gaudium et spes* [Freude und Hoffnung]. Über die Kirche in der Welt von heute. [o.O.] 1965, S. 1.
5 Vgl. meine Bücher *Geduld mit Gott.* Die Geschichte von Zachäus heute. Freiburg i. Br. 2010, *Berühre die Wunden.* Über Leid, Vertrauen und die Kunst der Verwandlung. Freiburg i. Br. 2013 und *Nicht ohne Hoffnung.* Glaube im postoptimistischen Zeitalter. Freiburg i. Br. 2014.
6 Von den eindringlichen Kritiken der gegenwärtigen Kultur von Gilles Lipovetsky liegt bisher erst ein Buch in deutscher Übersetzung vor. Ders.: *Narziß oder die Leere.* Sechs Kapitel über die unaufhörliche Gegenwart. Hamburg 1985 (französisches Original: *L'ère du vide.* Essais sur l'individualisme contemporain. Paris 1983).
7 Kearney, Richard: *The God Who May Be.* A Hermeneutics of Religion (Indiana Series in the Philosophy of Religions). Bloomington/Indianapolis 2001.
8 Ebd., S. 29.
9 So charakterisiert der Klassiker der Religionsphänomenologie, Rudolf Otto, in seinem berühmten Buch *Das Heilige.* Über das Irrationale in der Idee des Göttlichen und sein Verhältnis zum Rationalen. Breslau 1917, die Begegnung mit dem Heiligen.

10 Z. B. Fromm, Erich: *You Shall Be as Gods*. A Radical Interpretation of the Old Testament and Its Tradition. New York 1966.

11 Die Auffassung Gottes als eines »übernatürlichen Wesens« und die ganze Aufteilung der Wirklichkeit in eine »natürliche« und eine »übernatürliche« ist zumindest seit der Zeit äußerst irreführend, als der aufklärerische Begriff der Natur und Natürlichkeit Allgemeingut wurde, der alles einschließt, was »wirklich« ist. Der »übernatürliche Gott« geriet so zusammen mit dem Christkind des Heiligabends und Santa Claus in die Gesellschaft von Feen, Waldgeistern, Wassermännern und kopflosen Rittern. Prägnant beschreibt dies der Cambridger Philosoph Nicholas Lash in seinem Werk *Holiness, Speech and Silence*. Reflections on the Question of God. Aldershot/Burlington 2004; siehe auch Halík, Tomáš: *Nachtgedanken eines Beichtvaters*. Glaube in Zeiten der Ungewissheit. Freiburg i. Br. 2012, S. 164.

12 Vgl. De Boer, Theo: *Bůh filosofů a Bůh Pascalův*. Na pomezí filosofie a theologie. Benešov 2003, S. 169 (niederländisches Original: *De God van de filosofen en de God van Pascal*. Op het grensgebied van filosofie en theologie. 's-Gravenhage 1989).

13 Vgl. Jüngel, Eberhard: *Gott als Geheimnis der Welt*. Zur Begründung der Theologie des Gekreuzigten im Streit zwischen Theismus und Atheismus. Tübingen 1977.

14 De Boer, Theo: *Bůh filosofů a Bůh Pascalův*, S. 159.

15 Shakespeare, William: *Wie es euch gefällt* [As You like it]. [ca. 1599], Zweiter Aufzug, Siebente Szene.

16 Zitiert nach Vokoun, Jaroslav: *Postkritický proud v současné angloamerické teologii* [Die postkritische Strömung in der gegenwärtigen anglo-amerikanischen Theologie]. Praha 2009, S. 168.

17 Vgl. Zink, Michel: *Příběhy a legendy středověké Evropy* [Geschichten und Legenden des mittelalterlichen Europas]. Praha 2000 (französisches Original: *Le Jongleur de Notre-Dame*. Contes chrétiens du Moyen Âge. Paris 1999).

18 Vgl. Sölle, Dorothee: *Stellvertretung*. Ein Kapitel Theologie nach dem ›Tode Gottes‹. Stuttgart 1965.

19 Diese mutige Deutung des Schreis der Verlassenheit Jesu am Kreuz finden wir schon bei Chesterton: »Wenn Atheisten eine Religion wählen sollten, sollten sie das Christentum wählen, denn in ihm schien Gott für einen Augenblick Atheist zu sein.« In Chesterton, Gilbert Keith: *Orthodoxie*. Praha 2000, S. 121 (englisches Original: *Orthodoxy*. London 1908).

20 Eine frühchristliche Häresie, die behauptet, dass Christus nur Gott und sein Menschsein nur scheinbar ist; es ist nur eine »Verkleidung«, nur eine Rolle.

21 Die entgegengesetzte Häresie, die behauptet, dass Christus von Ewigkeit her keine göttliche Natur besitzt, sondern von Gott als sein Sohn nur angenommen (»adoptiert«) wurde.
22 Sölle, Dorothee: *Stellvertretung*, S. 184.
23 Vgl. ebd., S. 140.
24 Vgl. ebd., S. 182.
25 Ebd., S. 184.
26 Hier können wir uns von der Auffassung des Theaters von Stanislavskij inspirieren lassen: Die Schauspielkunst besteht nicht in der Einübung des Textes und der Gesten, sondern in einer möglichst vollständigen inneren Identifikation mit der Figur.
27 Pera, Marcello: Návrh, který bychom měli přijmout [Ein Vorschlag, den wir annehmen sollten]. In: Ratzinger, Joseph: *Evropa Benedikta z Nursie v krizi kultur* [Das Europa Benedikts in der Krise der Kulturen]. Kostelní Vydří 2006, S. 18 (italienisches Original: *L'Europa di Benedetto*. Nella crisi delle culture. Siena 2005).
28 *Ich glaube, um zu verstehen*. Es handelt sich hierbei ursprünglich um einen Kommentar von Augustinus zur Aussage des Propheten Jesaja (Jes 7,9), jedoch aus der Übersetzung der Vulgata, die von Anselm übernommen wurde. Auch hier geht der Glaube der Reflexion voraus, er ist zunächst ein Akt, dann eröffnet er die Möglichkeit, sich selbst zu reflektieren, bzw. er eröffnet die Möglichkeit, sich selbst und die Welt zu verstehen. Es ist ersichtlich, dass hier der Glaube nicht mit einer Ansicht identifiziert wird, mit einer Überzeugung; diese folgt erst.
29 Vgl. Blue, Lionel: *Zadní vrátka do nebe* [Hintertürchen in den Himmel]. Praha 2008 (englisches Original: *A Backdoor to Heaven*. London 1979).
30 Vor allem Hans Küng bemüht sich in seinen vielen Büchern, das zu beweisen, indem er verschiedene religiöse Systeme mit dem Christentum vergleicht und sich auf der Grundlage dieser Übereinstimmung darum bemüht, die universale Annahme eines »Weltethos« durchzusetzen.
31 Beachten wir, dass »Postmodernisten«, die eine Pluralität von »Wahrheitsregimen« und eine Bindung moralischer Werte an einen historischen Kontext betonen, hier wirksamer den Gedanken »christlicher Wurzeln« in Europa, der europäischen Kultur und Moral, verteidigen können, als die Anhänger einer prämodernen Metaphysik mit ihrem Essentialismus (der Überzeugung von einer unveränderlichen, ahistorischen »menschlichen Natur«) oder die Aufklärer, die ihren Universalismus vererbten und ihn (etwas naiv und arrogant) ihrem Konzept von Humanität und Rationalität zuschrieben.

32 D. h. Opfer der Vernunft; Chesterton beschreibt dies mit seiner faszinierenden Ironie und mit seinem provokativen Humor vor allem in seinem Buch *Orthodoxie*.

33 Das ist vor allem das Verdienst von Alvin Plantinga und weiteren Repräsentanten der gegenwärtigen amerikanischen Religionsphilosophie, vgl. z. B. Plantinga, Alvin/Wolterstorff, Nicholas (Hg.): *Faith and Rationality*. Reason and Belief in God. Notre Dame 1983.

34 Vgl. Ratzinger, Joseph: Eine nichtkonfessionelle christliche Religion? In: Pera, Marcello/Ratzinger, Joseph: *Ohne Wurzeln*. Der Relativismus und die Krise der europäischen Kultur. Augsburg 2005, S. 116–145, hier S. 124f.

35 In der Zeit der Aufklärung entstand aus ähnlichen Beweggründen (vor allem im Kreis von Cambridger Theologen) der heutige Begriff der »Religion« als eines besonderen Bereichs der Wirklichkeit und als ein allgemeiner Gattungsbegriff, der verschiedene »Unterarten«, die konkreten historischen Religionen, umfasst (siehe dazu Lash, Nicholas: *The Beginning and the End of ›Religion‹*. Cambridge u. a. 1996; sowie Halík, Tomáš: *Vzýván i nevzýván*. [Angebetet und nicht angebetet] Evropské přednášky k filozofii a sociologii dějin křesťanství. Praha 2004).

36 »Schleifung der Bastionen« ist der Titel eines Werkes von Hans Urs von Balthasar aus dem Jahre 1952. Ders.: *Schleifung der Bastionen*. Von der Kirche in dieser Zeit. Einsiedeln 1952.

37 Ratzinger, Joseph/Benedikt XVI.: *Gott und die Welt*. Die Geheimnisse des christlichen Glaubens. Ein Gespräch mit Peter Seewald. München 2005, S. 337.

38 Vgl. Bachtin, Michail Michailowitsch: *Rabelais und seine Welt*. Volkskultur als Gegenkultur. Frankfurt a. M. 1995.

39 Eine scharfe Kritik des korrumpierten Reichschristentums können wir z. B. schon in den Briefen einer der fruchtbarsten christlichen Eremiten, des hl. Hieronymus, finden.

40 Vgl. Nietzsche, Friedrich: *Die fröhliche Wissenschaft*. [Chemnitz 1882], Drittes Buch, Abschnitt 125, Der tolle Mensch.

41 Vgl. Bloch, Ernst: *Atheismus im Christentum*. Zur Religion des Exodus und des Reichs. Frankfurt a. M. 1968, S. 24.

42 Kepel, Gilles: *Die Rache Gottes*. Radikale Moslems, Christen und Juden auf dem Vormarsch. München u. a. 1991 (französisches Original: *La Revanche de Dieu*. Chrétiens, juifs et musulmans à la reconquête du monde. Paris 1991). Auf diesem Gebiet erweckt – besonders nach dem 11. September 2001 – die Repolitisierung des Islams und der religiös legitimierte Terrorismus begreiflicherweise das größte Interesse, jedoch wird von weiteren Autoren, insbesondere von José Casanova, von einer viel breiteren und allge-

meineren »Deprivatisierung« und Politisierung der religiösen Szene auf der Welt gesprochen.

43 Hier gilt es, eine sprachliche Klippe zu umschiffen: Das, was wir in einer Reihe von biblischen Texten wortwörtlich mit »hassen« übersetzen (Wer »nicht Vater und Mutter [...], Brüder und Schwestern hasst«, der kann »nicht mein Jünger sein« Lk 14,26, »Niemand kann zwei Herren dienen. Denn entweder wird er den einen hassen und den andern lieben« Mt 6,24), bedeutet in Wirklichkeit, etwas nur »an die zweite Stelle zu setzen«, nicht zu bevorzugen. Wenn wir uns hier eine Aufforderung zum Hass vorstellen würden, wie man das Wort heute üblicherweise versteht, würden wir das Evangelium in ein Dysangelium umwandeln, in sein genaues Gegenteil; es würde nicht nur zu einer absurden Verzerrung des wirklichen Sinnes jener Texte führen, sondern auch zur Ausbildung eines dämonisch-gefährlichen Gottes- und Christusbildes.

44 Holm, Nils G.: *Einführung in die Religionspsychologie.* München u. a. 1990, S. 46.

45 Vgl. Berger, Peter L./Zijderveld, Anton: *Lob des Zweifels.* Was ein überzeugender Glaube braucht. Freiburg i. Br. 2010, bes. S. 69–75 (englisches Original: *In Praise of Doubt.* How to Have Convictions Without Becoming a Fanatic. New York 2009).

46 Vgl. Patočka, Jan: *Kacířské eseje o filozofii dějin*; siehe auch ders.: Duchovní člověk a intelektuál [Der geistliche Mensch und der Intellektuelle]. In: *Souvislosti.* Revue pro křesťanskou kulturu [Zusammenhänge. Revue für christliche Kultur] 1 (1990).

47 Dieses war im mittelalterlichen Europa eine Selbstverständlichkeit – erinnern wir uns an die Autorität der Pariser Sorbonne und anderer Universitäten. Thomas von Aquin unterschied zwischen dem *Magisterium cathedrae pastoralis* und dem *Magisterium cathedrae magistralis.* Das erste oblag den Bischöfen, das andere den Theologen.

48 Siehe dazu bereits Neubauer, Zdeněk: *Nový Areopag* [Der neue Areopag]. Praha 1992.

49 Vgl. Berger, Peter L./Zijderveld, Anton: *Lob des Zweifels*, S. 53f.

50 Maier, Hans: *Politische Religionen* (Gesammelte Schriften, Bd. 2). München 2007, S. 173f.

51 Vgl. Heft, James L. (Hg.): *A Catholic Modernity?* Charles Taylor's Marianist Award Lecture. New York u. a. 1999.

52 Vgl. Kearney, Richard: *Strangers, Gods and Monsters.* Interpreting Otherness. London/New York 2003.

53 Als ich vor Jahren auf einer internationalen ökumenischen Konferenz im polnischen Gnesen die flammende Aufforderung eines russisch-orthodo-

xen Bischofs hörte, dass die Orthodoxen, die Katholiken und die Muslime eine feste Koalition zur Verteidigung der traditionellen Werte gegenüber dem Protestantismus und dem Liberalismus bilden sollten, also in gewisser Weise eine neue Version der »Heiligen Allianz« aus der Zeit Metternichs und Zar Alexanders (ich weiß nicht, wie viel jener Bischof über dieses Kapitel der Geschichte in der sowjetischen Schule oder im orthodoxen Seminar gelernt hat), war das Erste, was mir zu diesem Angebot einfiel, als ich mich etwas gefasst hatte: Seht her, wir haben hier das alt-neue Programm – Fundamentalisten aller Religionen, vereinigt Euch!

54 Čapek, Karel: *Matka/Die Mutter*. Freiburg i. Br. 2018, S. 20.

55 Tischner, Józef: Wiara w godzinie przełomu. In: Ders.: *Ksiądz na manowcach*. Krakau 1999. Józef Tischner (1931–2000) war ein bedeutender polnischer Philosoph, Priester und einer der geistlichen Väter der Bewegung *Solidarność*.

56 Nietzsche, Friedrich: *Die fröhliche Wissenschaft*. Drittes Buch, Abschnitt 125, Der tolle Mensch.

57 Mehr darüber in Halík, Tomáš: *Nachtgedanken eines Beichtvaters*.

58 Vgl. Halík, Tomáš: *Vzýván i nevzýván* [Angebetet und nichtangebetet]. Praha 2004 und ders.: *Geduld mit Gott*.

59 So wurde z. B. in den Materialien, die die schismatische Sekte der tschechischen, vorgeblich ultraorthodoxen, Priester im ukrainischen Pidhirky herausgaben, welche sich selbst zu Bischöfen erklärten (und die z. B. der Brünner orthodoxe Priester Libor Halík auf seinen Internetseiten begeistert verbreitete), von diesen ungebetenen Inquisitoren vom damaligen Papst Benedikt XVI. ultimativ verlangt, dass er Johannes Paul II. wegen der Versammlung in Assisi posthum exkommunizieren solle, ansonsten würde er (Benedikt) selbst der Hölle verfallen.

60 Wenn sie »ohne eigene Schuld« Christus und die Kirche nicht erkennen und sich bemühen, gemäß ihrer Vernunft und ihrem Gewissen zu leben (vgl. das Konzilsdokument Nostra aetate). Zweites Vatikanisches Konzil: *Erklärung Nostra Aetate* [In unserer Zeit]. Über das Verhältnis der Kirche zu den nichtchristlichen Religionen. [o.O.] 1965.

61 Siehe dazu das Kapitel dieses Buches über den »christlichen Atheismus«. Der Henotheismus – den heute die Mehrheit der Forscher in einer Reihe von Texten der hebräischen Bibel vorfindet – ist die Ansicht, dass es zwar mehrere Götter gibt, einer von ihnen jedoch eine exklusive Stellung innehat.

62 In meinem Buch *Geduld mit Gott* schöpfe ich aus der Deutung dieser wirklich revolutionären Haltung des Paulus im Werk von Joseph Moingt: Laisser Dieu s'en aller. In: Ders (Hrsg.): *Dieu, Église, Société*. Paris 1985, S. 275–286. Nach Moingt stellte uns Paulus das Christentum als einen Glauben vor,

der fähig ist, sich von seiner Vergangenheit zu trennen, sich von seinen alten Gebräuchen und Sicherheiten zu befreien, die Partikularität abzulehnen und zu den anderen zu gehen; das Christentum nicht als einen Aspekt irgendeiner Orthodoxie oder Orthopraxis, sondern als eine neue politeia – als eine neue Kommunikationsart zwischen den Menschen und den Gemeinschaften zu verstehen. Das Überschreiten der Grenzen Israels durch Paulus und das Hinausschreiten zu den »Völkern« (den Heiden) sollte zum Paradigma für die ganze Kirchengeschichte werden. Die Kirche hat sich jedoch leider bald in einen neuen, ihren eigenen Partikularismus zurückgezogen, die Vorstellung »eines neuen Israels« führte nicht zu dem Mut, immer ein Volk auf dem Weg zu sein, das mutig alle Grenzen überschreitet. Wir sind eher »ein zweites Israel« geworden, eine weitere partikulare Gemeinschaft neben Israel als ein wirklich neues Israel, das an den dynamischen Aspekt des Glaubens des auserwählten Volkes anknüpfen würde und vor allem an das Paulinische Heraustreten aus den Grenzen des Gesetzes des Mose, aus den Grenzen des Judentums hin zu allen, ohne Unterschied.

63 Weil, Simone: *Waiting for God*. London 1951 (französisches Original: *Attente de Dieu*. Paris 1942).
64 Ebeling, Gerhard: *Das Wesen des christlichen Glaubens*. Tübingen 1959, S. 100f.
65 Ebd., S. 101.
66 Eine Anspielung auf den Wahlkampfslogan des Präsidentschaftskandidaten und späteren amerikanischen Präsidenten Barack Obama: »Yes, we can« – Ja, wir schaffen das!
67 Wer gut unterscheidet, lehrt/unterrichtet gut (ein alter Grundsatz der Scholastik).
68 James, William: *The Varieties of Religious Experience*. New York/London 1902.
69 Hier muss man betonen, dass das Bild des Judentums als einer »Religion der Werke« – eine Auffassung, zu der manche Aussagen verführen, die die Evangelisten Jesus zuschreiben, dann die paulinische Polemik und vor allem die lutherische Deutung von Paulus – eine polemisch zugespitzte Karikatur einiger (eher pathologischer als typischer) Ausdrücke des religiösen Denkens und der Praxis der Pharisäer ist.
70 Ebeling, Gerhard: *Das Wesen des christlichen Glaubens*, S. 174f.
71 Ebd., S. 147.
72 Vgl. Ebd., S. 135f.
73 Ebd., S. 136.
74 Ebd., S. 134.

75 Vgl. Nietzsche, Friedrich: *Die fröhliche Wissenschaft*. Drittes Buch, Abschnitt 125.

76 Luther – jedoch in einem anderen Zusammenhang – spricht von dem Werk, das nicht Gottes eigenes, ein fremdes ist, »opus alienum«, und unterscheidet es vom göttlichen »opus proprium«.

77 »Vocatus atque nonvocatus, Deus aderit.« – Ob gerufen oder nicht gerufen, benannt oder nicht benannt, eingeladen oder nicht eingeladen, angebetet oder nicht angebetet, Gott ist hier (oder Gott wird hier sein). Vgl. Halík, Tomáš: *Vzýván i nevzýván* [Angebetet und nicht angebetet].

78 Shakespeare, William: *Wie es euch gefällt* [As You like it]. Zweiter Aufzug, Siebente Szene.

79 ... und Töchter! Fügt gleich ein(e) Zensor(in), ein(e) aufmerksame(r) Wächter(in) der politischen Korrektheit hinzu und damit geht sofort der Sinn dieser Aussage verloren, denn in der damaligen Gesellschaft (möge es uns aus heutiger Sicht gefallen oder nicht) war der Träger der Rechte und der Gegensatz zum Sklaven wirklich nur der Sohn. Ja, ich bin ein Fürsprecher der Gleichheit zwischen Frauen und Männern in der Gesellschaft und in der Kirche, einschließlich der Anrede »Brüder und Schwestern« in der Liturgie (es hat mich gestört, als in Polen ein Priester bei einer Predigt, bei der fast ausschließlich Frauen anwesend waren, diese wiederholt als »Brüder« anredete); einen Teil der Erzeugnisse der »feministischen Theologie« lese ich als eine wertvolle Bereicherung der Glaubensreflexion, jedoch sollte auch hier die ideologische Leidenschaft die Vernunft letztendlich nicht verdunkeln. Nur nach einem langen am Telefon ausgetragenen Krieg zwischen Prag und New York verzichtete die amerikanische Lektorin der englischen Übersetzung eines meiner Bücher auf ihre strikte Forderung, dass sich auf der Seite, wo ich von Gott und allgemein vom Menschen spreche, in den Sätzen die Pronomen ›sein‹ und ›ihr‹ regelmäßig abwechseln sollten, sodass ein(e) Leser(in) begreiflicherweise ziemlich verwirrt wäre, wovon diese(r) tschechische(r) Autor(in) gerade schreibt, welcher Götze oder welche Göttin oder welche Damen oder Herren gerade gemeint sind. Ist es denn in unseren Kommentaren und theologischen Schriften notwendig, zu erklären, dass biblische Autoren auch Gott wirklich in den gewöhnlichen Kategorien einer patriarchalen Gesellschaft verstehen und wir daran nicht mehr gebunden sind? Vorschläge jener Gehirne jedoch, die von der ideologischen Schulung der »Gender Studies« oder des »Multikulturalismus« und von den Inquisitoren der politischen Korrektheit derart gewaschen und zurechtgemacht worden sind, dass die ehrfurchtsvolle Treue zum ursprünglichen Text und zur wunderschönen Sprache der Bibel durch das Orwell'sche *Newspeak* der »feministischen Übersetzungen« ersetzt werden sollte, halte ich für abartig, hochmütig, blasphemisch und fatal zugleich. Den Bibel-

text nach unserem Geschmack »umzuschreiben« und zu zensieren, ist für mich genauso inakzeptabel wie das hartnäckige, naive Beharren der Fundamentalisten auf einer »wortwörtlichen Auslegung« (wieder nach ihrem Geschmack und gemäß ihres eingeschränkten Verständnisses). Wie in vielen ähnlichen Fällen ähneln sich auch hier die entgegengesetzten extremistischen Lager (und das nicht nur in ihrer Unverträglichkeit) in Wirklichkeit wie ein Ei dem anderen. Nur das permanente mediale *brainwashing* wirkt auf den großen Teil der heutigen westlichen Öffentlichkeit so, dass sie sich dieser Ähnlichkeit nicht bewusst wird. Es tut mir besonders leid, wenn ich in unserem Teil der Welt diejenigen beobachte, die, kaum dass sie aus der Massage der kommunistischen Propaganda erwacht sind, schon bereit sind, das kritische Denken entweder »von rechts« durch die fundamentalistische Ideologie eines christlichen Konservatismus vom Typus der amerikanischen »Religious Right« oder »von links« durch die einschmeichelnde Propagierung einer »politischen Korrektheit«, der »Antidiskriminierung« (oder der Diskriminierung von der anderen Seite) der »Multikulturalität« (oder der kulturellen Selbstkastration) u. ä. zu ersetzen. Möge uns Gott der Herr eine gesunde Vernunft erhalten!

80 Der Ausdruck »Knecht« bedeutet in der Bibel immer Sklave, denn die Stellung der Sklaven im alten Israel war humaner als allgemein bei den Römern, der Sklave war hier nicht nur eine »sprechende Sache« und das mosaische Gesetz dachte auch an ihn.

81 Dies rechnen sich manche Menschen als Verdienst an und halten es für eine Tugend, wenn sie gedankenlos glauben.

82 Siehe Ratzinger, Joseph: *Gott und die Welt*. Glauben und Leben in unserer Zeit. Ein Gespräch mit Peter Seewald. Stuttgart/München 2000.

83 Sie lassen sich dazu von christlichen Mystikern inspirieren, schöpfen jedoch auch aus Zen, Yoga oder anderen Traditionen des Orients. Dieser Übergang hängt mit dem »Übergang von der Religion zur Spiritualität« zusammen, den manche Religionswissenschaftler für den bedeutendsten Trend in der religiösen Szene des zeitgenössischen Westens halten. Es handelt sich hier aber um ein derart komplexes Phänomen, dass dessen Analyse und Bewertung die Möglichkeiten dieses Buches überschreiten würden.

84 Nichtsdestotrotz sollte es uns Christen nicht zu dem Gefühl verleiten, dass es Juden nicht mehr gäbe oder dass sie ihre historische Aufgabe nicht erfüllten und wir Christen hier an ihre Stelle getreten seien (sog. Substitutionstheorie). Die Juden bleiben das Volk, das für eine bestimmte Aufgabe und Verantwortung auserwählt wurde.

85 Mit dem Wort »zitieren« meine ich hier nicht nur ein Zitieren vom Typ eines Verweises in der Fachliteratur, sondern das, was die postmoderne Philosophie und Kunsttheorie mit diesem Wort meinen – die Postmoderne

wählt Elemente der Tradition aus und setzt sie in neue Kontexte ein (z. B. ist dies in der postmodernen Architektur sichtbar).

86 Ähnlich wie Johannes vom Kreuz diejenigen warnte, für die sich auf ihrem geistlichen Weg ein bestimmtes Kapitel verschloss, ein Abschnitt, den wir auch »die erste Unmittelbarkeit« nennen könnten, dass sie sich weder in eine eifrigere Frömmigkeit zurückkatapultieren sollten noch denken sollten, dass Gott sie vielleicht verlassen oder sich vor ihnen verborgen habe, um sie für ihre Sünden oder eine ungenügende Frömmigkeit zu bestrafen.

87 Ich wage nicht zu urteilen, ob das häufige Auftreten von depressiven Menschen unter Gläubigen dadurch verursacht wird, dass depressive Menschen in einer religiösen Umgebung instinktiv »ein Obdach für die Seele«, Sicherheit, Linderung, Frieden suchen und erwarten, dass gläubige Kommunitäten sie geduldiger ertragen als die harte Außenwelt, oder ob auch verschiedene »Gottesfinsternisse« und die Nichtselbstverständlichkeit des Glaubens in unserer Zeit unter Gläubigen eine schwerwiegende Trauer, Frustration und Gefühle von Verlassenheit hervorrufen. Siehe Grün, Anselm: *Wege durch die Depression*. Spirituelle Impulse. Freiburg i. Br. 2016.

88 Vgl. Grün, Anselm: *Wege durch die Depression*.

89 Ursula Nuber, zitiert nach Grün, Anselm: *Wege durch die Depression*, S. 8f.

90 Ebd., S. 74–78.

91 Guardini, Romano: *Das Ende der Neuzeit. Ein Versuch zur Orientierung.* Würzburg 1950, S. 117.

92 © Charles Péguy, *Das Tor zum Geheimnis der Hoffnung*. Übertragen von Hans Urs von Balthasar, Johannes Verlag Einsiedeln, Freiburg, 5. Auflage 2011, S. 15 (französisches Original: *Le Porche du Mystère de la deuxième vertu*. [o. O.] 1912).

93 Sogar Vertreter einer »wortwörtlichen Bibellektüre«, welche die biblische Hermeneutik für ein Kuckucksei des Atheismus halten und notorisch biblische Metaphern mit »Beschreibungen« und Reportagen verwechseln, finden etwas Ähnliches kaum in der Schrift (und selbst wenn sie eine ungeheure Menge von aus dem Kontext herausgerissenen biblischen Zitaten und von Visionen verschiedener Heiliger und Extatiker sammeln würden, würde es ihnen kaum gelingen, sie in ein widerspruchsloses Ganzes zu fügen).

94 Lasset alle Hoffnung fahren. Alighieri, Dante: *Die göttliche Komödie* [La Comedia]. [ca. 1321], Inferno III, 9 (Das Höllentor).

95 Nietzsche, Friedrich: *Die fröhliche Wissenschaft*. Drittes Buch, Abschnitt 125.